북에서 바라본
우리 근대사

북에서 바라본 우리 근대사

ⓒ 민플러스, 2022

초판 제1쇄 인쇄 2022년 2월 6일
초판 제1쇄 발행 2022년 2월 16일

글쓴이 | 박경순 김이경 최현진 김강필 김지호
펴낸곳 | 민플러스
펴낸이 | 김재하
등록 | 2017년 9월 1일 제300-2017-118호
주소 | 44717 서울시 종로구 청계천로 159, 670-2호 (장사동, 세운상가)
전화 | 02-844-0615
팩스 | 02-844-0615
전자우편 | minplus5.1@gmail.com

저자와의 협의에 의해 인지를 생략함.

ISBN 979-11-91593-04-4   03370

북에서 바라본
우리 근대사

박경순 김이경 최현진
김강필 김지호

| 머 리 말 |

저희 〈남북역사문화교류협회〉 일꾼들이 '역사학의 통일'을 향해 닻을 올린 지 몇 해가 흘렀습니다. 반만년을 함께 살아왔고, 겨우 70년을 헤어져 살았을 뿐인데, 하나의 민족의 역사에 두 개의 역사학이 존재하는 현실을 극복하고 싶은 저희의 소망을 담아 「북의 역사학 바로보기 운동」을 위한 두 번째 책을 발간합니다.

두 개의 역사학이 아닌 '하나의 역사학'을 향한 역사 통일운동의 출발점은 『소통』입니다. 북의 견해를 무조건 비판하던 냉전 시대의 타성에서 벗어나 상대방의 입장을 『경청』하는 것에서부터 시작해야 하며, 북녘 역사 연구의 긍정성과 성과를 중심으로 먼저 살피는 지혜가 필요합니다. 저희는 지난해에 『북녘에서 바라본 우리 역사 산책』을 출간했습니다. 책을 내고 보니 미숙한 점이 너무 많았지만, 첫 작업이라고 위안을 삼고, 한 해 동안 더 열심히 북녘 역사학계의 근대사에 대한 연구성과들을 파고들어 집필한 두 번째 책입니다.

지난해에는 시대별로 남과 북의 역사학계의 주요 쟁점으로 남아있는 주제를 찾아, 북녘 역사학을 소개했습니다. 올해에는 방식을 바꿔 특정 시대를 선정해서 북녘 역사학계의 견해를 상세히 소개하는 책을 발간하기로 함에 따라 우리나라 근대사를 다루기로 했습니다. 사실 공부를 시작하기 전에는 근대사에 관한 한 남북이 별 차이가 없을 것으로 생각했었습니다. 그런데 이런 생각은 공부가 계속 될수록 바뀌어 갔습니다. 물론 근대사에서는 그 어느 시대보다도 남북의 공통성이 많습니다만, 저희의 예상보다 차이점이 훨씬 컸습니다.

가장 큰 차이는 우리나라 근대사의 성격에 대해 남북의 견해의 차이입니다. 남녘 역사학계에서는 「근대=자본주의화」가 하나의 역사적 상식으로 굳어져 있습니다. 반면 북녘 역사학계에서는 「근대=자본주의화」가 아니라 「근대= 반외세, 반봉건 투쟁의 시대」라고 정의 합니다. 또 북녘의 역사학계에서는 민중들의 반외세 반봉건 투쟁으로 들끓는 한(조선)반도의 생동한 모습을 담아내려는 의지가 강하게 느껴졌습니다. 북녘 역사학계에서 펴낸 근대사 학습을 하다 보면 우리나라 근대는 끊임없이 폭발하는 민중들의 투쟁 열기에 감화되지 않을 수 없었습니다. 북이 근대의 출발이라고 보는 1860년대부터 1910년대까지 근 50년 동안 우리 민중들은 단 하루도 투쟁하지 않은 날이 없었습니다. 외세와 지배 세력의 억압과 착취와 수탈에 굴종하지 않고, 각계각층이 혼신의 투쟁으로 맞받아쳐 나가는 역사였습니다. 우리 민족의 위대한 힘과 긍지를 저절로 느끼지 않을 수 없었습니다. 이 책은 △반외세 투쟁으로 시작된 한반도, △강화도 조약과 임오군인폭동, △갑신정변과 갑오개혁, △갑오농민전쟁, △일본의 국권 찬탈과 반일의병운동 △정치계몽운동 단체의 출현과 활동, 이렇게 여섯 가지 주제를 다루고 있습니다. 우리나라 근대사의 주요 쟁점들이 다 포괄된 셈이며 우리나라 근대사의 종합정리라 말할 수 있습니다. 이 책을 읽으면 1860년부터 1910년까지 우리 근대사를 눈금 보듯 생생하게 볼 수 있으며, 민중들이 외세와 지배 세력의 침략과 수탈에 어떻게 끊임없이 항쟁을 벌였는가를 구체적으로 이해할 수 있게 될 것입니다.

끝으로 이 책은 북녘에서 출판한 「조선단대사」를 기본 교제로 사용하였다는 것을 밝혀둡니다. 이 책에 나온 날짜들은 갑오개혁 이전에는 음력이며, 갑오개혁 이후에는 양력이라는 점을 말씀드립니다. 독자 여러분의 많은 관심을 부탁드립니다.

북에서 바라본 우리 근대사

제1장 반외세 투쟁으로 시작된 한(조선)반도 근대사의 출발

　　1절 　근대의 시점 ● 13

　　2절 　조선에서 자본주의적 관계의 발생과 발전 ● 23

　　3절 　1860년대 민족적 위기와 대원군의 집권 ● 38

　　4절 　조선 민중의 반외세 투쟁 ● 48

제2장 일본군국주의자들의 강제 개방과 임오군인폭동

　　1절 　미일공모의 서막 ● 89

　　2절 　운양호 사건 ● 99

　　3절 　강화도 조약 ● 104

　　4절 　개항의 후과와 민중들의 반일투쟁 ● 110

　　5절 　임오군인폭동 ● 120

제3장 근대 부르주아 개혁운동

　　1절 　개화사상과 개화파의 발생 ● 143

　　2절 　개화파의 부르주아 개혁운동 ● 158

　　3절 　갑신정변 ● 177

　　4절 　조갑신정변 이후 부르주아 개혁 ● 200

제4장 갑오농민전쟁

1절 갑오농민전쟁의 성격과 정의 • 221

2절 동학과 농민전쟁의 연관성 • 230

3절 농민전쟁의 전개 과정 • 244

4절 일본침략자들을 반대한 농민군의 투쟁 • 278

5절 갑오농민전쟁의 역사적 의의와 교훈 • 296

제5장 일제의 조선 강점과 반일의병투쟁

1절 반일로 들끓는 한반도 : 1895~1896년쟁 • 307

2절 다시 든 총 : 1904~1905년 • 328

3절 도시를 점령하라! : 1905~1906년 • 342

4절 전민족적 항거로 발전한 반일의병투쟁 : 1907년~1909년 • 363

5절 결코 식민지 노예 운명을 용납지 않는 민중 • 386

제6장 정치계몽운동 단체의 출현과 활동

1절 독립협회의 조직과 활동 • 399

2절 협성회의 조직과 활동 • 440

3절 공진회의 조직과 활동 • 447

4절 헌정연구회의 조직과 활동 • 454

5절 신민회의 조직과 활동 • 460

제1장

반외세 투쟁으로 시작된
한(조선)반도
근대사의 출발

박 경 순

남북역사문화교류협회 교육위원장

1956년 전라북도 임실 출생. 1977년 서울대 동양사학과 입학. 청년시절 학생운동, 노동운동에 투신. 1998년 영남위원회 사건으로 구속. 2008년 민주노동당 부설 새세상연구소 부소장. 2012년 통합진보당 부설 진보정책연구원 부원장. 저서『새로 쓰는 고조선 역사』『새로 쓰는 고구려 역사』『1930년대 이후 항일무장투쟁 연구1·2』『현대 조선의 역사』『현대 조선의 역사』등.

제1장 반외세 투쟁으로 시작된 한(조선)반도 근대사의 출발

1절. 근대의 시점

서구의 근대와 동아시아의 근대

역사학에서 근대라는 개념은 유럽에서 만들어졌다. 18세기 유럽에서는 1789년 프랑스 대혁명을 필두로 부르주아 혁명의 시대였다. 부르주아 혁명은 낡은 봉건제도를 무너뜨리고 봉건적 분산성을 청산하고 민족국가를 출범시켰다. 또한 봉건제도의 태내에서 배태된 자본-임노동관계에 기초한 자본주의적 생산양식이 전 사회적으로 지배적 양식으로 확립되었다.

18세기 유럽에서 부르주아지 혁명이 있은 후 역사학계에서는 그 시대를 중세와 구별해서 부를 필요가 있었다. 그들은 중세와 구별되는 가까운 역사적 시기라는 의미로 근대라는 개념을 사용하였다. 중세와 구별되는 새로운 시기로서 근대는 어떤 시대적 특징을 갖는가? 그들은 봉건적 분산성 극복과 민족국가의 출현, 자본- 임노동 관계에 기초한 자본주의사회의 등장, 과학기술의 발전으로 공업 기술에 기초한 문명개화의 시대 개막을 근대사회의 특징으로 보았다.

유럽에서 근대라는 개념이 주는 이미지는 희망과 낙관, 밝음과 발랄함이었다. 자본주의 사회의 등장으로 사회적 생산력의 비약적 성장, 과학기술의 발전으로 공업 기술에 기초한 전기, 전화, 증기기관차 등등 근대적 문물이 꽃 피어나, 인류의 미래에 대한 낙관과 희망이 넘쳐나고, 봉건적 인신구속으로부터 벗어나 개인의 자유가 확대되었다. 자유주의에 기초한 민주주의가 확대되어 나갔다. 이처럼 인류는 새로운 문명개화의 시대를 맞이하였다.

그런데 서구에서는 봉건사회 내부에서 싹튼 자본주의적 요소들을 토대로 자생적으로 근대사회로 나갔으나, 동아시아의 경우에는 달랐다. 동아시아에서도 나라와 민족 단위로 그 발전의 정도는 차이가 있었지만, 봉건제가 몰락하고, 봉건제의 태내에서 임노동에 기초한 자본주의적 생산 관계가 싹트고 있었다. 하지만 동아시아에서 자본주의의 발전은 유럽에서의 자본주의의 형성과 발전보다

 북에서 바라본 **우리 근대사**

뒤떨어졌다. 그 결과 부르주아혁명 성공으로 자본가계급이 국가권력을 장악하고, 이어서 산업혁명을 통해 생산력을 비약적으로 발전시킨 서구의 자본주의 나라들은 원료의 구입과 상품 판매처를 확보하기 위해 동아시아 나라들에 침략의 눈길을 돌리기 시작했다.

유럽에서도 산업혁명을 선도했던 나라는 영국이었다. 영국은 1830년대 제1차 산업혁명에 성공한 후 1840년대 동아시아 나라 중국에 눈독을 돌렸다. 당시 영국은 자국의 식민지인 인도를 발판으로 영국-인도-중국의 삼각무역체제를 구축하고 있었다. 영국은 동인도 회사를 앞세워 중국에서 차와 도자기, 비단을 대량으로 수입하고, 자국에서 시계와 망원경과 같은 사치품을 수출하고 있었을 뿐 대량으로 수출할 물량이 없었다. 그 결과 영국은 항상 수입초과의 상태를 벗어나지 못했다. 마침 그때 영국은 미국독립전쟁 전비조달과 산업혁명에 의한 자본축적을 위해 은의 해외유출을 억제하는 정책을 취했으며, 중국은 공행(서양물품을 취급하는 양행상인들의 조직)관세를 자의적으로 부과했고, 외국 상인들의 무역을 제한했다. 동인도 회사는 이러한 난관을 돌파하기 위해 꾀를 낸 게 아편 밀무역이었다. 동인도회사는 인도에서 재배한 아편을 중국으로 밀수출하고, 그를 통해 벌어들인 돈으로 차와 도자기를 구매해 본국으로 보내는 삼각무역을 하였다.

그런데 아편을 당시 청나라 정부에서 엄격하게 금지하는 품목이었다. 1796년 청나라 가경제 원년에 아편의 수입을 금지했다. 금지령은 19세기에 들어와서도 여러 번 발령되었다. 하지만 영국의 아편 밀수출은 멈추지 않았다. 아편으로 인한 폐해가 확대되었을 뿐 아니라 엄청난 은이 국외로 반출되었다. 아편 밀수로 청나라 무역수지는 역조로 돌아섰고, 청나라 은 보유고가 격감해 은과 동전의 교환 비율이 1:800에서 1: 1,500~2,100에 이를 정도로 은값이 폭등하였다. 청나라에서는 아편으로 인해 도탄 상태에 빠져들었다.

청나라 도광제는 이를 타파하고자, '아편엄금론'을 주장한 임칙서를 광동성 흠차 대신으로 파견하였다. 흠차 대신 임칙서는 외국인 상관(상점)을 봉쇄해 버렸다. 1839년 6월 3일 (양력) 임칙서는 23일에 걸쳐 영국 무역감독관이 거두어 보낸 외국 상인들의 아편 20,000상자를 모두 녹여버리는 등 철저히 아편 단속을 했고, 마약상들은 홍콩으로 철수해야 했다. 영국 산업자본가들은 청나라가 무역의 자유를 침해하고 사유재산을 몰수했다고 비난하며 영국 정부와 의회에 압력을 가했다. 영국 정부는 1839년 10월 원정군 파견을 결정했는데, 이로써 제1차 아편전쟁이 시작됐다.

중국과 영국의 아편전쟁은 동양과 서양의 강대국 사이, 최초의

 16 북에서 바라본 **우리 근대사**

전쟁으로 승자는 영국이었다. 영국의 함대는 청나라 함대를 궤멸시키는 등 매 전투에서 청나라는 대패하고 말았다. 2년여 걸친 전쟁에서 패한 청나라는 1842년 8월 난징조약을 맺고 전쟁을 끝냈다. 난징조약에서 청나라는 영국에 전쟁배상금을 지불하기로 했고, 그 외에 홍콩섬을 영국에 할양했으며, 광둥성 외에 5개 항구(광저우, 샤먼, 푸저우, 닝보, 상하이)를 개항하기로 했다. 또 영국은 청나라의 수출입 관세에 대한 협의권을 얻어냈다. 청나라는 이후 후면 조약으로 치외법권, 관세 자주권 포기, 최혜국 대우 조항 승인 등의 굴욕적인 강요를 받아들일 수밖에 없었다.

동서양 최초의 전쟁에서 청나라의 패배로 서구 세력들은 중국을 중심으로 동아시아에 침략의 마수를 뻗쳤고, 그로 인해 동아시아 나라들은 자주적 근대화의 길이 가로막혔다. 서구 열강들은 식민지 초과이윤을 획득하기 위해 각 나라의 자주적 근대화의 싹을 잘라버리고, 그 나라와 민족을 식민지 반봉건 사회로 몰아갔으며, 아시아 민중에게 고통스러운 삶을 강요하였다. 그로 인해 동아시아에서는 일본을 제외하고 근대=자본주의화라는 도식이 통용될 수 없게 되었으며, 근대화라는 개념이 갖고 있었던 희망과 낙관, 밝음과 발랄함으로 색칠된 문명개화의 길을 걸어갈 수 없었다. 대신 나라와 민족의 주권을 빼앗기고 착취와 수탈 속에서 신음하는 민중의 운명이 동아시아 근대의 자화상으로 되고 말았다.

조선에서의 근대의 시점을 어디로 볼 것인가?

우리나라 역사학계에서는 우리나라 근대의 시점에 관한 여러 논의가 있었지만 대체로 근대사회 출현의 출발점으로서 강화도 조약을 전후한 시기로 보는 견해가 많다. 이것은 근대화=자본주의화로 놓고, 우리나라에서 자본주의화 과정이 본격적으로 진행된 계기가 바로 강화도 조약이라고 본 때문이며, 대다수 국민 역시 이러한 견해에 대체로 동의하는 편이다. 이러한 인식의 출발점은 일제 식민지강점기의 역사관이다. 그 당시 식민사학계에서는 조선사회의 자주적 발전론을 뭉개고, 외세에 의한 발전이라는 사대주의적 역사관을 확립하는 것을 목표로 역사연구를 진행했다.

일제 강점기의 식민사학자들이 먼저 손을 댄 것은 '조선 사회의 자주적 근대화의 불가능론'을 확립하는 것이었다. 이러한 목표에 따라 정체성론을 내세워 조선에서는 근대 자본주의사회로 자주적 발전의 길이 원천적으로 불가능했다는 이론을 만들어냈다. 심지어 근대로의 발전에 필요한 봉건사회가 이룩되지 못한 채 19세기 후반까지 조선의 사회경제 발전수준이 일본의 고대사회 말기인 10세기경 후지와라 시대와 비견된다는 주장을 공공연하게 내돌렸다. 이것이 식민사관이 만들어낸 '조선 봉건사회 결여론'이다. 당시 일본의 식민사학자들은 조선은 조선 시대에 이르도록 노예 신분인 노비가 큰 비중을 차지했고, 이미 종전부터 사회의 주 노동계층이 노예인 상태가 구한 말까지 지속되었으므로, 수천 년 동안 경제생산 및 사회구조가 발전하지 못하고 정체하였다는 것이다. 그래서 봉건 및 중세사회로 진입하지 못해 에도막부나 전국시대처럼 중세 봉건제 사회가 존재하지 않았다는 '봉건제 결여론'을 내세웠다. 조선은 자체적인 자본주의로 발전이 원천적으로 불가능했고, 일본의 조선 진출로 비로소 자본주의로의 발전의 길이 열리게 되었다는 것이 식민지 근대화론의 핵심이었다.

해방 이후 우리 역사학계에서는 이러한 식민사학을 비판하고 이를 극복하기 위해 수많은 노력을 기울였다. 그 결과 조선사회의 자본주의 발생의 맹아론이 역사학계에서 정립되었으며, 자주적 발전의 싹들이 외세에 의해 꺾였다는 이론이 점차 확립되어 갔다. 하지만 우리나라가 자체적으로 자본주의사회로 발전의 길을 걷고 있었다는 점을 명확히 하지 못함으로써 아직 정체성론과 타율성론을 기반으로 하는 식민사학의 싹을 완전히 뿌리 뽑지는 못했다. 그 대표적인 예중의 하나가 조선의 근대사회의 시작을 〈강화도 조약〉으로 보는 견해이다. 이 견해에 다음과 같은 의문을 제기할 수 있다. 이 견해대로 조선의 근대=자본주의로 보는 게 타당할까? 자본주의화의 출발점을 강화도 조약으로 보는 게 타당할까?

중국의 경우를 놓고 검토해 보자. 중국에서는 서구열강의 침략으로 자본주의로의 정상적 발전의 길을 걷지 못한 채 식민지 반봉건 사회로 접어들었다. 중국 민중들은 외세의 침략과 식민지화에 맞서 민족의 자주권을 수호하기 위해 투쟁하는 반외세 투쟁과 함께, 외세와 결탁한 봉건 지주들과 매판 자본가들을 일소하고 반봉건 민주주의 변혁을 완수해야 하는 두 가지 과제에 직면했다. 이 두 가지 과제를 해결하는 길 역시 강개석의 자본주의로의 길과 모택동의 사회주의로의 길로 갈라지게 되었다. 중국의 근대는 이러한 반제 반봉건 투쟁의 시기였으며, 모택동의 반제반봉건 변혁이 성공해 곧바로 사회주의 사회로 나갔다. 이처럼 동아시아에서 근대 = 자본주의화로 보는 견해는 역사적으로도 틀렸으며, 이론적으로도 틀렸다. 동아시아의 근대는 외세의 침략에 반대해 민족의 자주권을 수호하는 반제적 과제와 낡은 봉건세력과 매판세력을 일소하고 정치와 사회의 민주적 발전의 길을 열어 놓는 민주주의적 과제를 수행하는 민중들의 역사적 투쟁의 시대라고 결론지을 수 있다.

다음으로 조선 사회에서 자본주의화 시발점을 〈강화도 조약〉으로 보는 견해가 맞는가? 결론적으로 〈강화도 조약〉은 자본주의화의 시발점이 아니라, 자주적인 자본주의화의 길의 걸림돌이며 장애물이었다. 조선 사회는 19세기 중후반으로 접어들면서 자본주의적 생산관계가 두드러지게 발전해 나가고 있었다. 이 과정에서 부르주아 개혁 세력이 형성되고, 개혁 사상과 개혁 운동의 기초가 형성 발전되고 있었다. 이처럼 조선 사회에서 자본주의화는 강화도 조약 시점부터 시작된 것이 아니라, 그 이전부터 자생적으로 형성 발전되고 있었다. 강화도 조약은 조선사회의 자본주의화의 시작이 아니라, 일본의 군사적 강점과 야만적 식민지 폭압 통치의 서막이며, 자생적 자본주의화의 길을 가로막은 장애물이었을 뿐이었다.

강화도 조약을 시작으로 서구 열강과의 불평등 조약을 맺게 되고, 일본을 필두로 한 서구 열강들의 제국주의적 침략의 마수가 조선 사회에 휘몰아쳐 왔다. 일본과 서구열강들의 제국주의적 경제 침략으로 조선 경제는 제국주의 식민지 하청경제로 몰락할 운명에 놓이게 되었으며, 일제는 한반도를 식민지화하기 위해 몰락해 가는 봉건 지주와 관료들을 매수해 한국경제를 반봉건적 경제로 왜곡시켜 갔다. 이에 따라 조선 사회는 제국주의 세력의 침략에 맞서 민족의 자주권을 수호하는 반외세 투쟁과 봉건세력과의 투쟁을 통해 민주주의적 과제를 완수해야 하는 양대 과제가 나서게 되었다. 조선 민중들은 반제 반봉건 투쟁의 기치를 들고 싸웠으며, 바로 이것은 한반도 근대사회의 특징으로 되었다. 이렇게 봤을 때 우리나라 근대의 출발은 서구 열강들의 제국주의적 침략에 맞서 민족의 자주권을 수호하는 민중의 투쟁으로부터 시작되었다고 결론을 내릴 수 있다. 서구열강들의 침략에 맞서 민족의 자주권을 수호하는 민중들의 투쟁의 첫 출발은 제너럴 셔먼호의 침략행위에 맞선 평양 민중들의 투쟁이었으며, 이로부터 조선의 근대는 시작되었다.

평양인민의 화공으로 불타는 제너럴셔먼호

운양호 그림

2절 . 조선에서 자본주의적 관계의 발생과 발전

1. 자본주의적 관계 발생의 역사적 전제 형성

17세기 이후 조선 사회에서는 서민 지주의 출현, 민간수공업과 광업의 발전, 금속 화폐의 활발한 유통과 상업의 발전 등 자본주의적 관계가 발생 발전할 수 있는 전제 조건들이 일정하게 마련되었다. 이에 토대해 18세기 중엽 이후 일부 생산 부문에서 점차 자본주의적 관계가 발생하기 시작했다. 이것은 우리나라 역사 발전의 합법칙적 과정이었다. 이러한 역사 발전의 밑바탕에는 봉건 억압과 착취, 특히 신분적 예속을 반대하는 피지배계급 민중들의 줄기찬 투쟁과 생산을 발전시키기 위한 근로 민중의 꾸준한 노동이 있었다.

무산자 계층의 형성

자본주의적 관계 발생의 중요한 전제 조건 중에 하나는 인신적 예속에서는 벗어나 신분적으로는 자유이나 생산수단과 생활수단을 갖고 있지 못함으로써 노동력밖에는 팔 것이 없는 무산자 계층의 존재였다. 17~18세기경 우리나라에서는 이러한 무산자 계층이 생겨나고 있었다. 이 시기 봉건제도에 반대하는 민중들의 투쟁이 강화되고, 상품화폐 관계가 성장하면서 봉건적 토지 소유관계와 착취관계의 여러 분야에서 신분적 속성이 점차 해이해지기 시작했다. 한편 상품화폐 경제의 성장과 더불어 농촌에서 계급 분화 과정이 급속히 촉진되면서 토지를 잃고 농사를 짓지 못하게 된 농민이 많이 나타나게 되었다. 이들은 살길을 찾아 정든 고향을 떠나 유랑의 길에 나서지 않을 수 없었다. 18세기 이후 이러한 유랑민이 전국적으로 확산되었다.

그중에서도 삼남 지방과 관서 지방이 매우 심했다. 전에도 토지에서 떨어져 나간 유랑민이 많았으나 이들은 살길을 찾아 떠돌다가 결국 다시 토지로 되돌아올 수밖에 없었다. 그러나 18세기 이후 유랑민들은 달랐다. 그들은 도시와 농촌의 품팔이꾼으로 되었으며, 부분적으로 광산(금점, 은점, 동점)이나 수공업장(유기점, 옹기점 등)으로 흘러들어 고용노동자로 되었다. 이처럼 당시 노동력을 팔지 않고는 당장 먹고 살아갈 수 없는 무산자가 하나의 새로운 사회계층으로 뚜렷하게 등장하였다. 이러한 무산자 대열(유랑민, 품팔이꾼)의 발생과정은 돌연하게 나타난 게 아니라 몇 백년에 걸쳐 서서히 진행됐다. 18세기 이후 이러한 고용노동은 상인 지주, 부농뿐 아니라 봉건국가에 의해서도 널리 적용되고 있었는데, 그 범위는 수공업, 어업, 임업, 운수, 토목공사를 비롯한 여러 생산 분야로 확대되어 갔다.

1794년~1796년 정조의 수원성 축성공사는 일정한 직업이 없는 품팔이꾼들을 고용해 진행하였다. 이때 봉건 정부는 수원성 축조 공사비 80만 냥 가운데서 거의 절반에 해당하는 38만 7천 냥을 품삯으로 지출했다. 이 시기 고용 노동이 얼마나 일반화되었는지는 18세기 후반기 하루 품삯이 전국 어디에서나 25푼으로 통일되었다는 사실만으로도 짐작할수 있다.

이러한 유랑민, 품팔이꾼 가운데는 광산이나 수공업장으로 몰려드는 사람의 수가 늘어났다. 고용 노동이 널리 퍼지면서 그 봉건적 성격은 점차 약화되었다. 이 시기 농촌의 계절적 단기 고용 노동에서 봉건적 성격은 매우 희박했다. 특히 광산에서 고용노동의 경우는 더욱 그러했다. 고용노동이 널리 퍼지고, 그 봉건적 성격이 약화, 소멸되는 과정은 자본주의적 고용노동이 발생하는 과정이었으며, 아무런 생산수단과 생활수단을 갖고 있지 못하나 신분적으로는 자유로운 노동력의 발생을 전제로 이루어진 것이었다.

화폐자본의 축적

자본주의적 관계가 발생하려면 자유로운 노동력과 함께 많은 양의 화폐자본이 축적되어야 한다. 우리나라에서 돈 (금속화폐)의 형태로 많은 재산을 모은 것은 17세기 이후이다. 그 이전에는 화폐의 형태가 아니라 쌀, 천 등 현물 형태로 재산으로 모았었다. 이 시기 화폐 재산을 모은 자들은 양반 지주였다. 대부분 지주는 그 돈을 상공업이 아니라, 토지를 사들여 봉건 착취를 강화하는데 돌렸다. 그들은 대부분 양반 신분이었기 때문에 천하게 여겼던 상인이나 공장주로 되기를 꺼려했고, 토지야말로 가장 안전한 착취 수단으로 생각하고 있었다. 이처럼 봉건 지주 수중에 들어간 돈을 자본주의적 관계의 발생에 널리 이용되지 못했다. 하지만 그 일부는 고리대와 같은 간접적인 방법으로 산업부문으로 흘러들었다.

금속화폐가 널리 쓰이면서 상인들 역시 많은 양의 화폐 재산을 축적했다. 이 시기 상인들 가운데 수십만 량 심지어는 그 이상의 돈을 모은 자들까지 있었다. 새로운 상인 계층의 대두는 개별적인 몇 개 도시나 지방뿐 아니라 거의 모든 지역에서 벌어지고 있었던 현상이었다. 상품화폐가 비교적 뒤늦게 발전한 함경도 일대에서도 18세기 이후 함흥상인, 원산상인, 북청상인 등의 진출이 눈에 띄게 나타나고 있었다. 대상인들은 자신이 수공업 공장주나 광산주로 나서는 데서 신분적으로 거리낄 것이 없었다. 그러므로 상인들은 양반 지주와는 달리 많은 돈을 산업에 밀어 넣고 돈벌이를 하려고 했다. 그 결과 상인들의 수중에 들어간 돈, 상업자본은 비교적 쉽게 산업자본으로 전환될 수 있었다. 많은 화폐자본을 축적한 일부 대상인들은 점차 유리한 산업부문에 침투하여 신분적으로나 자유롭지만, 자기의 노동력밖에 팔 것이 없는 무산자들을 돈에 얽어매 놓고 착취하기 시작했다. 이는 자본주의적 관계가 발생의 시작을 의미한다.

2. 자본주의적 관계의 발생

광업에서 자본주의적 관계 등장

우리나라에서 자본주의적 관계는 18세기 초 광업에서부터였다. 광업에서 자본주의적 관계 발생과정을 추적해 보자. 중세 봉건국가는 개인들의 광산경영을 엄격히 금지하고 국가가 독점했다. 그러나 봉건적 부역 노동을 반대하는 민중들의 투쟁이 격화되면서 국가가 광산을 개발하는데 애로와 난관에 봉착했다. 설상가상으로 개별적 상인들의 잠채(몰래 금 등을 깨어 가는 행위)행위가 극심해졌다. 이 때문에 조선 정부는 17세기 중엽 이후 국가적 통제를 전제로 개인의 광산경영을 허가해주고 그 대신 세금의 형태로 광물을 빼앗아 가는 새로운 제도를 시행했다. 이것을 〈설점수세〉라고 불렀고, 그러한 광산들을 〈수세점〉이라고 불렀다. 설점수세는 17세기 말부터 18세기 초에 보급됐으며, 수세점들이 급속히 늘어났다. 이때 제일 발전한 것이 은광이었는데, 1687년에 전국의 은광 수는 약 70개에 이르렀다.

정부는 〈설점수세〉하는 광산들에 별장 또는 감관 등의 이름을 가진 관리들을 파견해 감독했다. 감관들은 점꾼(광산에서 일하는 품팔이꾼) 수에 따라 세금을 거뒀다. 성천은점의 경우를 보면 점꾼들이 나라에 무는 공식 세금액은 1년에 은 5전이었다. 정부는 매개 광산의 점꾼의 수를 정해 주고 정원 초과시에는 엄격히 단속했으며, 필요시 다른 지역으로 이동시키기도 했다. 〈수세점〉 운영에서는 이처럼 낡은 부역 노동의 잔재가 남아 있었다.

이 시기에 적지 않은 〈수세점〉에서는 감관과 함께 점인들이 새로 나타나 점꾼을 수탈했다. 점인들은 처음 광산경영을 물질적으로 뒷받침하는 존재였으나, 아직 사회적 지위가 미약하고, 관권을 등에 업은 감관들의 통제가 심해 광산경영의 실제적 주인이 되지 못하고 상업 고리대 혹은 분익제 형태로 점꾼을 착취하였다. 즉 점인들은 아직 생산과정 그 자체에는 침투하지 못하고 다만 돈을 대

 북에서 바라본 **우리 근대사**

준 댓가로 생산물의 일부를 받거나 꾸어준 돈의 이자를 받아먹는데 그쳤다. 따라서 이 시기의 〈수세점〉은 부역제에 기초한 순 봉건적 광산은 아니었으나, 그렇다고 자본주의적 관계가 지배하는 광산도 아니었다. 낡은 봉건적 잔재를 많이 갖고 있었던 〈수세점〉에 얽매인 점꾼들은 아직 본래적 의미에서 자유로운 노동자도 아니었고 점인들도 완전한 의미에서 자본가는 아니었다. 수세점은 부역노동에 기초한 봉건적인 국가경영으로부터 고용노동에 기초한 자본주의 경영으로 넘어가는 과도적 단계의 광산이었다.

자본주의적 형태로 넘어간 광산경영

과도적 형태의 광산경영은 점차 자본주의적 형태로 넘어갔다. 정부는 원래 〈설점수세〉를 실시하면서 세금을 받아 재정적 위기에서 벗어나면 원래대로 봉건적 부역노동으로 채굴되는 광산경영으로 돌아가려 했다. 하지만 뜻대로 되지 않았다. 광산들의 수가 증대되고 규모가 커짐에 따라 모든 광산을 다 틀어쥐고 통제할 수 없었고, 별장(광산, 둔전 등에 세금징수를 위하여 파견된 관리)들의 농간질도 막아낼 수도 없었다. 광세 수입은 나라의 의도와는 반대로 해마다 줄어들고 있었다. 1769년에 경상도에는 은점만도 6~7개 고을에 설치되어 있었지만, 관청에 들어오는 세금은 한 푼도 없었다고 한다.

 나라로 들어오는 광세 수입은 줄어들었으나 광산은 계속 늘어나 그곳으로 밀려드는 사람의 수가 급격히 늘어났다. 이것은 봉건 관료들을 몹시 당황케 하였다. 정부는 많은 사람이 광산에 모여들어 폭동을 일으킬 우려가 있다는 이유로 1769년 (영조45년)에 성천, 안동, 강계 등 몇 개의 은점만 남기고 모두 폐쇄하는 조치를 취했다. 이 정책으로 인해 〈설점수세〉에 의한 채광업의 발전에 큰 장애가 초래되었다. 그렇다면 이로 인해 광업 그 자체가 쇠퇴했는가? 아니었다. 그 반대였다. 금과 은, 동 등에 대한 수요가 계속 늘어나고 있었기 때문에 광업은 계속 성장하고 발전하였다. 단지 〈설점수세〉 형식의 광업에서 〈잠채〉로 바뀌었을 뿐이다. 〈잠채〉란 몰래 재취한다는 뜻이다. 즉 몰래 캐냈기 때문에 봉건적인 정부의 그 어떠한 지배나 간섭을 받지 않았다. 바로 이 과정에서 자본주의적 관계가 발생했다. 〈잠채〉하는 광산에서는 정부의 통제가 없었기 때문에, 대 상인들은 비교적 자유롭게 자기의 자본을 갖고 유랑민, 막벌이꾼을 고용해 직접 생산을 조직하고 이윤을 짜낼 수 있었다. 일부 대상인들은 〈잠채〉하는 광산에 깊이 침투했으며, 실질적인 지배자, 경영주로 등장했다.

 잠채 광산의 영향으로 18세기 중엽이후 〈설점수세〉 광산도 상인들이 점인의 테두리를 벗어나 별장을 밀어제치고 광산의 실제적인 지배자, 경영자로 등장했다. 1775년에 평안도 수안에 〈은 수세점〉이 개발되었을 때 개성의 한 상인이 광주로 등장해 점꾼들을 직접 자기의 지배 밑에 두고 착취했던 사실은 그것을 실증해준다. 또 물주가 없으면 광산을 경영할 수도 없고 세금도 거둘 수도 없다고 기록한 문헌에서도 이를 확인할 수 있다.『천일록』의 저자는《대개 광산을 설치하는 규례를 보면 중앙관청에서 물력을 마련해주는 것이 아니기 때문에 물주가 없으면 경영할 수 없다》고 하면서, 납세의무를 지고 있는 물주들은 세금과 함께 자기가 소비한 재력을 뽑아내려고 애쓴다고 썼다. 이것은 18세기 중엽 이후 광세 부담자가 점꾼이 아니라 물주였다는 것을 보여주며, 물주가 광세 의무를 지게 되었다는 것은 그가 광산의 실제적인 지배자, 경영주로 등장했다는 것을 의미한다. 이러한 광산에서 광주(물주)와 점꾼 사이에 맺어지는 관계는 새로운 착취관계, 자본주의적 착취관계였다. 즉 광주들은 점꾼을 경제적으로 얽어매놓고 착취했으며, 점꾼들은 주로 경제적 관계에 의해 광주에게 예속되어 있었다. 그들 사이에는 경제외적 관계, 신분적 예속관계는 없었으며, 고용주와 노동자로서의 대립관계로 얽혀 있었다. 조선에서는 18세기 광업에서 자본주의적 관계가 제일 먼저 발생했다. 광업에서의 자본주의적 관계는 미약했으며, 정부의 억압정책으로 그 발전이 폭넓게 빨리 이루어질 수 없었다. 그렇지만 봉건사회 내에서 자본주의적 관계가 발생한 것은 우리나라가 사회발전의 합법칙성에 따라 발전되고 있었다는 것을 보여준다.

3. 자본주의적 관계의 발전

상품화폐 관계의 급속한 발전과 농촌에서의 계급분화에 기초한 자본주의적 관계는 19세기에 들어와서 보다 성장했으며, 그 결과 공장제 수공업이 출현했다.

19세기 광업에서 자본주의적 관계 발전

19세기에 들어와서 광업에서 자본주의적 관계가 현저하게 성장했다. 광업에 자본을 투자하는 상인들의 수가 많아지고, 그에 따라 자본주의적으로 경영하는 〈잠채〉 혹은 〈설점수세점〉의 숫자가 늘어났다. 19세기 초 평안도 〈홍경래의 난〉의 준비와 전쟁 과정에서 큰 역할을 담당한 이희저나 우군측 등은 모두 큰 상인인 동시에 광산 경영주들이었는데, 이것은 이 시기에 상인자본이 광업에 폭넓게 침투하고 있었다는 것을 보여준다. 이처럼 상인자본의 침투가 확대됨에 따라 19세기 초 경기, 충청도, 전라도, 황해도, 평안도, 함경도의 6개 도에서는 금을 〈잠채〉하지 않는 곳이 없었기 때문에 막으려고 해도 도저히 막을 수 없었다. 심지어 상인자본가들은 지난날 소규모의 협업조차 불가능했던 〈사금점〉들까지 침투해 분산적인 소 생산자를 고용하고 품삯을 주며 잉여노동을 착취했다. 함경도 〈장진사금점〉은 그러한 대표적 실례로 된다.

자본주의적 방법으로 경영하는 광산의 수가 늘어나고 그 지위가 한 걸음 더 공고화되고 있었을 뿐 아니라 광산들의 규모도 점차 커가고 있었다. 전국적으로 이름난 금광이었던 황해도 홀동광산에서는 원래 채금지구가 5개소였고, 1798년(정조22년) 당시에는 3개 지구에서만 채광이 진행되고 있었는데, 당년 여름에 새로 판 굴이 39개소, 장마로 말미암아 중지한 굴이 99개소였다. 이 당시 이곳에서 직접 채광 노동에 종사한 점꾼은 550명이었고, 광산마을의 전체 인구수는 1,500명이었다. 이렇게 많은 점꾼이 모여든 것은 광업에서 자본주의적 경영이 날로 확대되고 있었다는 것을 말해준다. 이 시기 광산들과 그와 연관된 제철 및 철가공 분야에서의 생산활동은 비교적 세분된 분업에 기초해 공장제 수공업으로 발전했다.

광업에서 자본주의적 관계가 발생했던 첫 시기인 18세기 중엽에는 주로 단순 협업 형태로 생산이 진행됐다. 하지만 이때에도 공장제 수공업이 나타났으며, 이 공장제 수공업은 18세기 말~19세기 초 중엽에 이르러서는 크게 확대되었다. 앞에서 언급했던 홀동 금광에서는 갱 안의 작업과 갱 밖의 작업으로 갈라져 있었고, 갱 안의 작업은 채굴, 운반, 동발 작업으로 나뉘었고, 갱 밖의 작업도 세분화되어 있었다. 갑산 고진동 광산에서도 수많은 노동자가 400~500자나 되는 갱 속에 드나들면서 동광석을 캐냈는데, 혈주(채굴업자)의 지휘 밑에 80~90명의 노동자가 한 조가 되어 생산을 진행했다. 채굴과 운반공정의 노력 배치율은 금광과 마찬가지로 2:1로써 채굴공은 40명, 운반공은 20명이었으며, 여기에 2~4명의 동발공과 6~8명의 노동자가 배합되어 있었다.

제철 및 철 가공 분야에서도 자본주의적 관계가 발생해 공장제 수공업으로 발전했다. 부역노동에 대한 민중들의 반발과 국내시장 확대로 조선 정부는 부역제에 기초한 〈철장〉을 〈철소〉로 개편했다. 광업에서의 〈설점수세〉와 마찬가지로 〈관영 철장〉을 개인 경영에 넘기고 그들로부터 현물 또는 그 밖의 형태로 세를 받아들이는 동시에 〈철소〉의 개인업자들로부터 필요에 따라 쇠를 제 때에 사서 쓸 수 있도록 하려는 조치였다. 17세기 중엽 이후 평안도의 개천, 황해도의 재령과 장연, 충청도의 남포 등에 철장을 개편한 〈철소〉들이 설치되었다. 〈철소〉는 관청의 위임을 받은 별장의 관리 밑에 있었으나, 종래의 철장들과는 현저하게 구별되었다. 〈철소〉들의 별장 가운데는 그 경영권을 위임받은 수세관 겸 경영주가 있었는데, 이는 〈철소〉가 관청의 통제를 받으면서도 개인 경영의 형태를 띠고 있었다는 것을 보여준다. 〈철소〉의 수공업자들은 아직 봉건적 예속과 착취를 받고 있었으나, 이들은 부역노동이 아니라 별장의 지배 밑에 독립적으로 생산을 진행하고 있었다. 그 후 〈관영철장〉의 잔재가 많던 〈철소〉도 차츰 쇠퇴하고 〈민간제철 및 철가공업〉이 빨리 발전해 나갔다. 바로 이 과정에 큰 상인들이 끼어들어 제철 철가공 부문의 물주로 등장했다. 이러한 현상은 우리나라 서북지방 특히 개천 지방에서 많이 나타났다. 개천 무진대의 가마부리 소공업장에서는 용해 공정과 주물 공정으로 나뉘어 협업적 분업으로 10일 동안에 1,000여개의 솥을 생산했다.

놋그릇 제조 분야에서 자본주의 관계의 발생과 발전

자본주의 관계는 19세기에 들어와 놋그릇 제조업에서도 발생 발전했다. 놋그릇 제조업은 18세기 말 ~19세기 초 놋그릇 수요가 높아지고, 갑산, 안변 등지에 동광이 새로 개발되면서 급속하게 발전했다. 그 이전에는 개성, 안성, 전주 등 몇 개 지역만 알려져 있었으나, 이 시기에 이르러 새로운 놋그릇 생산지들이 여러 곳에 새로 형성되었다. 특히 납청 (평북 운전군 청정리)과 안성은 많은 인구를 가진 수공업 도시로 발전했으며, 대표적인 놋그릇 생산지로 유명했다. 당시 납청에는 200~300호의 주민들이 살고 있었는데, 그 대부분이 놋그릇 생산에 종사했고, 일부는 놋그릇 생산에 필요한 연료인 숯구이에 종사했다. 놋그릇 제조업자들은 노동자들을 고용해 분업에 기초한 협업의 방법으로 생산을 조직하고 이윤을 짜냈다. 실례로 납청 상인 박명조는 2~3만 량의 자금을 갖고 양대점을 운영해 폭리를 얻곤 했다. 이곳 생산 규모는 매달 80근짜리 동 30개 정도를 원료로 2400근(약 1.2톤)의 놋그릇을 생산했다. 경영 방법은 경영주는 원료를 사들이고 제품을 팔아 넘기는 일에만 종사하면서 노동자를 착취했다. 노동자는 노동력을 판 대가로 5일에 1회씩 화폐 형태의 임금을 받았다. 자본주의적으로 운영되는 이러한 놋그릇점은 19세기 중엽에 납청에만 50여 개 되었으며, 안성, 개성, 구례 등지에도 많았다.

유기점들에서 생산된 각종 놋그릇들

19세기에 이르러 자본주의적 관계는 인삼재배업과 같은 농업 생산의 특수한 부분에서도 발생했다. 이처럼 우리나라에서 자본주의적 관계는 18세기 중엽 이후 광업에서 제일 먼저 싹트기 시작했으며, 18세기 말~19세기 전반기에 금속가공업과 인삼재배업으로 확대되었고, 광업과 금속가공업에서는 부분적으로 공장적 수공업으로 발전했다.

우리나라에서 발생한 자본주의적 관계의 특징

우리나라 자본주의적 관계 발생 발전의 특징은 도시와 농촌에서 멀리 떨어진 산간벽지 광산업에서부터 먼저 자본주의적 관계가 발생 발전했다는 데 있다. 방직업과 식료 가공업, 농업에서는 자급자족적 자연경제의 완고성으로 자본주의적 관계가 발생하지 않았거나 늦게 발생했다. 또한 자본의 구성과 고용 노동의 형태에서도 특징이 나타나는데, 소자산 계급화된 농민이나 수공업자가 기업가로 되는 경우는 거의 없었고, 상인자본이 밖으로부터 그를 예속시키는 방법이 보편적이었으며, 고용 노동의 형태 면에서는 처음부터 빈 주먹뿐인 자유로운 노동력이 수공업장의 기본 노동력을 이루었다.

자본축적이 전반적으로 미약하고 기업의 규모도 작았던 것도 우리나라 자본주의적 관계 발생과 발전의 특징 중의 하나였다. 이것은 상업자본의 대다수가 토지획득에 쓰였고, 일부만이 기업경영에 투자되었기 때문이다. 이러한 특징으로 우리나라 자본주의적 관계는 일정한 범위에서 성장했고, 공장제 수공업도 광산과 수공업 분야까지 진출했으나, 공장제수공업 시대를 열지는 못했다. 그렇지만 비록 미약하였지만 다가오는 새 시대를 담당할 힘을 가졌기 때문에 봉건적 억압 속에서도 한 걸음 한 걸음 발전의 길을 걸어 나갔다. 그 과정에서 근대화의 길로 이끌어 가기 위한 시도들이 생겨나고 부르주아 개혁운동이 일어나게 되었다.

3절. 1860년대 민족적 위기와 대원군의 집권

1. 1860년 이전의 서구열강의 한반도 진출

서구 열강들은 18세기 말~19세기 초에 근대적 산업자본주의를 확립했다. 그들은 원료원천지, 자본수출지, 영여상품 판매시장을 획득하기 위해 아시아에 대한 침략과 약탈의 촉수를 뻗치기 시작했다. 그들은 19세기 초부터 우리나라를 침략하기 시작했다. 당시 서구열강들의 기본 침략대상은 청나라와 일본 그리고 조선이었다.

우리나라에 처음으로 불평등 조약을 강요해 온 배는 영국 무장상선 〈로드 암허스트〉호였다. 이 함선은 1932년 6월 말 황해도 몽금포 앞바다에 침입했으며, 계속해서 충청도 홍주(홍성군) 고대도에 들어와 무역을 강요하였다. 조선 정부는 국서와 예물을 받지 않고 돌려 보냈다. 그 후 1845년 5월 영국 군함 〈사마랑〉호가 제주도 정의현 우도에 불법적으로 침입해 제주도의 여러 섬과 포구, 진에 정박하면서 정탐행위를 하였다. 그리고 전라도 연해의 여러 섬에 들어와 수심측량을 한 다음 6월 말에야 돌아갔다.

영국의 뒤를 이어 프랑스도 조선에 침입했다. 프랑스 아시아함대 사령관 세실은 1846년 3척의 군함으로 충청도 홍주 외연도 앞바다에 침입했다. 세실의 조선 침입 명분은 기해사옥(1839년)때 3명의 프랑스 선교사 처형에 책임추궁을 하겠다는 것이었다. 하지만 그는 책임추궁을 하지도 못한 채 소위 문책 편지만을 남긴 채 사라졌다. 다음 해 6월에는 자기 편지에 대한 회답을 받는다는 구실로 군함 두 척을 이끌고 전라도 고군산진 신치도 앞바다에 침입했으나 배가 암초에 걸려 침몰하고 말았다. 그들은 겨우 목숨을 건진 채 애걸복걸해 3척의 조운선을 빌려 되돌아갔다.

이후 서구 열강들의 침범 횟수는 계속 늘어갔다. 1801년부터 1847년까지 47년 동안 군함, 무장상선의 침입 횟수는 7회였으나, 1848년~1860년까지 13년 동안에는 무려 20차례였으며, 1855년 한 해 동안에만 해도 5차례나 되었다. 그들은 처음에는 서해로 침입해 왔으나, 1848년 후부터는 서해 뿐 아니라, 동해와 남해로도 침입해왔다. 이렇게 들어오는 경로가 확대된 것은 처음에는 청나라에 기지를 둔 영국, 프랑스의 침입이었다가 1848년 후부터는 태평양 항로를 개척한 미국, 그리고 동방 진출을 노리는 제정 러시아가 조선 침략에 적극적으로 나섰기 때문이다. 조선 연해에 대한 영국, 프랑스, 미국, 제정러시아의 침략선 침입이 부쩍 늘었을 뿐 아니라, 1848년 후부터는 횡포한 약탈과 학살 만행을 동반하였다. 침략자들은 문호개방과 자유통상을 강요하는 한편, 상륙하여 노략질을 하고 주민에게 총포 사격을 가해 살해하는 만행을 서슴지 않았다. 이것은 불법 침입행위가 순수 난파선 구조요청이나 상업거래을 강요하려는 데 있는 게 아니라, 주권국가에 대한 난폭한 침략으로, 조선에 대한 본격적인 무력침공의 전주곡이었으며 민족적 위기가 도래하고 있다는 것을 뚜렷이 보여준다.

2. 무너져 가는 봉건 체제

19세기 중엽 조선 봉건왕조의 위기는 더욱 깊어졌다. 세도정치를 반대하는 민중들의 투쟁이 격화되었고, 자본주의적 관계가 더욱 성장해 갔으며, 서구 열강들의 침입이 격화되어, 조선 봉건 정부는 내우외환의 위기 속에 빠져들어 갔다.

19세기에 접어들면서 시작된 안동 김씨의 세도정치로 봉건국가의 통치제도와 질서가 문란할 대로 문란해졌다. 서구에서는 부르주아 혁명을 수행하고 산업화를 이룩해 근대국가로 성장 발전하고 있을 때 조선의 봉건 지배층들은 당나귀를 타고 시나 읊조리며 술이나 마시면서 세월을 탕진하였다. 그들은 나라와 민족의 운명에는 아랑곳않고 오로지 당파싸움과 민중 수탈에만 눈이 뒤집혀 날뛰었다.

부패할 대로 부패한 세도정치에 민중의 삶은 황폐화했다. 조세제도, 군역제도, 환자제도를 통한 국가의 착취와 봉건 관료와 토호들의 민중 수탈행위가 더욱 가혹해졌으며, 민중 생활은 나락으로 빠져들었다. 민중들은 도망할 곳도 없었고 참을 수도 없는 막다른 골목에서 투쟁밖에 할 수 없었다. 19세기 중엽에 이르러 진주 농민폭동을 비롯해 민중들의 반봉건 투쟁이 전국적으로 확대되었다.

진주 농민폭동은 1862년 2월 경상도 진주 일대의 농민들이 가혹한 봉건적 억압과 착취를 반대해 일으킨 폭동이다. 19세기 중엽에 이르러 봉건 지배계급의 학정과 착취는 더욱 가혹해졌다. 경상우도 병마사 백낙신은 부임하자마자 민중 착취와 수탈에 매달렸다. 일 년도 채 지나지 않아서 도결전(도결이란 토지에 모든 종류의 세금을 부과하여 징수하는 방식인데, 도결전이란 토지에 부과된 세금을 돈으로 환산해 거두는 세금을 말한다)과 환자 그 밖의 각종 방법으로 쌀 2만 섬에 해당하는 10여만 량의 막대한 돈을 농민들에게 갈취하여 자기의 잇속을 채웠다. 백낙신의 강도적 수탈에 분노한 진주 농민은 유계춘, 이계열 등의 지휘 밑에 농민폭동을 일으켰다. 진주 농민 폭동의 영향으로 전국 이곳저곳에서 농민들이 항쟁에 떨쳐 나섰다. 이해에만 전국각지 71곳의 농민들이 농민폭동을 일으켰다. 민중들의 반봉건 투쟁에 놀란 지배층은 삼정〈전정(田政)·군정(軍政)·환정(還政- 미곡대여제도)을 조절하는 등 기만적인 조치를 했으나 기울어진 봉건제의 위기를 수습할 수는 없었다.

3. 자본주의적 생산 관계의 확대 발전

19세기 중엽에 이르러 사회경제적 면에서도 새로운 변화가 일어났다. 수공업, 광업, 농업이 발전해 상품생산이 훨씬 늘어났으며, 금속 화폐의 유통범위가 넓어졌다. 19세기 초 이후 1860년대까지 조선 정부가 공식적으로 만들어 낸 엽전이 적어도 600만~700만 량에 달했으며, 화폐자본을 축적한 상업자본가들이 적지 않게 나타났다. 연상, 선상을 비롯한 각지 상인들 속에서 대상인들이 출현한 것이 그 한 실례로 된다. 연상은 중국과의 무역에 종사한 상인들로서 의주상인(만상), 평양상인(류상), 개성상인(송상), 서울상인(경상), 동래상인(동래상) 등이 유명했다. 이들은 홍삼을 비롯한 물품의 전매권을 갖고 대외무역을 진행했다. 이러한 대상인들은 선상들 속에서도 나타났다. 이조 봉건정부의 국가적 통제에도 불구하고 상업자본가들의 활동이 매우 활발히 벌어지고 있었으며, 전국의 상업에 미치는 그들의 영향력이 매우 컸다. 19세기 후반기에 들어서면서 개별적 상인 중에는 70만 량~90만 량의 자금을 갖고 활동한 사람들이 적지 않았다. 상업자본을 축적한 대상인들은 근대적인 상업자본가로 발전해 새로운 상업 경영과 기업을 창설할 수 있는 세력으로 등장하고 있었다.

상품생산이 성장 발전해 감에 따라 광업 수공업을 비롯한 사회적 생산의 여러 분야에서 자본주의적 경영형태가 확대되었다. 광업에서는 상업자본의 적극적인 진출과 함께 이 부문에 대한 투자와 자본의 규모도 늘어나고 자본주의적 경영방식으로 운영되는 광산 수도 늘어났다. 1858년 함경도 암행어사 홍승유가 《매개 금, 은, 동광산에서는 수천 명의 일꾼들이 모여들고 물품으로는 없는 것이 없으며, 읍내 부호들이 여기에 투자하는 경우가 많아 천척이나 깊은 광갱을 파고 있다》(『일성록』 철종9년 2월 3일)고 한 것은 광산마을의 번성한 모습의 일단을 보여주고 있다. 19세기에 접어들면서 채광업에서는 총체적으로 자본주의적 관계가 발전하여 〈설점수세제〉를 밀어내고 실질적으로 개인 경영으로 넘어가고 있었다.

수공업 부문에서도 자본주의적 경영이 확대되었다. 19세기 초 제철 및 철가공 부문에서 발생 발전하고 있던 소규모 자본주의적 기업은 19세기 후반기에 공장설립으로 발전해 갔다. 19세기 초에 발생하기 시작했던 놋그릇 제조업에서의 자본주의적 관계도 19세기 60년대에 들어서면서 현저하게 발전하였다. 오랫동안 가내 수공업 단계에 머물러 있던 직조업, 제지업, 요업, 양조업 등 여러 부문에서도 공장제 수공업이 상당한 정도로 발전함에 따라 일부 생산영역에서는 기계제 생산으로 이행하였다. 농업에서도 자본주의적 관계가 발전하였다. 자본주의적 생산 관계의 발전은 봉건체제의 근간에 균열을 일으키는 요소로 작용했다.

4. 대원군의 집권

흥선대원군 이하응

밖으로는 서구열강들의 침략이 더욱 노골화되면서 민족적 위기가 높아져 갔으며, 안으로는 봉건 체제가 무너져 가고 있었다. 1864년 1월에 조선왕조 25대 왕이 철종이 죽었다. 철종에게는 아들이 없었으므로 왕족인 흥선군 이하응의 둘째 아들 명복(고종)이 12살에 왕위에 올랐다. 이리하여 고종의 아버지인 흥선군 이하응이 대원군의 칭호를 받고 정권을 잡게 되었다. 대원군은 1864년부터 1873년까지 10년간 권력을 움켜쥐고 조선 봉건왕조를 통치했다. 대원군은 그동안 세도정치의 폐해를 심각하게 느끼고, 정치개혁을 꿈꾸었다. 그러나 그가 추구했던 정치개혁은 자주적인 근대 국가 건설이라는 미래지향적인 개혁이 아니었다. 반대로 왕권 강화를 핵으로 한 중앙집권적 통치 질서를 강화해 나라의 위기를 수습하며 무너져 가는 봉건적 통치제도를 계속 유지하는 반시대적 개혁이었다.

정권을 잡은 대원군은 60여 년간 권력을 독차지하고 중앙통치 제도를 문란하게 만들어 놓은 안동 김씨의 세도정치를 청산해 나갔다. 이를 위해 왕족들의 일가친척을 높은 벼슬자리에 앉혔으며 정치적 위엄을 높이기 위해 경복궁 개건 공사를 벌여 놓았다. 이 밖에도 여러 가지 왕권 강화 조치를 해나갔다. 왕권 강화와 중앙집권적 통치에 방해가 되었던 600여 개의 서원을 철폐하였으며, 3정 (전정, 군정, 환정) 문란을 수습 정리하여 국가의 재정수입을 늘렸다. 또 대전회통과 6전 조례와 같은 법전들을 편찬해 봉건적 법률제도를 정비 강화했다. 이러한 개혁조처는 안동 김씨의 세도정치로 약화된 왕권을 부활시켜, 몰락해 가는 봉건제도를 유지 강화하려는 것이었다. 대원군의 정책 중에서 특기할 만한 것은 대외정책이었다. 대원군은 철저한 쇄국정책을 폈다. 봉건적 유교 사상에 기초한 봉건 왕권통치를 유지하려던 대원군은 자본주의 열강과 접촉하는 것은 결국 도적을 집에 끌어들이는 것과 똑같은 것이라고 보았다. 이러한 이유로 그는 나라의 문을 굳게 닫고 전국적으로 양이정책 (서양오랑캐 배제정책)을 실시했다. 대원군은 양이정책을 추진하기 위해 국방력을 강화하는 데 힘을 썼다. 그는 국방 관계 부문을 정비하기 위해 1868년 5월 군대의 최고통수기관인 삼군부를 다시 설치했다. 이 삼군부는 조선왕조 초기의 삼군부 기능을 기초로 하였다. 즉 삼군부는 군사통수기능을 수행했을 뿐 아니라 정부의 최고관리인 의정들과 병조판서가 각각 삼군부의 책임직 무를 겸임케해 유사시에 군사통수권과 함께 행정집행권까지 행사하도록 만들었다. 이러한 조치는 상대적으로 군사 통수 체계를 종전보다 강화할 수 있게 했다. 대원군은 이와 함께 중앙과 지방의 군대를 강화했다. 당시 군대의 기본역량이었던 경군 5영의 편제를 합리적으로 개편하고 장비와 훈련을 개선하였다. 또 지방의 군대를 보충 완비하는 대책을 세워, 서해안과 남해안, 북부국경일대 특히 수도를 둘러싼 강화, 개성, 광주, 수원 등 4류수영의 방어시설들이 일정하게 강화되었다. 그리고 화포병을 설치하고 그 수를 늘렸으며 민간무력에 의한 민보, 호병제도를 실시해 병력을 보충했다. 대원군은 국방강화를 위하여 총, 대포, 탄환, 화약, 활과 활촉, 창검 등 각종 무기를 만들고 보수 정비했다.

대원군 집권을 우리는 어떻게 평가할 것인가? 대원군은 세계가 자본주의 길로 발전하고 있을 때 나라의 문을 굳게 닫고 무너져 가는 봉건제도를 수습하는 데 골몰했다. 근대화를 지향하는 당시 시대적 요구에 비추어 볼 때 이미 시대에 뒤떨어진 낡고 보수적인 정책에 불과했으며, 쇄국정책은 외래 침략세력으로부터 민족의 자주권을 지킬 수 있는 올바른 방도로 될 수 없었다. 그가 추진했던 개혁은 무너져 가는 봉건제도의 기본 모순을 근본적으로 해결할 수 없는 것이었으며, 봉건제도의 위기와 계급적 모순은 더욱 심각해졌다. 결론적으로 그의 소위 개혁이란 위기에 처한 봉건 통치제도를 수습해 보려는 일시적인 눈가림에 지나지 않은 것이었다. 그렇지만 대원군의 집권이 모두 부정적 결과만을 낳은 것은 아니다. 그의 정책은 역사적 계급적 제한성을 갖고 있었긴 하지만, 극도로 문란해진 봉건제도를 바로 잡아, 민족적 위기를 막아보려고 한 점에서 일정한 의의가 있다. 구체적으로 그의 국방력 강화정책은 나라의 방위력을 결정적으로 개선하는 데는 미치지 못했지만, 일정 기간 외래침략자들 막아내는 데서 일정한 효과를 보았다.

4절. 조선 민중의 반외세 투쟁

우리나라는 19세기 후반기 외세의 침략으로 인해, 자본주의사회로 발전해 나가는 길이 막히고 식민지 반봉건 사회로 전락했다. 우리나라의 근대는 외세 및 봉건 지주 세력과 매판자본가 세력을 한편으로 하고 민족자주를 지향하는 민중들을 다른 한편으로 하는 반제반봉건 투쟁의 시기였으며, 반제반봉건 민주주의 혁명을 통해 자주적이며 민주주의적 정부를 세우는 시기였다. 우리나라에서 이러한 투쟁은 1860년대 외세의 침략에 대항하는 민중들의 투쟁으로부터 시작되었으며, 바로 이 투쟁으로부터 조선의 근대는 시작되었다.

1. 미국의 침략을 반대한 조선 민중들의 투쟁

<제너럴 셔먼>호는 침략선

미국은 1776년 7월 아메리카 원주민들을 전멸시키고, 피바다 위에서 아메리카합중국이라는 자본주의국가로 탄생한 야수의 나라이다. 그들은 미국을 세울 때까지 170여 년간 인디언들을 섬멸하기 위해 100여 차의 살육전을 감행했다. 사망률이 높은 전염병을 퍼뜨리거나 인디안 머리 가죽에 상금을 내거는 등의 야만적 학살 만행이었다. 인디언에 대한 인종청소 위에 건국한 나라, 제노사이드(대량학살)의 모국(母國)은 미국이다. 미국은 생겨난 첫날부터 프론티어를 제창하며 미친 듯이 영토확장에 나섰다.

미국이 우리나라를 탐내기 시작한 것은 1830~1840년대였다. 그들은 1832년 대선주였던 에드먼드 로버트를 국무성 특별사무관으로 임명하고 첫 아시아 원정대를 파견했다. 이 원정대는 1833년 5월 국무장관 앞으로 극동 파견대의 보고서에서 《일본과의 통상교역의 길이 열린다면, 장래 조선과 교역의 가능성도 있다.》라고 적시하였다. 그 후 1845년 2월 미 국회에 조선의 개항 문제를 정식 제출하였다. 당시 미 국회 상원 해군 문제 위원장은 「미국통상연장- 일본 및 조선에 대한 통상사설단 파견안」에서 《조선에 대한 유력한 조치를 취하지 않은 한 조선 개항은 불가능하다.》라면서, 실행대책을 촉구했다. 이 말의 뜻은 조선에 대한 〈함포 외교〉를 해야 한다는 것으로, 노골적인 침략 정책을 선동한 것이다.

이러한 조선침략 정책은 남북전쟁(1861~1865년)으로 잠시 지연되었다. 남북전쟁 후 미국은 해외 침략, 특히 동아시아에 대한 침략을 적극적으로 밀어붙였다. 당시 상황을 보면 유럽 열강에 의해 아시아 대륙의 분할이 거의 끝나가고 있었으며, 유일하게 남은 것은 청나라 북부와 동부지역이었다. 그래서 미국은 청나라 북부와 동부지방을 장악하는 것을 전략적 목표로 삼았으며, 조선을 디딤돌로 삼아야겠다는 전략적 판단을 내렸다. 이는 당시 미국무장관 시워드의《우리들은 아시아 대륙에 연락지점 즉 식민지 영토와 같은 것을 필요로 하는 상황에 직면하였다.》(『태평양에서의 아메리카 팽창의 세기』63p)라는 주장을 통해 명확히 알 수 있다. 또 짜르 러시아 주재 미국 공사 클레이는 장래 동북아시아에 대한 정치, 경제적 지배권을 확립하기 위해서는 육해군이 확고히 의지할 수 있는 기지가 필요하다고 하면서 지중해의 관문이라할 수 있는 〈지브로울터〉와 같은 전략적 거점으로 조선 남해의 거문도를 선택하고 이를 점령해서 미국 육해군의 아시아 기지로 하여야 한다고 제기했다. (『짜르 궁전에서 켄터키인』, 245~247p) 페리가 1852년에 해군 대신에게 보낸 보고서에서 표현한「거점적 기지」가 여기에서는「식민지 영토, 정치 경제적 지배권을 확립하기 위한 조선기지」,「전략적 거점」등으로 조선에 대한 침략 의도를 노골적으로 드러내 놓은 표현들을 사용했다. 이는 19세기 60년대 이후 조선에 대한 침략방안이 본격적인 실행단계로 넘어가고 있었음을 적나라하게 보여주고 있다. 1866년부터 미 의회에서는 조선에 대한 무장간섭 문제가 논의되기 시작했으며, 1866년 2월 〈샤블〉호가 부산 앞바다에 침입했고, 5월에는 〈서프라이즈〉호가 평안도 철산부 선천포 선암리 포구에 침입했다가 표류하는 사건이 발생했다.

〈제너럴 셔먼〉호는 단순한 상선이 아니고, 우연히 대동강에 흘러들어온 것도 아니다. 그 배는 철저하게 미국의 침략 정책에 부응해 조선을 침략하기 위한 선발대로 대동강에 침입했다. 1866년 병인사옥이 일어나자, 프랑스는 조선에 대한 침략 함대를 들이밀려고 획책하고 있었다. 프랑스에게 조선 침략의 선수를 빼앗길까 초조해진 청나라 주재 미국 대리공사 윌리엄스는 1866년 7월 7일(양력) 미국무장관에게 보낸 보고서에서 프랑스 함대의 조선침략은 아시아에서 "… 아직껏 개방되지 않은 마지막 나라 조선을 개방할 것이며", 여기에 프랑스 세력이 먼저 '이식'된다고 정세를 평가하면서 미국보다 빨리 프랑스가 조선에 들어서는 데 대해 우려된다고 썼다. (『미국외교문서』1866년, 537p)

이 보고를 토대로 미국은 프랑스 보다 조선에 먼저 침략하여 중재자 행세를 하면서 불평등 통상조약을 강압하려는 음모를 꾸몄다. 이 음모에 따라 프랑스 함대의 조선 침략에 앞서 침략선 〈제너럴 셔먼〉호를 긴급히 조선 연해에 침투시킬 준비를 서둘렀다. 셔먼호는 청나라 천진에서 무장 장비를 갖추고, 미국 장교이며 정부의 1품 관료인 프레스턴을 우두머리로 수십 명의 성원으로 침략 무력을 꾸린 다음 1866년 6월 산동성 지부를 떠나 조선으로 향했다. 주목할 점은 셔먼호는 상선으로 위장한 군함이고, 선장 프레스톤은 미군장교라는 점이다. 이 배가 군함이라는 것은 센프랜시스코시 국립박물관 소장문서에 「프린세스 로이얼」(셔먼호의 이전 이름)호는 1861년에 건조된 미국 남부연방 해군 해상봉쇄함이라고 기록돼 있다는 데서 알 수 있다. 이남의 역사학계에서는 이 배를 단순한 상선으로 보기도 하는데, 이것은 당시 세계정세에 대한 과학적 통찰력이 없는 천진난만한 생각이다.

제너럴 셔먼호는 미국의 조선 침략을 위한 선발대 사명을 띠고 조선을 향했다. 그들은 교묘하게도 침략적 목적을 은폐하려고 1866년 6월 천진에서 영국 메도우즈 상사와 용선계약을 맺고 조선사람들의 기호에 적합할 것 같다고 예상되는 유리그릇, 면포, 시계 등 서양잡화를 구매했다. 그리고 1866년 6월 18일,《선원들의 건강회복을 위해 경치 좋은 조선 산천 구경을 떠난다.》라는 소문을 내고 천진을 떠나 지부에 도착해 조선 침략을 위한 최종 준비를 마치고, 6월 28일 지부를 출발해 조선으로 향했다.

대동강에 나타난 〈제너럴 셔먼〉호

〈제너럴 셔먼호〉는 조선 서해의 백령도와 초도, 석도를 지나면서 방향을 바꿔 7월 7일, 대동강 입구 동진 앞바다에 침입했다. 정체불명의 이양선이 연해도 아닌 대동강 어귀에 나타나자 황해도와 평안도 지방관리들은 여러 차례 문정관(조선 후기 외국선박이 나타나거나 외국인이 표류할 때 사정을 조사하기 위해 임시로 설치된 관직)을 보내 평화적 방법으로 배를 돌려 보내려고 노력했다.

이때 용강 현령 유초환이 파견한 문정관은 직접 배에 올라, 국적과 침입 목적을 밝힐 것을 요구했다. 프레스톤 일당은 자기들은 모두 서양사람인데 여기 잠깐 머물다 평양으로 가려고 한다면서 평양의 산천은 어떤가, 당신네 나라에는 보물이 많다는데 어느 성에 많은가 하고 도발적인 질문을 했다. 계속해서 《우리나라 사람 7명이 무엇 때문에 당신네 나라 양반들한테 죽었는가, 우리나라에서 많은 배를 당신네 나라 삼남 지방에 보냈는데 우리는 평양으로 가려 한다.》라면서 프랑스 사람 행세를 했다. 그리고는 각종 총을 보여주면서 이 총은 백발백중한다고 위협하기도 했다. (『고종실록』 권 3, 3년 7월 15일(음력)) 이렇듯 도발적인 행동을 계속하면서 셔먼호는 평양 외곽까지 대동강을 따라 침입해 들어왔다.

7월 12일 평양부 신장 포구에 이양선이 들어왔다는 보고를 받은 박규수는 다음날 중군 이현익, 평양 서윤 신태정, 군관 방익용 등을 셔먼호에 파견해 통상을 법적으로 엄하게 금지되어 있으므로 빨리 물러갈 것을 요구했다. 그들은 물러갈 것을 종용하는 우리의 요구에도 아랑곳 않고 7월 13일 신장포를 떠나 평양성에서 불과 20이 거리에 있는 두루섬에 들었다. 이날 저녁 중군과 서윤이 다시 배에 올라가 물러갈 것을 종용하자 《교역 목적을 달성한 다음에야 돌아가겠다.》라고 도발적으로 나왔다. 그러면서 부식물이 떨어졌으니 보장해 달라는 터무니없는 요구를 했다. 중군 일행이 외국과의 교역은 국법으로 엄격하게 금지하고 있으니, 중앙에 보고해 승인을 받은 후 그들이 요구하는 물건을 구해주겠다고 타협적인 방안을 제기했으나, 그들은 이를 거절했다. 그들은 《평안감사를 만나야겠다……. 우리나라 군함 8척은 조만간 서울 근처에 파송될 터인데 그 군대는 중국과 같은 큰 나라도 능히 제압할 수 있었으니, 하물며 조선, 중국과 같은 작은 국가는 말할 것도 없다》(『용호간론』권 18 안상흡탐장)라고 위협했다.

7월 15일 보트를 타고 만경대 일대에 상륙한 침략자들은 만경봉에 올라 지형을 정찰한 후 평양성 가까이에 있는 옥현 못에까지 기어들었다가 중군 일행의 저지를 받고 쫓겨갔다. 7월 18일 한사정 앞까지 침입한 프레스톤 일당은 제멋대로 수심측량을 하다가 이를 저지하려던 중군을 납치하고 수행원들을 죽이는 만행을 감행했다. 이날 밤 중군을 돌려보내라는 평양 서윤 신태정의 요구를 거절한 프레스톤 일당은 평안 감영 대표 안상흡이 회담을 제기하자 마지못해 회담장에 나타났다.

7월 19일 진행된 회담에서 안상흡은 침략자들의 만행에 대해 준열히 규탄하고 억류한 중군을 석방하고 당장 떠나라고 요구했다. 그러나 그들은 물러가는 조건으로 쌀 천 석과 많은 량의 금, 은, 인삼 등을 요구하고 중군은 평양성에 들어간 다음에야 석방하겠다고 하면서 그전까지는 돌려보내지 않겠다고 고집하여 회담은 결렬되었다. 한사정 회담에서 자기들의 강도적 요구가 관철되지 않자, 침략자들은 민중들을 향해 마구 총질을 해대고 대포까지 쏘면서 침략 본성을 노골적으로 드러냈다. 침략자들은 7월 20일 〈제너럴 셔먼〉호를 양각도 서쪽 여울목에 정박시키고 그 주변을 오르내리는 어선들을 납치하고 사람들을 마구 죽이는 강도적인 만행을 저질렀다. 평안감영의 기록에는 이에 대해 다음과 같이 기록돼 있다.

《이양선은 물러갈 뜻이 추호도 없었고, 혹은 상선의 양식과 부식물을 약탈하고 총질을 마구 하니 우리 사람 7명이 피살되고 5명이 부상당하였다.》(『기영계록』병인 7월 20일)

분노한 평양사람들의 투쟁

침략자들의 날강도 같은 행위에 평양사람들의 분노가 폭발했다. 그들은 불타는 적개심을 갖고 대동강 기슭으로 스스로 달려 나왔다. 이때 분위기에 대해 평양 감영 문서인 『기영계록』에는 "전체 평양 인민들이 격분을 이기지 못해 앞을 다투어 전력 분투하였다"라고 기록돼 있다. 침략자를 격멸하기 위한 평양사람들의 투쟁은 7월 19일 아침부터 시작되었다.

제너럴 셔먼호 격침에 나선 평양 민중

첫 싸움에 대한 박규수의 보고는 다음과 같다.

《그 날 (28일) 사시 (오전 9시~11시)에 저들의 배가 또 출발하여 상류로 거슬러 올라오면서 대완구포와 조총을 마구 쏘아대면서 황강정 앞에 이르러 정박했습니다. 그 다음 5명이 자그마한 푸른 색깔의 배를 타고 물의 깊이를 측량하기 위해 오탄 일대를 거슬러 올라왔습니다. 이때 온 성안의 백성들이 강변에 모여들어 「우리 중군을 돌려 보내라」라고 높은 소리로 외쳤습니다. 그들이 성안에 들어가서 사리를 명백히 하겠다고 대답하자, 모든 사람이 분한 마음을 이길 수 없어 돌멩이를 마구 던졌으며 장교와 나졸들은 활을 쏘기도 하고 총을 쏘기도 하여 여러모로 위엄을 보이자 적들은 도망쳐서 자기들의 큰 배가 있는 데로 돌아갔으며 이어 양각도 아래 끝까지 물러가서 정박했습니다.》

(『고종실록』권 3, 3년 7월 22일)

평양 민중들과 군인들의 투쟁 기세에 겁을 먹고 적들이 갈팡질팡하는 사이 퇴역군인 박춘권이 단신으로 제너럴 셔먼호에 올라 억류되었던 중군을 구원했다.

침략자들은 첫 싸움에서 된통 혼났음에도 불구하고 우세한 무장력을 믿고 화살과 화승총의 화력이 미치지 못하는 강 한복판에 배를 정박시키고 물러가려 하지 않았다. 이에 평양감사 박규수는 신임 평양 감영 중군겸 철산 부사인 백낙연, 평양서윤 등과 함께 공격 준비를 갖추었다. 하지만 평양 감영의 중세기적 무기를 갖고 근대적 군함을 물리치기 어려웠다. 이 때문에 적들의 만행을 뻔히 보면서도 이를 타파할 결정적 대책을 세우지 못하고 우왕좌왕하고 있었다.

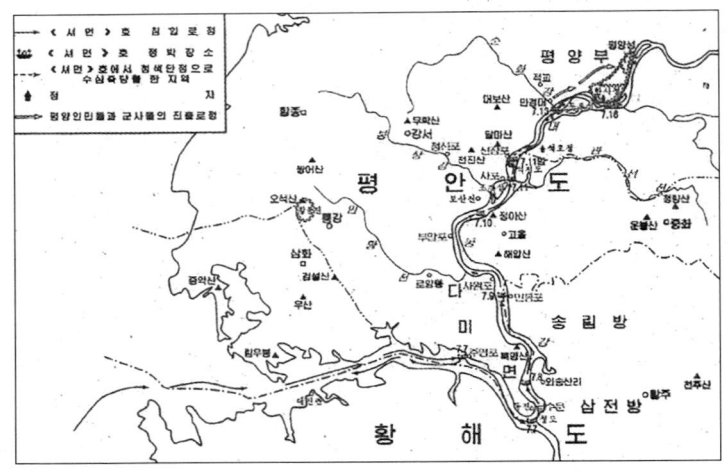

미국침략선 셔먼호의 침략노정도

이때 투쟁에 떨쳐 나선 평양사람들이 〈제너럴 셔먼〉호를 격멸하기 위한 투쟁의 앞장에 섰다. 그들은 적과 아군의 무장 장비 차이, 밀물 썰물 차이가 심한 대동강의 특성을 두루 살펴 불 배를 이용하자는 기발한 착상을 발기하였다. 이 전법은 군인들과 백성들의 적극적인 지지를 받았으며, 7월 22일 공격 때부터 실전에 사용되었다.

자기들의 신식무기를 자랑하며 허장성세하던 침략자들은 뜻밖에 불 배의 공격을 받게 되자 당황했다. 그들은 제너럴 셔먼호의 주위에 쇠 그물을 씌워 불이 선체에 닿지 못하게 한 다음 점차 뒤로 물러섰다. 그러나 장마로 늘어났던 물이 줄어든 탓에 제너럴 셔먼호는 여울에 걸려 움직일 수 없게 되었다. 이 상태에서 이틀 동안 공방전이 펼쳐졌으며, 이틀 만에 겨우 여울에서 벗어나 2리 가량 물러설 수 있었다.

이틀 동안의 싸움을 통해 경험을 쌓고 승리에 대한 믿음을 갖게 된 만경대 주민들은 결사대를 조직해 〈제너럴 셔먼〉호가 또 여울에 걸린 틈을 이용해 7월 24일 낮 오시(11시~13시)경부터 대대적인 화공을 퍼부었다. 결사대원들은 배들을 총동원해 서로 연결하고 여기에 나무를 가득 싣고 유황을 뿌린 다음 불을 붙여 상류로부터 불 배를 띄워 내려보냈다. 《온 성의 인민들과 성을 지키는 군인들이 소리를 합쳐 함성을 지르며 힘을 다해 공격했다》라고 전하는 바와 같이 온 평양 군민들이 일치단결해 투쟁에 떨쳐 나섰다. 평양 군민의 대대적인 화공에 불길에 휩싸인 〈제너럴 셔먼〉호는 배의 창고에 적재되어 있던 화약까지 폭발함으로써 마침내 대동강에 수장되고 말았다. 평양사람들의 정의로운 투쟁으로 침략자들의 침략

기도는 여지없이 파탄났다.

투쟁의 의의

평양 인민과 군인들의 애국적 투쟁으로 투쟁은 승리로 끝났다. 미국의 첫 침략 기도를 여지없이 분쇄해버린 이 투쟁은 커다란 역사적 의의를 갖는다.

첫째, 우리 민족의 단결력과 반외세 투쟁 의지를 널리 과시하였다. 당시 미국은 일본처럼 군함 1척을 파견해 총포 소리만 울려도, 중세기적 무기밖에 없는 조선사람들은 절로 굴복할 것이라고 착각했다. 실제 정체불명의 외국 배가 대동강까지 거슬러 올라왔어도 지배층은 단호한 대책을 세우지 못한 채, 문정관이나 파견하여, 저들의 강도 같은 요구를 달래서 되돌려 보내려고만 했었다. 이러한 태도에 침략자들은 더 오만방자해져서 강도적 행태의 돗수를 높여갔고 급기야 인민들에게 총질해 사망자가 나오는 사태가 발생하였으며, 평양성까지 기어들었다. 이처럼 지배층이 결정적 대책을 세우지 못하고 속수무책으로 있을 때, 평양 인민들이 미국 침략자들을 반대하는 투쟁에 자발적으로 떨쳐 나섰다. 이에 대해 박규수는 다음과 같이 기록했다.

《...이에 성 안팎 군대와 백성들이 한결같이 격분한 마음을 품게 되었다. 명령이 없이도 모이고 북이 울리지 않아도 다투어 전진하며 탄환과 화살을 마구 쏴 그 기세가 서로 어울려 죽음을 돌보지 않고 위험을 무릅쓰면서 기어코 침략자를 쳐 없애고 말겠다고 나섰다. 그리하여 곧 성밑의 방어를 맡고 끝내 불 배를 떠내려 보내는 전술로 씨도 남지 않게 몽땅 격멸해버렸다. 이것은 모두 다 이들 군대와 백성들이 용감성을 발휘했고 정의에 불탄 데서 나온 것이며 처음부터 나의 지휘와 절제가 정확했기 때문은 아니다.》

(『환재집』권6 소잡)

둘째 이를 계기로 조선 정부가 일련의 국방 대책을 강구하였다. 평양 인민들의 투쟁을 계기로 위정척사론자들을 비롯해 양반 관리들은 정부에 국방 대책을 강화할 것을 요구하는 상소를 연이어 올렸으며, 봉건 정부도 큰 충격을 받고 여러 가지 대책을 강구했다. 대원군 정권은 이 사건을 계기로 정부 내 투항 세력을 제압하고 1866년 7월 이후 해안 방비와 감시를 강화하기 위한 「신금해방형찰령」을 공포하는 것과 함께 각지의 성곽과 보루 등을 보수, 정비하고 무기를 제조하도록 했으며 군사통수체계도 새로 정비했다. 이것은 더욱 노골화되고 있던 서구 침략세력을 물리치기 위한 투쟁에 일정하게 기여하였다.

〈제너럴 셔먼호〉의 침략을 저지하기 위한 평양 민중들의 반외세 투쟁은 우리나라 근대의 출발을 알리는 장쾌한 첫 총성이었다. 우리나라 근대는 이처럼 외세의 침략과 봉건적 착취 수탈을 타파하기 위한 반제반봉건 투쟁의 시대였으며, 그 첫 출발이 바로 평양 인민들의 제너널 셔먼호 투쟁이었다. 그리고 그 첫 투쟁의 승리는 다가올 반제반봉건 투쟁의 종국적 승리를 예시하는 종소리였다.

2. 프랑스 침략자들의 무력 침공을 물리친 민중들의 투쟁

병인양요는 프랑스의 대조선 침략 정책의 산물

1866년 7월 프랑스 함대의 조선 침공을 우리 역사에서는 병인양요로 부른다. 그런데 이 병인양요의 원인에 대해 단순히 프랑스 선교사들을 처형한 데에 대한 보복 정도로 이해하는 경향이 많다. 또 조직적이고 계획적인 침략전쟁이 아니라, 우발적 충돌로 보는 경향도 존재한다. 하지만 이것은 병인양요에 대한 피상적인 단견으로 프랑스의 집요한 대조선 침략 정책의 직접적인 산물이다.

프랑스의 조선 침략 정책은 일찍이 19세기 초 중반 이후부터 지속되었으며, 나폴레옹 3세 집권(1852년~1870년) 때부터 본격화되었다. 1855년에는 조선에 침략해 통상을 맺어야 한다는 공식 문건이 작성되었으며, 그때부터 프랑스 함선들이 조선 영해에 더욱 자주 출몰했다. 이러한 침략 정책을 반영해 프랑스 나폴레옹 3세는 1862년 조선과 불평등 통상조약을 맺으라고 정식 명령했다. 이것은 조선에 대한 황제의 공식 선전포고라 할 수 있다. 1866년의 병인양요는 바로 이 명령을 실행한 것이지, 1863년 프랑스 선교사 처형 때문에 발생한 것이 아니다. 그들은 선교사 처형을 침략의 구실로 삼았을 뿐이다.

1866년 병인사옥(프랑스 선교사 처형사건) 소식을 들은 프랑스 극동 함대 사령관 로즈는 이 사건을 구실로 삼아 조선 침략을 선언했다. 청나라 주재 프랑스 공사 벨로네는 《조선왕국이 우리의 불행한 국민에게 손을 댄 날은 바로 그 왕국의 최후의 날이다. 나는 이 기회에 엄숙히 단언하는 바이다. 며칠 안으로 우리 군대는 조선을 정복하기 위해 출발할 것이다. 조선의 국토와 왕권을 마음대로 처분할 권리는 나의 고귀한 주권자인 프랑스 황제만이 가진다.》라고 오만무례하게 떠벌렸다. (『은둔국 조선』영문, 뉴욕, 1882년, 377p)

청나라는 조선 정부에 프랑스가 조선에 대한 대규모 무력침공을 준비하고 있으니, 맞서 싸우지 말고 타협하는 길을 모색하라는 내용의 문건을 보냈다. 이에 대해 조선 정부는 불법적으로 국경을 넘어와 국법을 어기고 가톨릭교를 퍼뜨린 프랑스 선교사들을 처형한 것은 응당한 주권 행사이며, 우리나라 법을 무시한 프랑스와는 절대로 타협하지 않겠다는 회답을 청나라에 보냈다.

프랑스의 조선 침략과 격퇴

프랑스의 조선 침략은 두 단계로 감행되었다. 1866년 8월 1차 침공은 강화도 해협을 중심으로 수도 서울까지의 한강 수로를 탐색하고, 앞으로 있게 될 조선 정복을 위한 예비적 정찰 원정이었다. 프랑스 함대 사령관 로즈는 기함 〈프리모게〉 등 군함 3척으로 1866년 9월 20일 경기 부평 몰치도 부근에 침입한 후 강화해협을 지나 한강을 거슬러 서울 양화진, 서강까지의 수로를 측량해, 해도 3장을 작성하고 청나라로 돌아갔다.

정찰 결과 로즈는 서울 강점을 시도했던 처음의 계획을 수정해 강화해협을 봉쇄하고 조선 정부에 불평등조약을 강요하겠다는 보고서를 정부에 제출해 승인을 받았다. 프랑스 침략자들은 청나라에 정박하고 있던 선박뿐 아니라 일본 요코야마에 정박하고 있던 군함들까지 총동원해 7척의 군함에 2,500여 명의 병력과 함포 66문의 침략 무력으로 9월 3일 제2차 조선 침략에 나섰다. 그들은 9월 5일 경기 부평부에 나타났다. 그들은 14일~18일까지 군함 4척과 900명의 병력을 동원해 강화성과 통진부를 점령했다. 이것은 비겁한 일부 관료들이 겁에 질려 저 혼자 살겠다고 도망감으로써 일어난 결과였다. 강화성을 점령한 프랑스 침략자들은 백성들을 살해하고 사고에 있었던 귀중한 문화유산을 약탈해 갔다.

이때 강화성을 점령한 프랑스 함대 사령관 로즈는 《당신들이 우리나라 사람 9명을 살해했기 때문에 당신네 사람 9,000명을 살해하려 한다.》《징벌하려는 곳은 바로 한강 어귀에 있는 수도이다.》라고 폭언하면서 침략적 야욕을 숨기려 하지 않았다. 프랑스가 강화도를 점령하자, 정부 내에서는 혼란이 발생했다. 일부 타협 세력은 강화도를 포기하고 적들과 강화를 맺자고 주장하는 자까지 나타났다. 하지만 애국적 민중들은 스스로 침략자들을 반대하는 투쟁에 떨쳐 나섰다. 한강 유역에서만 해도 불과 며칠 사이에 4,000여명의 민중들이 모여들었으며 사회적으로 천대받던 반민(성균관에 붙어사는 사람) 200여 명을 비롯한 보부상, 중, 백정 등 각계각층 민중들이 투쟁 대오에 합세했다. 민중들의 투쟁 기세에 고무받은 대원군 정권은 투항적 목소리들을 잠재우고 프랑스 침략자들을 몰아내기 위한 항전 태세를 갖추었다.

프랑스 침략자들을 몰아내기 위한 민중항쟁의 불길이 세차게 전국으로 퍼지었다. 민중들은 쇠붙이를 모아 날 창을 만들었으며,

수공업장들에서는 화살을 만들고 화승총을 수리하는 등 무기 제조와 수리로 들끓었다. 민중들은 쌀, 소, 땔나무 등 침략자를 반대한 싸움에 필요한 것들을 나라에 바쳤다. 민중들이 동원되어 한강에 큰 돌과 함께 배들을 가라앉히며 뗏목을 묶어 놓는 등 여러 장애물을 조성함으로써 적들이 서울로 들어오지 못하도록 했다. 또 여러 곳에서 포수들을 비롯한 수많은 의용병이 투쟁의 현장으로 모여들었다. 강화도와 한강 주변에는 서울 5영과 4유수도의 군대 2,000여명과 서북지방 포수 500명이었으며, 여기에 의용군 4,000여명이 보강되었다. 이렇게 경기 부평으로부터 황해도 연백에 이르는 서울 서쪽의 경강 일대에는 적들을 물리칠 준비가 갖추어졌다.

대원군의 지시에 따라 9월 11일 방어군 총 지휘부인 순무영에서 경고장을 보냈다. 프랑스 침략군의 강도적인 만행 책임을 엄중히 추궁하면서, 파렴치한 요구를 규탄 배격하고 즉시 철수를 요구했다. 로즈는 회답에서 조선 침략을 정당화하면서 〈선교자 학살 관계 책임자 3명을 색출해 엄중히 다스릴 것, 전권위원을 파견해 조.프조약을 체결할 것〉(『동문휘고』, 권3, 2471p)이라는 두 가지 교섭 조건을 제시하였다. 조선 정부는 이를 전면 거절했고, 프랑스 침략자들을 소탕할 전투에 돌입했다. 그리하여 프랑스 침략군과 조선 군인 간에 치열한 전투가 벌어졌다.

첫 전투는 9월 18일 문수산성에서 있었다. 문수산성은 강화도 건너편 통진으로부터 서울로 직통하는 길목의 중요한 첫 번째 요새였다. 프랑스 침략군은 100여 명의 침략군을 상륙시켜 문수산성을 공격했다. 한성근이 지휘하는 조선 방어군은 2척의 작은 배를 타고 들어오는 프랑스 침략군에게 일제 사격을 해 수십 명을 사살하였다. 방어군은 프랑스군에 수적으로 밀리자, 주도적으로 문수산성을 내주고 철수했다. 프랑스군은 산성은 차지했으나 조선군대의 공격이 두려워 남문을 불태우고 도망가버렸다. 문수산성 전투에서 조선군의 조직적 방어에 부딪힌 프랑스 침략군은 강 연안을 오르내리면서 주변에 무차별적 포사격을 했다. 그로 인해 옥포 강변의 마을과 화약고, 호남고, 사창, 태창 창고 등이 불타버렸다.

　두 번째 전투는 강화도 정족산성에서 벌어졌다. 문수산 전투에서 실패한 프랑스 침략군은 이미 강점한 강화성을 지탱하면서 강화도 남쪽에 있는 정족산성까지 쳐서 강화도를 완전히 점령하고 그 주변 연해를 제압해보려고 했다. 프랑스 침략군이 정족산성으로 몰려든다는 소식을 접한 양헌수는 500여 명을 이끌고 정족산성에 들어갔다. 양헌수는 정족진을 형성한 뒤 남문에는 초관 김기명 지휘를 받는 포수 161명, 동문에는 초관 이렴의 지휘를 받는 포수 161명, 서문과 북문에는 초관 이대홍 지휘 하의 경군 및 향군 157명을 배치, 매복하게 하고, 프랑스 침략군의 내습을 기다렸다.

조선군이 야음을 이용, 강화해협을 도하하여 정족산성에 주둔하고 있다는 보고를 받은 로즈는 올리비에 대령에게 정족산성 공략을 명했다. 10월 2일 올리비에는 조선군의 무기가 쓸모없는 노후한 병기임을 알고, 160명의 분견대를 이끌고 야포 없이 경무장한 채 정족산성 공략에 나섰다. 조선군은 동문과 남문으로 쳐들어오는 프랑스군에 일제히 포격을 가해 프랑스군을 제압하고 승전을 거두었다. 프랑스군은 전사자 6명을 포함해 32명의 사상자를 내고 패주했다. 이날 전투를 목격한 프랑스 선교사 리델은 자기의 수기에 다음과 같이 썼다.

《장교가 '전진'하고 구령을 내렸다. 명령에 따라 선두가 곧바로 나갔고, 부대도 뒤따라 문을 향해 전진했다. 문에서 거리 100m 지점에 이르렀을 때 성벽 위에서 적병이 갑자기 나타나 우리를 향해 일제 사격을 가해왔다. 총포탄이 빗발처럼 쏟아졌다. 우리 병사들은 땅에 엎드려 사격하면서 좋은 지점을 차지하기 위해 퇴각하였다. 그러나 대오가 문란해지고 명령이 집행되지 않았으며... 적의 포화 속에 놓이게 되었다. 사상자가 32명이나 되고 대오는 90명으로 줄어들었으므로 퇴각을 명령하였다....적병은 벽 위에서 높은 소리로 승리의 함성을 올렸다.》 (『근대 조선사』일문, 계명사, 1937년, 190~191p, 『조선 단대사』리조사 12권에서 재인용)

북에서 바라본 **우리 근대사**

조선군대의 조직적이며 완강한 저항에 부딪힌 프랑스 침략자들은 전율하였으며, 사령관은 강화도에서 퇴각을 명령하지 않을 수 없었다. 그들은 퇴각하면서 장녕전 주변에 불을 질러 여러 채의 민가를 소각했으며, 많은 비단, 면, 고려자기, 이조 자기, 소가죽, 소금, 양곡, 은, 이조 실록을 포함한 국보적 문헌 3,000여권을 약탈해 갔다. 1866년 10월 4일 별군관 이기조의 지휘하에 덕진포 나루에 매복하고 있던 방어군은 쫓겨가는 4척의 프랑스 함선을 향해 집중화력을 퍼부었다. 이날 전투 보고에는 《…서양 배들은 사면이 검은 연기에 휩싸여 도망쳤다.》고 기록되어 있었다. 이처럼 수많은 침략 무력과 여러 척의 군함으로 조선을 굴복시키려 침략해 왔던 프랑스 군대는 우리 인민의 정의로운 반외세 투쟁으로 패배만을 남긴 채 1866년 10월 12일 완전히 쫓겨나고 말았다.

3. 1871년 미국의 대규모 무력 침공과 격퇴

1868년 〈쉐난도아〉호와 〈차이나〉호 침입과 남연군 묘 도굴 사건

1868년 남연군묘 도굴 사건은 독일인 오페르트에 의해 자행된 단순한 도굴 사건으로 알려져 있다. 하지만 내막을 파헤쳐 보면 여기에는 미국이 조선을 강점하기 위한 음흉한 침략 기도가 깔려 있었다. 이제 이 내막을 파헤쳐 보자.

〈제너럴 셔먼〉호에 의한 첫 포함외교가 실패하자, 미국 지배 세력은 초조해졌다. 게다가 프랑스가 영국과 합세해 제3차 조선 침략을 위한 함대 원정에 대한 소문마저 나돌아 미국의 독점적 조선 침략 정책은 무산될 수도 있었지만, 프랑스의 계획은 좌절되었고, 미국은 아무런 국제적 제약도 받지 않고 조선 침략 원정을 감행할 수 있게 되었다. 미국은 새로운 침공계획을 수립했다. 1868년 3월 미 국무장관 윌리엄 시워드의 지시에 따라 그의 조카인 상해 주재 공사 죠지 시워드가 이전 통역관이었던 젠킨스, 프랑스 선교사 페론, 도이칠란드 국적의 유태인 오페르트와 공모해 구체적으로 계획을 세웠다. 그것이 바로 남연군묘 도굴계획이었다. 계획의 골자는 남연군 묘를 도굴해 시신과 부장품을 미끼로 조선 정부에 불평등 조약을 강요한다는 것이었다. 청나라 주재 미국 대리공사 윌리엄스는 이러한 침략계획을 정부에 보고하고 승인을 요구했다. 미 국무장관 시워드는 도굴계획을 승인하고 젠킨스 일당에게 〈제너럴 셔먼〉호 승무원 중에 살아남은 사람은 구원할 것, 〈제너럴 셔먼〉호에 대한 배상금을 받아낼 것, 미국인의 생명 재산을 보호하기 위한 조약을 체결할 것을 지시했다.

미국은 젠킨스 일당을 태운 〈차이나〉호보다 앞서 〈쉐난도아〉호를 조선에 출병시켰다. 이것은 〈제너럴 셔먼〉호 사건에 대한 해명 요구를 구실로 평양 부근에 침입하여 각종 사건을 일으킴으로써 조선의 이목을 대동강 일대에 집중시켜 놓고 남연군묘 도굴계획을 손쉽게 달성하려는 의도였다. 이 〈쉐난도어〉호는 군함으로 1문의 대구경포와 8문의 보통 대포가 설치되어 있었으며, 230명의 미군이 타고 있었다. 1868년 3월 조선 연해에 나타난 〈쉐난도아〉호는 황해도와 평안도 지방 사이 연해를 다니면서 각종 도발 행동과 살인 약탈 만행을 자행했다. 〈쉐난도아〉호는 대동강을 거슬러 평양으로 올라가려고 기도했으나, 대동강 연안의 방어진지가 튼튼히 꾸려져 있어 성공하지 못한 채, 이곳저곳을 다니면서 조선 정부의 이목을 자기 쪽으로 집중시키고 있었다.

  이러한 틈을 타서 〈차이나〉호는 이미 계획된 행동 지침에 따라 조선에 기어들었다. 1868년 4월 8일 젠킨스를 우두머리로 하는 도굴단은 680톤급의 〈차이나〉호를 타고 상해를 출발, 일본 나가사키에 들려서 연료와 음료수, 무기 등을 보충한 다음 4월 16일 충청도 아산만으로 침입했다. 4월 18일 도굴단은 홍주 행담도에 기어들어 배 2척을 빼앗아 나누어 타고 덕산군 구만포에 상륙한 후, 러시아 군대로 가장하고 숨어있던 가톨릭교도의 안내를 받으며 구만포 관청을 습격한 후 남연군 묘로 쳐들어갔다.

젠킨스 일당이 남연군 묘로 쳐들어가자 주민들이 호미와 괭이를 들고 침략자들의 행동을 저지시키기 위해 필사적으로 싸웠다. 침략자들은 칼과 총을 휘두르면서 주민들의 저항을 제압하고 묘를 마구 파헤치기 시작했다. 젠킨스 일당은 4월 19일 새벽까지 묘의 한 귀퉁이밖에 파헤치지 못했다. 시간을 더 지체했다가는 주민들이 다시 몰려들어 자기들의 생명을 담보하기 어렵다고 판단한 그들은 급기야 도굴을 포기하고 황급히 도망갔다. 남연군 묘 도굴에 실패한 젠킨스 일당은 그 분풀이로 4~5가구밖에 없는 덕산면 하평리 후포에 기어들어 약탈행위를 감행했다. 그 뒤 《차이나》호를 타고 수원, 남양 앞바다를 지나 4월 22일 영종도 앞바다에 정박하여 그곳에서 대원군 앞으로 보내는 회유와 기만, 협박과 공갈로 가득 찬 편지를 썼다. 현지 관리는 편지를 되돌려 보내면서 반박 편지를 썼다. 협박편지가 효과가 없자 젠킨스 일당은 분풀이로 4월 25일 영종진을 공격했다. 영종진을 방어하던 군사들은 적들의 공격을 좌절시키고 2명의 목을 잘라 동쪽 성문에 달아매고 적들에게 공포를 심어주었다. 영종진 공격에 실패한 그들은 《완강하고 억센 조선사람들에게 도저히 대항할 수 없다》고 비명을 질렀다. 그들은 4월 25일 정박지인 팔미도를 떠나 남양의 영흥도와 풍도를 거쳐 상해로 달아났다. 《쉐난도어》호도 거의 같은 시기에 상해로 달아났다. 조선 사람들의 열렬한 애국심과 용감한 반외세 투쟁으로

〈쉐난도아〉호의 평양침공과 〈챠이나〉호의 남연군묘 도굴 시도는 완전히 실패로 끝나고 말았다.

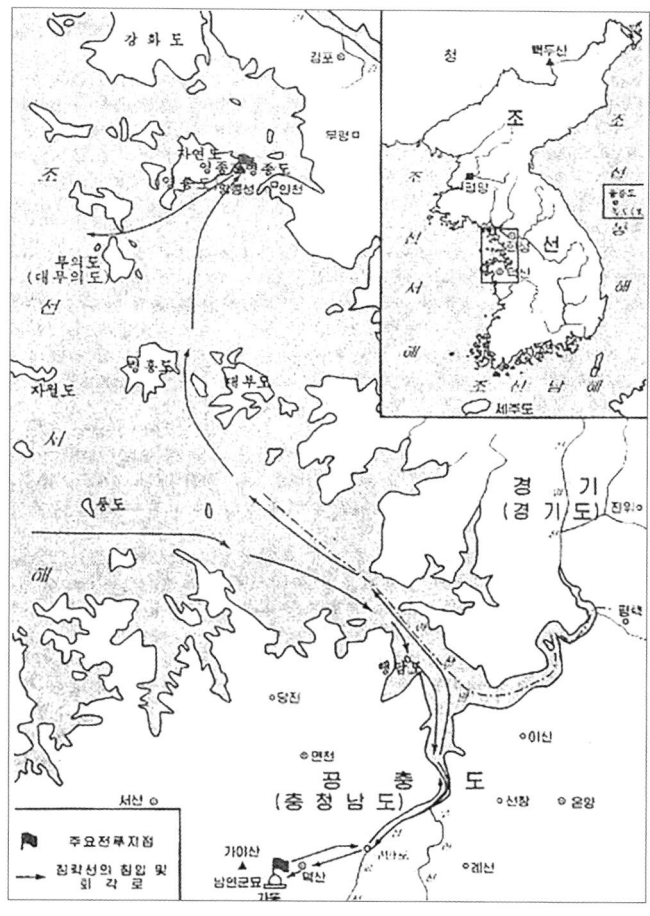

미국 침략선 《챠이나》호 침입 격퇴도

미국의 대규모 무력 침공 준비

남연군묘 도굴 사건이 실패한 후 미국은 대규모 무력을 동원해 조선을 굴복시키려고 날뛰었다. 상해 총영사 조지 시워드는 《조선에서는 상당한 무력시위에 의해 뒷받침되지 않는다면 교섭은 성공을 거두지 못할 것》이라고 하면서 무력 사용을 주장했다. (『미국정부의 돼외관계 문헌집』, 영문판, 1868년, 337p)

1868년 8월 새로 임명된 청나라 주재 미국 공사 브라운은 일본주재 미국 공사 발켄부르그, 청나라 주둔 미국 함대 사령관 로완 제독과 조선 문제를 토의하여, 조선 개방을 강제하기 위한 무장간섭을 조직하자는 건의안을 국무장관 윌리암 시워드에게 제출했다. 이 건의안에는 조선에 불평등 예속 조약을 강요하기 위해 조속한 시일 내에 미국대표단을 파견해야 하며, 이를 뒷받침하려면 상당한 무력시위가 필요한데 로완 제독의 병력만으로 이를 수행하기 어려우므로 해군의 협력이 필요하다는 내용이 포함되어 있었다. 또 조선과의 예속조약 체결의 이득을 구체적으로 나열했다. 이것을 보면 조선을 예속시킴으로써 아시아를 침략하기 위한 경제, 군사 기지를 얻으려는 속셈이 잘 드러나 있었다.

 북에서 바라본 **우리 근대사**

이 건의안에 따라 1869년 상반기에 군함 〈콜로라도〉호, 〈알레스카〉호, 〈베니시아〉호, 〈팔라스호〉가 미국 본토를 떠나 청나라로 와서 미국 아시아함대에 편입되었다. 이외에도 〈모노카시〉호와 〈아슈롯토〉호도 편입될 예정이었는데, 이는 미국이 해외에 파견할 수 있는 최대의 기동 능력이었다. 미국은 조선과의 전쟁을 가상하는 전투준비와 실전훈련을 미친 듯이 벌렸다. 미국은 1869년 말 캘리포니아주 지사였던 로우를 청나라 주재 미국 공사로 임명하고 그에게 조선 침략 전권을 위임했다. 1870년 3월 20일 미 국무성은 청나라 주재 미국 공사 로우에게 다음과 같은 조선침략 계획을 하달했다.

1. 국무성은 조약체결을 목적으로 조선과의 담판을 진행할 것을 명령하였으며, 담판의 전권을 당신에게 위임한다.
2. 대통령은 조약체결의 원칙적 목표로 1854년 가나가와에서와 1858년 에도에서 체결된 일본과의 조약을 제시할 것을 지시했다.
3. 원정은 1871년에 할 것.
4. 원정 수행을 위해 베이징에서 가능한 한 조선에 대한 정보를 수집하며 조선과 청나라간에 존재하는 정치적 연계를 고려해 베이징 정부의 고관과 교섭을 진행할 것이며, 청나라 정부가 우의적 원조를 줄 수 있도록 적당한 방법을 탐구할 것

5. 원정에 있어서는 로제스 제독과 협력해 심중하고 사려있게 행동할 것이며 기술적 지도 분야에서는 제독의 우수한 지시에 복종할 것. 또한 극동에 대한 큰 경험을 갖고 있는 죠지 시워드 총영사와 협의할 것.
6. 원정에 소요되는 일체의 경비는 런던은행과 바링크형제상회에서 인수할 것이며 경비는 필요한 대로 거기서 보충할 것.

    1870년 10월 청나라 주재 미국공사 로우, 함대사령관 로제스, 상해총영사 시워드 등이 모여 조선 침략을 위한 구체적 문제들을 토의하고 1871년 봄에 조선에 대한 대규모 무력 침공을 합의했다. 미국의 조선에 대한 무력침공은 미일 침략세력의 공모 결탁의 산물이기도 했다. 미국은 대규모 무력침공 준비에서 일본을 적극적으로 이용했으며 일본은 미국의 조선 침략에 적극가담했다. 미 해군 함정들은 일본의 나가사키와 요코하마를 보급기지, 수리기지, 정탐기지로 이용했다. 또 일본에게 조선 내정자료를 제공해 줄 것과, 침략 함대의 길잡이로 참가하도록 요구했다. 일본은 미국의 이러한 요구에 적극적으로 응하였다.

    침략 준비를 끝낸 미국은 무력침공에 앞서 청나라 정부에 조선 정부에 보내는 편지를 전달했다. 편지에서는 페리함대가 일본을 굴복시킨 사실을 예로 들고 〈제너럴 셔먼〉호 사건을 해결하기 위해 2~3개월 이내에 대표를 파견할 것이라고 통보했다. 청나라 정부를 통해 미국의 침략 기도를 알게 된 조선 정부는 1871년 2월 21일 미국에게 회답 편지를 보내어 조선의 원칙적이고 강경한 대응의지를 피력했다.

대규모 무력 침공과 격퇴

미국은 회답 편지를 통해 조선 정부의 강경한 태도를 파악하고, 침략 함대를 일본 나가사키에 집결시켰다. 당시 나가사키에는 80여 문의 각종 포로 장비된 5척의 군함과 1,230명의 침략군이 집결되어 있었다. 청나라 주재 미국공사 로우는 1871년 3월 24일 미 국무성에 《동방 정부와 인민에 대해 관대할 때 그것은 정책상의 오류로 된다.》라고 폭언하면서, 침략전쟁을 합리화했다. 1871년 3월 27일 미국 침략군은 기함에 〈서울로!〉라는 침략적 깃발을 달고 나가사키를 출발했다.

1871년 4월 3일 서해 남양부 풍도의 뒷 바다인 북쪽 남양 계선에 미국 침략 함대가 나타났다. 4월 7일 적들은 〈팔라스호〉외 4척의 작은 함정을 파견해 팔미도와 연흥도 주변에 대한 측량을 감행했으며, 다음날에는 물치도 부근을 측량했다. 4월 10일 4척이 소함정은 인천 일대에 대한 측량을 마치고 그날 저녁 부평부 관내에 정박해 있던 함대 주력에 합세했다. 4일간 측량을 통해 프랑스 함대가 작성한 해도가 정확하다는 것을 확인했다. 이날 조선 정부는 미국함대에 통사 3명을 파견해 중앙에서 전권위원을 임명했다고 통보했다.

하지만 침략자들은 4월 12일 미국함대는 부평부 끝 계선인 호도 앞바다에서부터 물치도와 부평부 첫 계선 사이에 일정한 간격을 두고 전투준비를 갖추었다. 4월 13일 조선 정부는 3품관 관리와 수원 8명을 물치도에 정박하고 있던 미 군함에 파견했다. 전권위원들은 침략자들에게 정부의 위임에 따라 담판하러 왔다고 통보했다. 그러나 침략자들은 조선 대표의 등급이 낮고 권한을 증명할 위임장이 없다는 구실로 담판을 거절했다.

4월 14일 미국 침략자는 한강을 오르내릴 수 있는 〈모노카시〉호, 〈팔라스〉호를 비롯한 4척의 소 함정을 강화해협 측량을 구실로 파견했다. 그들은 침략의 구실을 만들기 위해 조선 군대의 선제 포사격 개시를 기다리면서 조심스레 강화해협을 따라 거슬러 올라왔다. 서울로 들어가는 길목인 손돌목에 미국 함선이 나타났다. 광성진, 덕진진, 덕포진의 수비병들은 일제히 포사격을 들이댔다. 손돌목은 매우 중요한 요새지였다. 조선 정부는 1866년 프랑스 함대의 침략을 물리친 후 손돌목을 중시해 군사를 늘이고 방비를 강화했으며 설사 우리나라 관청이나 개인 배라 할지라도 통행증이 없으면 통과시키지 않던 곳이었다. 불의에 타격을 받은 침략자들은 〈모노카시호〉가 침수되기 시작하자 황급히 부평 경계선으로 후퇴했다.

이날 삼군부에서는 강화도 방어를 위한 긴급조치를 취했다. 어재연을 진무 중군으로 임명하고 군사와 무장 장비를 갖춰 강화도에 파견했다. 4월 15일에는 인천 방어 강화 조처를 취했다. 대원군은 4월 17일 로우에게 손돌목 전투에서 벌인 우리 군대의 투쟁이 정당함을 밝히고, 협상할 필요가 없으니 돌아가라는 편지를 보냈다. 4월 20일 미국 침략자들은 서기관 대리 드롤의 명의로 《3~4일 내로 귀 정부가 담판할 뜻이 없어 확답을 주지 않는다면 우리는 우리 마음대로 자유행동을 취해 끝까지 초지를 관철할 것이다.》라는 최후통첩을 보내어 왔다. 미국 침략자들은 4월 14일~22일까지 손돌목 전투 때 파손된 배를 수리하면서 본국으로부터 전쟁의 방법으로 조선 정부를 굴복시키라는 지시를 받았다.

미군은 강화도에 대한 방어가 강화되기 전에 공격을 개시하려고 했다. 큰 전함이 한강에 들어올 수 없으므로 〈콜로라도〉호, 〈베니시아〉호, 〈알래스카〉호 등 3척은 물치도에 남아 한강을 봉쇄하며, 한강을 오르내릴 수 있는 〈모노카시〉호, 〈팔라스〉호외 4척의 소 함정과 20척의 단정으로 작전을 준비했다. 또 화력을 강화하기 위해 큰 전투함선에서 함포들을 일부 해체해 소 함정에 설치했다. 4월 23일 미국 침략자들은 강화도에 대한 공격을 개시했다. 적들은 강화해협을 제압하기 위해 연해에 있는 방어 진지들을 차례로 점령하려고 했다. 그들은 2시간 이상 함포사격을 가해 초지진을 완전히 파괴하고 상륙작전을 감행했다. 로우는 미 국무장관에게 보낸 보고서에서 《제2차 아편전쟁시기 대고 점령작전보다 더 큰 전투였다.》라고 밝혔다. 초지진 첨사 이렴은 중과부적임을 간파하고 주동적으로 후퇴했다.

 4월 24일 아침 적들은 우세한 역량으로 덕진 포대를 점령하고 계속해 광성보를 향해 전진했다. 함포사격의 엄호와 안개가 짙게 낀 틈을 타 산발을 타고 광성보를 향해 쳐들어왔으며, 다른 한 부대는 광성진 서남쪽으로 공격하였다. 이처럼 미군은 3면으로 광성진을 공격해 일거에 점령하려 했다. 하지만 그들의 의도는 조선 군인의 격렬한 반격으로 좌절되었으며, 양측은 이틀간에 걸친 치열한 전투를 벌였다. 이날 전투에서 광성보 방어부대는 숨지는 마지막 순간까지 굴하지 않고 용감히 싸웠다. 중군 어재연의 지휘 밑에 광성진 수비병 70여 명은 적의 집중 화력과 10배나 우세한 침략자들의 공격 앞에서 조금도 동요 없이 전투를 벌였다. 조선 군인들의 이날 투쟁 모습을 직접 목격한 미국인들은 《조선 군대는 비상한 용기를 갖고 싸우면서 성벽에 올랐다. 그들은 아군을 돌로 내려깠다. 무기가 없는 경우 그들은 침입자의 눈을 멀게 하려고 손으로 흙을 쥐어서 뿌렸다. 그들은 한치 한치의 땅을 지켜 싸웠으며, 오로지 죽기를 각오하고 싸웠다. 백병전에서 쓰러졌으나 부상 당하여 포로된 자는 한 명도 없었다.》(『은둔국 조선』, 영문, 뉴욕,1882년, 416p)라고 하였으며, 로우는 자기의 보고서에서《조선군대는 중세기적 낙후한 무기를 가지고 미군의 근대적인 총포에 대항하여 용감하게 싸웠다. 조선군대는 결사적으로 용감하게 싸우면서 아무런 두려움 없이 진지를 사수하다가 죽었다. 민족과 국가를 위하여 이보다 더 장렬하게 싸운 인민은 다시 찾아볼 수 없다.》라고 했다. (『함재기에서의 15년』영문, 1904년,95p)

초지진의 현재 모습

미국함대의 무력침공격퇴도

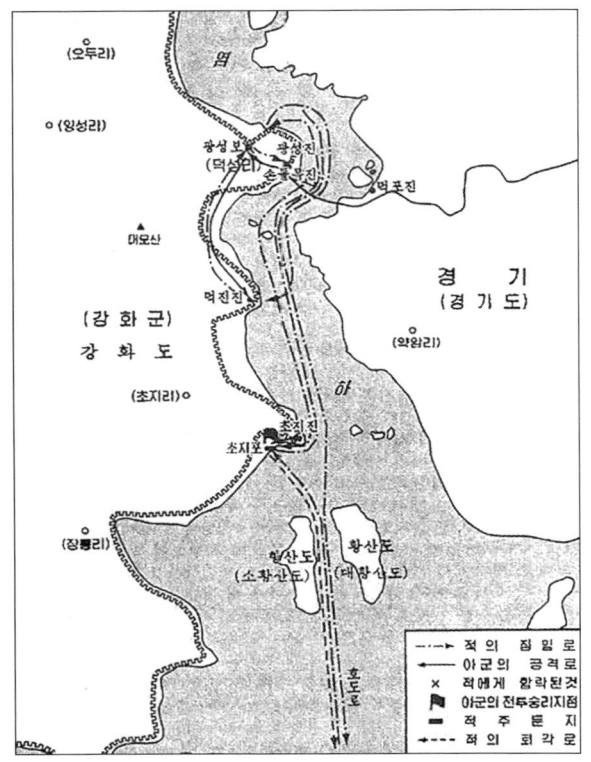

비록 광성진 전투에서 조선 군대는 어재연을 비롯해 수십 명의 사상자를 내고 덕포진으로 후퇴했으나, 방어자들의 희생적인 투쟁은 우리 겨레에게는 승리의 신심을, 미국 침략자에게는 공포를 안겨주었다. 이날 밤 초지진을 내주고 뒤로 물러섰던 첨사 이렴은 부

대를 거느리고 초지진을 지키고 있던 미군을 습격해 쫓아버렸다. 미국 측 기록에 의하면 이 전투에서 사상자는 100여 명에 달했다. 이때부터 미국 침략자들은 서울 공격은 꿈에도 생각할 수 없는 것으로 간주되었다. (『조선잡기』 일문, 54~55p)

미국 침략자들은 광성진 포대를 점령하고도 조선 군인의 투쟁 기세에 위압되어 다음 날 이른 아침 급히 배를 타고 본 함대의 정박지인 물치도 앞바다로 쫓겨갔다. 조선사람들의 결사적인 항전과 강경한 반침략 기세에 질겁한 미군은 자기들의 침략적 목적을 달성할 수 없으리라고 생각하고 5월 16일 우리나라 연해에서 완전히 쫓겨나고 말았다.

일부에서는 광성진 전투에서의 패배만을 크게 부각해 신미양요에서 조선이 패배했다는 식으로 해석하는 민족 허무주의적 경향이 있다. 이것은 당시 이 전쟁의 목적과 성격에 대한 무지에서 비롯된 것이거나, 지독한 숭미 사대주의의 포로로 사로잡혀 있기 때문이다. 1871년 신미양요는 양측의 우연한 충돌에서 비롯된 사건이 아니고, 오랫동안 치밀하게 준비해 온 조직적인 침략전쟁이다. 이 침략전쟁의 목표도 명확했다. 그것은 〈제너럴 셔먼〉호 사건에 대한 진상규명과 사과, 조미 불평등 조약의 강요였다. 이러한 침략 목표를 달성하기 위해 미 국무부의 지시 아래 수년 동안 치밀하게 준비했으며, 자기들이 아시아 나라들과의 전쟁에서 동원할 수 있는 최대 무력을 총결집해 침략을 감행하였다. 하지만 그들은 조선사람들의 결사 항전에 놀라 침략목적 달성이 불가능하다는 것을 깨닫고 아무런 소득도 거두지 못한 채 도망가 버렸다. 로우는 미국 정부에 보내는 보고서에서 《조선 정부에 대해 그 어떤 영향도 줄 수 없었으며, 조선 정부가 태도를 변경하리라고 예상되는 그 어떤 징조도 나타나지 않았다.》라고 밝힘으로써 스스로 전쟁의 패배를 자인했다. 훗날 미 국무장관이었던 포스터가 이 전쟁의 패배에 대해 《미해군의 신용을 훼손하고 동양에서의 미국외교의 실책을 폭로한 사건》(『미국의 극동외교』1921년, 363~364p)이라고 비명을 지른 것은 결코 과장이 아니었다. 이처럼 1971년 조미 전쟁은 조선의 빛나는 승리로 끝났다. 어재연을 비롯한 조선 병사의 투쟁과 희생은 결코 헛되지 않았으며, 미국 침략자들을 몰아내는 데 빛나는 공헌을 하였다.

이 투쟁은 구미 열강에 의한 식민지화의 위기로부터 조국을 구하고 나라의 자주권과 민족의 존엄을 지켜냈다는 역사적 의의가 있다. 이 투쟁을 통해 우리 민족은 단합하여 투쟁한다면 어떠한 침략자라 하더라도 능히 물리칠 수 있다는 신심을 더욱 굳게 가졌다. 이 투쟁은 또한 민족적 각성을 높여주고 민족운동 발전에 새로운 계기를 열어 놓았다. 이 투쟁에 대해 당시 청나라에서는 《평양과

북에서 바라본 **우리 근대사**

강화도에서 두 침략자의 흉악한 창끝이 두 차례나 꺾였으니,……이로 미루어 보아 가히 지금이 서양 침략자들을 멸망시킬 때이다.》(『용호간록』권 20 병인 12월 16일)라고 논의되었다는 것은 조선 민중의 반외세 투쟁의 승리가 청나라에까지 그 영향을 미쳤다는 것을 보여 준다.

제2장

일본군국주의자들의
강제 개방과
임오군인폭동

박 경 순

남북역사문화교류협회 교육위원장

1956년 전라북도 임실 출생. 1977년 서울대 동양사학과 입학. 청년시절 학생운동, 노동운동에 투신. 1998년 영남위원회 사건으로 구속. 2008년 민주노동당 부설 새세상연구소 부소장. 2012년 통합진보당 부설 진보정책연구원 부원장. 저서 『새로 쓰는 고조선 역사』, 『새로 쓰는 고구려 역사』, 『1930년대 이후 항일무장투쟁 연구1·2』, 『현대 조선의 역사』, 『현대 조선의 역사』 등.

제2장 일본군국주의자들의 강제 개방과 임오군인폭동

1절. 미일공모의 서막

1. 정한 외교에 의한 조일 국교 단절

전통적인 조일관계는 교린외교 관계였다. 전통적인 교린외교란 이웃 나라와의 친선관계를 의미하는 말로서, 조선으로서는 일본 왜구의 침탈을 조금이나마 통제하기위한 방안이기도 했다. 일본에서는 도쿠가와 막부 이전에는 (조선으로 볼 때에는 임진왜란 이전) 중앙정권의 실권자인 쇼군 이외의 세습 영주들이 각각 지방분권적 통치권을 행사하고 있었다. 조선 정부는 일본 서남지방의 영주 호족에게 명목상 관직이나 도서 즉 인부(도장)을 주어 통제했었다. 이들은 조선 정부의 준 신하격의 존재였다. 그런데 임진왜란으로 인해 교린외교가 일시 중단되었다. 그 후 1607년 도쿠가와 이에야

스의 간청으로 조일 강화가 성립되고 사신 왕래가 시작되었으며, 1609년 기유약조가 맺어짐으로써 조일 무역 거래도 활발히 재개되었다. 그 후 조일 국교 관계는 260년간 기본적으로 교린관계로 유지되었다. 교린관계에서 공식적인 조일외교는 쓰시마 도주를 통해 부산 초량에 설치한 왜관을 통해서만 실시하도록 되어 있었다. 임진왜란 이후 일본에 대한 조선 민중의 반일감정이 컸고, 일본 외교사절이 한양으로 오는 경로가 임진왜란 시 그들의 침략 경로였기 때문에 조선으로서는 굳이 일본의 외교사절을 한양으로 부르지 않고, 부산초량의 왜관을 통해서만 하는 것으로 제한하였다. 다만 일본의 요청으로 도쿠가와 막부에 새 쇼군이 집권할 때 조선에서는 통신사절단을 에도까지 보내어 축하해 주었다.

조선과 일본과의 교린 관계는 19세기에 이르러 점차 교착상태에 빠지기 시작했다. 그 중요한 원인은 18세기 말부터 일본 내에서 정한론이 제기되었기 때문이었다. 정한론은 반동적 유교학자 내에서 제창되기 시작했는데, 그 대표적 인물이 국수주의적 국학자인 '나까이 지꾸산'이란 자였다. 그는 일본서기의 허황된 내용을 신봉하면서 예로부터 조선은 일본의 속국이었는데, 조선사람들의 통신사를 지금처럼 국빈 환대할 필요가 없으며 그 접대법도 고쳐야 한다는 것, 조선의 문화적 우월감을 없애기 위한 조처를 취해야 한다면서 조선 적대시 정책을 정부에 건의했다. 이러한 태도로 인해 도쿠가와 막부는 통신사 비용을 절약한다는 구실로 통신사는 에도가 아니라 오사까 또는 쓰시마에서 영접하게 한다고 하는 이른바 역지행빙(易地行聘)을 들고 나왔다. 조선은 일본의 부당한 태도에 격분해 1811년 이후 통신사의 에도 파견을 폐지하고, 부산 초량왜관에서 일본 쓰시마 도주를 통한 서신왕래의 형태로 외교관계를 진행하였다. 이는 명치 유신 이후 일본 정한외교로 파탄 직전에 이르렀다.

일본의 정한외교는 정한론에 뿌리를 두고 있다. 정한론은 일본 봉건제도 붕괴기에 막번제도의 위기를 직접 반영해 발생했다. 도쿠가와 막부는 1854년 일.미조약과 1858년 일.미수호통상조약의 체결을 계기로 식민지 예속국으로 전락할 위기에 처하게 되었으며, 이로 인해 도쿠가와 막부의 위기가 첨예화되었다. 이때 일본 내부는 두 세력으로 나뉘어 파별 싸움을 벌였는데, 두 파별 모두 조성된 위기를 조선을 정복하는 방법으로 해결해야 한다는 점에서 입장이 동일했다. 정한론은 이러한 사회정치적 환경을 배경으로 발생했다. 도쿠가와 막부 말기에 발생한 정한론을 그대로 이어받아 정한외교로 정책화된 것은 무엇 때문이었는가? 명치유신 이후 일본에 조성된 새로운 정치적 위기를 해외 침략의 방법으로 해결하려는 일본 침략자들의 군국주의 정책 때문이었다. 정한론의 광신자이며 일본에서도 호전적인 죠슈번 출신의 지사로서 사무라이들 사이에서 비교적 큰 영향력을 갖고 있었던 '요시다 쇼인'은 《러시아와 미국과 강화조약을 맺은 이상 결코 그를 파기해 신용을 잃을 것이 아니라 규범을 엄격히 지켜 그들과의 신의를 두텁게 할 것이다. 그 사이에 국력을 길러 빼앗기 쉬운 조선, 만주, 청나라를 종속시킬 것이며, 교역을 통해 러시아와 미국에게 빼앗긴 손실을 조선과 만주 영토를 빼앗아내는 것으로써 보상할 것이다.》(『요시다 쇼잉전집』제8권)라고 주장했다. 정한론은 구미열강의 반식민지적 예속상태에서 벗어나는 길을 조선 침략에서 찾으려는 입장이었다.

정한 외교의 발단은 1868년 11월에 쓰시마번 '히구찌 데쯔시로' 일행이 조선에 왕정복고를 알리는 외교문서인 서계(공식외교문서)를 갖고 부산 왜관에서 대원군 정부와 공식 접촉을 시작한 때부터였다. 왜관에서 가진 조일 간 첫 접촉은 전통적으로 실시해온 조.일간 교린 관계에서 지정된 규범에 따라 이루어진 방식이 아니며 일본의 서계의 격식과 내용이 무례하였다. 일본은 천황 국가라며 조선을 낮추어 부르는 내용과 형식으로 이루어졌으므로 당시 조선관리로서는 서계 접수를 거절할 수밖에 없었다. 이로써 조일 간 첫 접촉은 파탄되었다. 서계 접수 거절로 조일관계에서 긴장 상태가 조성되었는데, 이것이 바로 일본의 노림수였다. 이 서계의 사건의 본질은 전통적인 조.일 교린관계를 파탄내어 조선을 속국화하려는 의도였다. 일본은 조선 정부가 서계 접수를 거절하리라는 것을 번연히 알고도 트집을 잡으려고 일부러 도발한 것이다. 일본 정부는 그 후에도 이러한 도발 행위를 여러 차례 반복함으로써 조선 정부를 굴복시키려 했다. 하지만 조선은 일본의 도발에 굴복하지 않았다.

그러자 일본 정계에서는 당장 조선을 침략하자는 조선 침략 방안이 거듭 상정되었다. 그 대표적인 것은 1870년 4월 '사다 하꾸보'의 〈조선침략 방안〉, 그해 7월 참의 '기도 다께요시'의 〈조선진출 의견서〉, 8월 외무성관리 '야나기와라'의 〈의견서〉, 그리고 그해 3월 외국 선교사 처단사건을 구실로 조선 침략의 기회가 성숙되었다고 한 〈정한건의서〉 등이 대표적이었다. 그렇다고 일본이 당장 조선을 침략할 능력을 갖추고 있지는 못했다. 그들은 정한 외교에 계속 매달리면서 그 막 뒤에서 각종 모략을 벌였으나 어느 것도 성공하지 못했다. 모략이 계속 실패하자 명치 정부는 어느 때든지 조선을 무력으로 정복할 야심을 품고 그 일환으로 조선과의 국교 관계를 단절하는 단계로 넘어갔다.

일본은 조일 국교 단절 조치로서 조일국교 관계의 일체 사무를 취급해 오던 부산 왜관의 기능을 일방적으로 폐기시킨 후 왜관을 일본 소유로 전환시키려 했다. 1972년 9월 일본의 하나부사는 일본 왕의 명령에 따라 군함 〈가스가〉호와 기선〈유꼬마루〉호에 보병

2개 소대를 싣고 왜관에 기어들었다. 그는 쓰시마 도주를 대표해 왜관에서 조선과의 외교통상의 임무를 받고 일하던 관리들을 파면시키고, 모두 일본 외무성 관리들로 교체했다. 그리고 왜관을 강점한 후 다음 해 2월에 그곳에 대일본 공관이라는 간판을 제멋대로 걸었다. 그러자 조선 정부는 일본과의 접촉을 일체 거절하고 왜관에 철공철시(물자공급중지)로 대답했다. 그러자 1872년 9월 말 하나부사 일행은 일본으로 꽁무니를 빼고 말았다. 이로서 조.일간 합법적이며 공식적인 외교관계는 완전히 단절되었으며, 사실상 국교단절상태에 들어갔다.

미일공모의 서막

일본은 일·미화친조약을 계기로 미국의 반식민지 예속국으로 굴러떨어졌다. 이때부터 일본은 미국에 아부 굴종하면서 미국의 극동 침략의 하수인 노릇을 자처하였다. 하수인으로서의 역할은 1860년대 후반기에 표면화되었다. 명치유신 이전 도쿠가와 막부는 1867년 4월 조선에 외교사절단을 파견해 조미 관계를 중재하겠다고 자청해 나섰으며, 미국무장관 시워드는 이를 수락했다. 하지만 이 중재는 명치유신으로 실현되지 못했지만, 대미굴종외교는 명치 정부에서도 계속되었다. 1871년 3월 이후 조선 침략을 위해 미국 아시아 함대가 일본 나가사끼에 정박했을 때, 미국 〈파로스〉호 함장 브레그가 일본 외무성 관계자들에게 조선의 정치, 경제, 군사 분야에 대한 자료제공을 요구하면서 미국의 조선침략에 일본 참관인 파견을 요청하자 명치 정부는 기꺼이 수락했다.

미·일공모는 명치유신 이후 조선에 대한 침략에 이해관계가 맞아 더욱 강화되었다. 미국은 1870년에 들어서면서부터 일본의 지리적 위치와 천황제 정권의 호전적이며 침략적 성격에 주목했다. 미 국무장관 시워드는 《일본에 대한 서방국가의 정책은… 일본 정부와 조선 및 청 정부를 서로 이간시켜 일본을 유럽 국가의 동맹자로 되게 하는 데 두어야 한다》라고 하면서 아시아 침략에서 일본과 공모 결탁할 의향을 표시했다. 미국은 일본의 정치 경제적 처지로 보아 침략의 앞잡이로 내세울 수 있다고 타산했다. 한편 일본 군국주의자들은 미국과 동맹함으로써 큰 놈을 등에 업고 자신의 취약성을 보충하면서 해외 팽창 야망을 달성하려고 했다. 그들은 명치유신 직후부터 해외 침략 야욕에 불탔으나 아직 경제군사력을 갖추지 못했다. 1873년 일본이 해군성을 따로 설치할 때까지 해군 무력은 철함 2척, 나무함과 철로 만든 함선 1척, 기타 목조 함정들을 모두 합해 겨우 17척에 지나지 않는 보잘것 없는 것이었다. 경제력에서도 마찬가지였는데, 일본 역시 구미열강에 강요된 불평등 조약으로 인해 자본주의 산업화가 큰 타격을 받고 있었다. 미국의 대일 수출입액을 보면 일.미수호통상조약 체결 후 10년간 수출액은 59배, 수입액은 13.7바라는 놀라운 숫자를 기록했다. 이처럼 일본의 군사 경제력은 너무 보잘 것 없어 해외침략에 나설 깜냥도 되지 못했다. 일본 군국주의자들은 이러한 약점을 큰 놈의 후원으로 보충해 해외 침략으로 하결하려고 타산했는데, 그 큰놈이 바로 미국이었다. 이러한 사정으로 조선 침략에 절실한 이해관계를 갖고 있지만 힘이 모자란 일본은 큰 놈인 미국에 의탁하는 데로 나갔으며, 미국은 유럽 열강을 제쳐 놓고 일본을 조선 침략의 길잡이, 돌격대로 이용하였다.

미·일간의 공모관계는 1871년 미국의 대규모 무력침공(신미양요)에서 패배한 직후부터 본격화되었다. 신미양요에서 패배한 미국은 자국 단독으로 조선을 굴복시킬 수 없다는 것을 깨달았다. 한편 일본은 이 틈을 타고 미국을 등에 업고 조선 침략의 길을 모색하려고 꾀를 썼다. 1871년 겨울, 메이지 정권은 미국의 의향을 파악하려는 목적으로 구미 열강과 맺은 불평등 조약개정을 위한 교섭을 해보겠다는 명분을 앞세워 '이와쿠라 도모미'를 대표로 한 대규모 사절단을 미국에 파견하였다. 그들이 도쿄를 떠나기 전에 전권 대표단원이었던 '기도'는 자기 일기에 《조선에 뻗치려는 무진년(1868년)이래의 정책은 마침내 이륙되려고 한다… 야마가다 아리모또는 이 일을 찬성한다. 그리하여 오늘 전도의 대세를 따지고 공정한 여론을 헤아려 마침내 조선과의 국교의 가부를 결정하고 또 미국과의 친밀한 교제를 이룩할 것을 꾀한다》라고 썼으며, 계속해 '이와쿠라' '사이고' '오오쿠보', '이다가키' 등을 만나《조선문제를 착수할 순서를 정했다》라고 일기에 썼다. (『기도 다까요시 일기』명치 4년 11월 7일, 11월 9일) 메이지 정부를 대표한 전권대표단은 미국에 큰 기대를 걸고 11월 12일 요코하마를 떠났다.

이와쿠라사절단

: 왼쪽부터 기도, 야마구치, 이와쿠라, 이토 히로부미, 오쿠보 1872년 런던 체류 중

전권 대표단은 미국 땅에 도착하자마자 자기들의 예상이 맞은 것 같아 기뻐했다. 대표단의 일원인 '이토 히로부미'는 배로 샌프란시스코 도착하여 워싱턴으로 가는 기차 안에서 '이노우에'와 '야마가타'에게 《…조선에 대한 태도를 엿보건데 이 나라 정부(미국)가 또 다시 감히 조선을 침략해보려는 시도는 못할 것 같다.》라는 편지를 보냈다. 워싱턴에 간 대표단은 미국과 회담을 했다. 회담에

서 미국은 일본이 미국의 조선 등의 아시아 여러 나라에 대한 문호개방에 적극 협조한다면, 일정한 시기에는 일본과의 조약개정에 응할 것이라고 밝혔다. 그들은 일본의 조선 침략을 미국이 지지한다는 확신을 갖고 귀국했다.

미국은 일본의 조선 침략에 적극적으로 협력했다. 미국은 1871~1872년 사이에만 해도 스미스를 일본 외무성 고문으로, 하우스를 법률성 고문으로 각각 파견했으며, 그 후 퇴역장군 리젠드르를 스미스 대신 일본 외무성 고문으로 앉히고 일본의 조선 침략을 적극적으로 추동했다. 특히 리젠드르는 《일본은 곧 조선을 점령하고, 요동지방을 제압하며, 대만을 점령하고, 중국을 제압해야 한다. 이렇게 중국을 반달형으로 둘러싸면 러시아의 동방진출을 막을 수 있다.》(『일본군국주의』 2권 도쿄대학 출판회, 1963년, 105p)라고 외치면서 일본 군국주의자들을 조선 침략을 추동했다. 미국은 또한 일본의 조선 침략을 위해 3척의 군함과 8,000여 만발의 탄약을 1873년에 넘겨주었다. 미국의 이러한 지원은 정한의 침략열에 들떠 있으면서도 미약한 경제, 군사력 때문에 감히 침략의 길에 나서지 못하고 있었던 일본군국주의자들에게 날개를 달아 주었다. 그들은 미국의 지원에 힘을 얻어 노골적인 조선 침략의 길에 나섰다.

 북에서 바라본 우리 근대사

2절 . 운양호 사건

1873년 11월 대원군 정권이 붕괴되고, 민비일당이 국왕 친정의 간판 아래 정권을 장악하였다. 민비일당은 정권을 장악하자마자 대원군의 모든 정책을 무조건 뒤집어버렸다. 민비일당은 극심한 사대주의 정치집단이었다. 일본 군국주의자의 침략 책동에 강경한 정책으로 맞서 왔던 대원군의 정책을 시비하면서 자신들의 투항주의적 정책을 밀고 나갔다. 그들의 사대주의적 투항 정책은 대일 굴종 정책에서 집중적으로 나타났다. 대원군 정권에 복무했던 관리들을 철직하거나 처형까지 해가면서 일본과의 관계 개선을 적극적으로 추진하였다.

민비 일당의 사대주의적 굴종 정책의 배후에는 청나라의 구미 열강에 대한 투항적 정책이 있었다. 1874년 6월 청나라 정부는 일본이 조만간 침략의 예봉을 조선으로 돌릴 것인데, 미국이 일본을 도울 것이기 때문에 조선이 이 나라들을 상대하기 어려울 것이다. 그러므로 평화를 유지하려면 일본과 타협해야 한다고 권고하였다. 이는 조선을 예속화하려던 일본에 대한 사실상의 투항할 것을 권한 것이다. 청나라 정부의 눈치를 살펴 왔던 민비 일당은 청나라의 투항적 권고를 받자 곧 일본에 사신을 파견해 교섭을 시작하려 했다. 1874년 8월 민비정권은 동래부사 박대관에게 밀령을 내려 동래부 비장 남효원을 비밀리에 왜관에 들여보내 일본 관리와 국교단절 사태를 해결할 타협안을 토의하도록 했다. 또 9월에는 금위대장 로영하가 왜관에 머물고 있던 일본 외무성 관리 '모리야마 시게루'에게 편지를 보내 조일 외교관계의 잘못은 조선에 있으므로 앞으로의 관계 개선을 위해 조선 정부는 모든 노력을 아끼지 않겠다고 비굴하게 사죄하였다. 이러한 배일 굴종행위는 일본의 조선 침략 야망을 더욱 부추겼을 뿐이었다.

일본 정부는 '모리야마'의 보고를 받고 조선과의 교섭에서 강압적 태도로 나갈 것을 결정하고 다음 해 2월 '모리야마 시게루', 부관 '히로쯔' '히로유끼'로 구성된 조선사절단을 파견하였다. 1875년 2월 초 일본정부 사절단은 부산에 도착하자 서계를 제출하고 조선 정부 당국자와 교섭을 시작했다. 민비일당의 의사와는 달리 당시 조선 정부는 교만한 서계에 분노하여 서계 접수를 거절했다. 조선 정부가 뜻밖에 강경한 태도로 나오자 '모리야마' 일행은 자기들의 음흉한 목적을 달성하려면 무력으로 조선 정부를 굴복시키는 방법 밖에 없다고 판단했다. 그리하여 그해 4월 '히로쯔'를 급히 보내 일본 정부에 조일협상 결과를 보고하고 무력으로 국교 재개를 강제하자는 침략적 제안을 제기했다. '모리야마'의 대조선 의견서를 받은 일본 정부는 해군과 협의해 군함 3척을 조선에 침투시켜 위협적인 무력시위를 감행키로 결정했다. 그들은 침략선 운양호를 내몰아 2차에 걸쳐 무장 도발을 감행했다.

　1차 운양호 무장 도발은 조일 국교 재개 협상을 둘러싸고 조선 정부에 무력시위로 강한 압력을 가하며, 조선 침략의 구실을 만드는 데 목적이 있었다. 일본 정부는 《운양호》함장 '이노우에 요시까'에게 조선 해역 측량과 군사 연습이라는 명목으로 조선 동남 연해 일대에서 무력 시위를 감행하도록 지시했다. 1875년 4월 운양호는 아무런 예고 없이 부산항에 침입했다. 이때 조선의 관리는 협상 중에 군함을 보낸 것에 강력히 항의하면서 즉시 철수시키도록 요구했다. 그러나 일본 관리는 해외 파견 대표들에게 명령을 전달하기 위해 군함을 보낼 수 있으며, 군함은 전투에서만 사용한다고 생각하는 것은 잘못이라고 떠벌렸다. 그러자 조선 관리는 일본 관리의 반박을 더 추궁할 생각을 하지 못했다. 조선 정부의 굴종적 자세를 확인한 일본 관리는 일본 정부에 군함을 더 보내 줄 것을 요청했다. 이에 따라 일본 군국주의자들은 5월 상순에 또다시 군함 〈다이니메이묘〉호를 부산에 침입시켰다. 이때로부터 일본 침략자들의 무력 위협은 더욱 강화되었다. 침략선 운양호는 5월 17일 (양력 6월 20일)이후 조선 동해안을 북상하면서 금야만 일대에서 불법 측량과 군사정탐 행위를 감행하고 다시 부산항에 기어들었다. 조선 정부는 일본침략자들의 불법 무도한 침량 행위를 제지시키지도 못하고 속수무책으로 당하고 있었다. 이러한 대일 굴종적 태도는 일본으로 하여금 더욱 횡포한 도발을 감행하는 데로 나가게 했다.

조선침략의 도화선에 불을 단 일제의 침략선 <운양>호

일제의 침략선 <운양>호를 격퇴한 츠지진포대

2차 운양호 도발 행동은 1875년 8월 21일 (양력 9월 20일)부터 감행되었다. 해군성은 운양호 함장 '이노우에'에게 강화해협에 침입하라는 비밀명령을 내렸다. 운양호는 군부의 비밀지령에 따라 일본 국적을 표시하는 깃발도 달지 않고 8월 21일 인천 월미도 앞바다에 침입했으며, 21일 아침에는 초지진 앞 700m에 정박시켰다. 함장 '이노우에'는 선원 20명과 함께 작은 배로 초지진 포대 앞까지 접근했다. 초지진은 서울을 지키는 주요 관문이며 군사요충지였다. 따라서 조선의 배들도 사전승인 없이는 통과할 수 없었다. 운양호의 침입은 우리나라 주권을 침해한 침략행위였다. 사전예고도 없이, 아무런 표식도 달지 않고 강화해협에 침입한 운양호를 발견한 초지진 장병들은 포사격을 개시하였다. 이것은 정당한 자위적 행동이었으며 경고였다. 다음날 22일에 초지진 앞까지 와서는 "불의에 우리를 포격했다. 우리는 만약 이에 보복하지 않으면 천황의 국체를 어지럽히는 것이 크다. 또 군함의 명예를 손상시키기 때문에 조선 포대를 향해 그 죄를 묻는다" 라고 망발을 하며 포사격을 명령했다. 초지진 포대와 운양호의 포 사격전이 치열하게 펼쳐졌다. 하지만 근대적 무기로 무장한 일본의 무차별 포사격으로 초지진 포대는 완전히 파괴되었다. 일본 침략자들은 초지진 상륙을 시도했으나 밀물과 썰물 차이가 심한 조건에서 도저히 육지에 오를 수 없다는 것을 알자 상륙을 단념하고 그날 오후 항산도를 포격해 민가를 무참히 불살랐다. 다음날 23일 운양호 함장 이노우에는 배의 엄호사격 밑에 영종도를 3면으로 포위 공격해 점령하고 영종진 포대를 혹심하게 파괴했다. 육군대장 '야마가다'는 훗날 운양호 사건에 대해 《해군 당국의 예정된 계획이 실현된 것》이라고 말함으로써, 침략적 흉계를 숨기지 않았다. 운양호 사건은 일본이 무력으로 조선을 강점하기 위한 실천적 단계로 넘어갔다는 것을 보여주는 증거였다. 운양호 사건을 계기로 일본군국주의자들의 조선 침략은 무력에 의한 강도적 방법으로 감행되기 시작했다.

3절. 강화도 조약

일본침략자들은 운양호 사건을 구실로 침략적이며 불평등한 강화도 조약을 조작하기 위해 온갖 모략 책동을 다 부렸다. 운양호 함장 이노우에의 보고를 받은 일본 정부는 1875년 9월 1일 태정대신(총리대신 격) 이하 참의들이 모인 어전회의를 열었다. 여기에서 일본 왕은 부산 왜관의 거류민 보호 명목으로 조선에 군함을 파견해 군사적 위협 소동을 벌이도록 명령했다. 일본 왕의 명령을 받은 3척의 군함은 부산에 몰려들어 떠들썩하게 포성을 울려 정세를 긴장시키면서 갖은 무력 도발을 다 감행했다. 일본이 운양호 사건을 계기로 무력 침공을 감행하지 않고 군사적 위협으로만 그친 것은 청나라의 간섭을 우려했기 때문이었다.

일본은 청나라를 개입시켜, 운양호 사건과 조약체결 문제를 풀어나가려고 '모리'를 보내 파청나라와 여러 차례 교섭을 진행했다. 하지만 청나라는 조선의 국사에 관여할 수 없다는 애매모호한 태도를 보였다. 그러자 '모리'는 본국에 조선은 결코 청나라의 속국인 것이 아니라 '조약 체결권을 가진 독립국'이라는 전보를 날렸다. 이 보고를 기초로 하여 일본은 최종적으로 군함을 조선에 침입시켜 무력적인 위협으로 조선 정부에 예속적인 조약을 강요하기로 했다. 그들은 가장 포악하고 파렴치하기로 유명한 사쯔마 군벌 출신의 육군중장 '구로다 기요다까'를 특파대사(특명전권관리대신)로, 죠슈번 출신 '이노우에 가오루'를 부사로 임명하고, 그들에게 친선과 협조의 간판 밑에 예속적 불평등 조약을 강압 체결할 내용과 그 수법을 밝힌 훈령을 내리고, 조선에 파견했다.

『조선교재시말』3권에 의하면 태정대신 '산조'는 훈령에서 첫째로 운양호 사건의 책임을 조선에 넘겨 씌우고 배상금을 받아낼 것, 둘째로 현재 조선 정부가 완전한 국교 단절을 선포하고 있지 않은 이상, 전권대표는 외교통상조약 체결을 요구할 것이며 조선이 이에 순응할 때에는 운양호 사건에 대한 배상금 청구를 대신하는 것으로 간주할 것, 셋째로 조선 측에서 일본 측의 요구에 응하지 않을 때에는 차후 명령을 기다리라고 했다. '차후 명령'이란 청나라의 조선 문제에 대한 불간섭 태도가 확실해지면 군사적 공격 준비를 동시에 갖추도록 하려는 것이었다.

일본이 무력침공 안을 채택할 수 있었던 것은 미국의 적극적인 지지와 뒷받침이 있었기 때문이었다. 주일 미국공사 빙햄은 조선 침략 안을 '지극히 동의한다'라고 하면서, 그것은 '1871년 조미외교에 실패한 미국의 조선 개방을 촉구한 옛 뜻을 일본이 이어나가는 것'이라고 고무 격려했다.(『일본 외교문서』제8권, 일본외교문서 송포회, 1950년, 152~155p) 그는 또 1875년 12월 일본 외무경 데라제마와의 회담에서도 조선 개항을 성사시키려면 '페리가 시모다에 왔을 때와 같은 수법으로 조선 정부에 압박하라'라고 하면서 페리의 일본원정 소사란 책까지 주었다.(『조선 개국 외교사연구』,1941, 282p)

| 주일 미국공사 빙햄 | 페리제독 | 일본 태정대신 산조 |

1875년 12월 19일 '구로다'를 전권대표로 하는 전권사절단이 7척의 함선에 800여 명의 군대를 싣고 부산항에 들어왔다. 이때부터 '구로다' 일행은 함대를 끌고 강화도 일대를 제멋대로 싸돌아다니면서 무력시위와 불법 측량을 감행했다. 일본 함대가 영해를 침범해 강화도로 향하고 있다는 소식을 접한 민비 정권은 1876년 1월 현직 및 전직 대신회의를 열고 대책을 협의했다. 회의는 못된 일본군과의 전투를 주장하는 주전파와 화의를 주장하는 투항파 사이의 치열한 투쟁 분위기에서 진행되었지만, 결국 실권을 쥐고 있던 민비세력의 투항적 주장이 우세를 차지했다. 조선 정부는 중추부 판사 신헌을 접견대관으로, 도총부 부총관 윤지승을 접견부관으로 임명하고 일본 대표와의 담판을 진행하도록 했다. 조선 정부는 원래 담판교섭을 강화부가 아닌 다른 곳에서 하려고 했으나, 일본침략자들이 무턱대고 강화부에서 할 것을 요구했다. 예비회담은 1876년 1월 12일에 열렸으며, 본회담은 1876년 1월 17일에 열렸다. 그런데 일본 측은 의장병 400명을 회담장에 대기시켜 놓았다가 본회담 개시 한 시간 전에 '일본 기원절'이라는 명분을 앞세워 정박 중인 군함에서 일제히 예포를 발포하도록 하는 망동을 부렸다. 이것은 회담에 임한 조선 정부 대표단을 위협하려는 술책이었다.

일제침략자들이 <강화도 조약>을 강압조작한 당시의 강화부 련무당

회담은 삼엄한 분위기 속에서 진행되었다. '구로다'는 조일국교 재개 회담을 조선이 거부한 문제, 운양호에 대해 포격한 문제에 대한 책임을 지라고 강압했다. 조선의 접견대관은 일본 측 주장의 부당성을 규탄했다. 일본 측은 계속해서 접견대관, 부관의 국왕 위임 여부를 따지면서 회담 진행에 의도적으로 난관을 조성하였다. 또 '구로다'는 자기들이 작성한 조약 초안은 내놓고는 회담 대표들에게 무조건 받아들이라고 강박했다. 접견대관 신헌은 일본 측 조약 초안의 부당성을 조목조목 비판하고, 회담에서 주도성을 잃지 않으려고 <금칙 6개조>를 제기하고 일본이 엄수할 것을 요구했다. <금칙 6개조>는 ①일본인의 상평전 사용금지, ② 곡물무역금지, ③ 물물교환방식의 무역, 되거리, 고리대 금지, ④ 일본과만 수호 관계 맺음, ⑤ 아편판매엄금과 성서반입금지, ⑥ 표류민 송환 등이

었다. 그러나 일본은 금칙 6개 조는 구두 합의로만 보고, 기본조약 체결 원문에는 넣지 않는 수법으로 사실상 그 안을 부정하고 자기들의 침략적 요구만 강요하였다. 민비 정권의 투항적 태도로 강화도 조약은 일방적으로 일본의 요구만 반영되어 1876년 2월 3일 체결되었다.

　강화도 조약은 조선 민족의 자주권과 이익을 전면적으로 침해하는 강도적이며 침략적인 불평등 조약이었다. 조약은 먼저《조선은 자주의 나라로서 일본과 평등권을 보유한다.》(1조)라고 규정하였다. 이것은 청나라 세력을 제거하여 독점적 지배권을 확립하기 위한 법적 전제를 만든 교활한 조치이었다. 조약은 또 조선의 항만을 일본 상인에게 개항한다고 규정하였다. (4조, 5조, 6조, 9조) 국가의 간섭없이 자유무역의 조항이 규정된 것은 일본 자본의 침투의 길을 열어놓은 것이었다. 그리고 이를 확고히 담보하기 위해 치외법권 조항을 박아넣어 조선 정부의 주권을 제한하고 조선에서 일본침략자들이 조선법에 구애되지 않고 마음대로 침략과 약탈을 할 수 있는 담보를 마련했다. 조약은 또한 조선 영해에 대한 일본의 측량, 지도작성의 자유를 보장했다. (7조) 이처럼 강화도 조약은 일본에게 특권만을 준 반면에 조선에는 예속적 의무만을 들씌운 침략적이며 예속적인 불평등 조약이었다. 강화도 조약의 강압 체결로 조선은 일본의 식민지로 굴러떨어질 위기에 처했다.

4절 . 개항의 후과와 민중들의 반일투쟁

개항의 후과

뒤늦게 자본주의적 발전의 길에 들어선 일본은 자체 발전의 후진성과 취약성을 조선을 침략하고 약탈하는 것으로 극복하려 했다. 1870년대 일본은 군사공업 부문에만 불균형적으로 기계제 공업을 도입하고 있었으므로 전반적 경제발전 수준은 공장제 수공업 단계에 머물고 있었다. 일본군국주의자들은 침략 무력과 불평등 조약을 무기로 우리나라에 대한 경제 침략을 강화했으며, 그로 인해 우리나라 민중의 삶이 극도로 피폐해졌다.

일본은 조선에 대한 상품 침투를 강화했다. 그들은 자기들의 산업자본 육성을 위해 우리나라의 귀중한 재부를 헐값으로 빼앗아갔으며, 그 대신 서구 자본주의 상품을 관세도 없이 조선에 비싼 값으로 팔아먹었다. 강화도 조약 이후 치외법권과 무관세의 특권을 누리고 있던 일본의 무역액은 급속도로 불어났다. 개항 후 불과 6년 후인 1882년 부산항을 통한 일본침략자들의 약탈적 무역액은 개항 전 수출입 총액의 16.3배나 확대되었다. 개항 전 4년 동안 수출입 총액이 51만 7,966원(수입 26만 7,490원, 수출 25만 476원) 이었던 반면 개항 후 5년간 수출입 총액은 무려 970만 8,296원 (수입 460만 3,437원, 수출 510만 4,859원)으로 증가했다. 일본군국주의자들은 주로 구미 자본주의 나라들의 소비제 상품을 구입하여 조선에 비싼 값으로 팔아먹는 방법으로 폭리를 취했다. 수입에서는 영국제 면제품이 압도적 자리를 차지했다. 원래 조선은 면 제품이 질이 좋기로 유명해 대일 수출에서 중요한 자리를 차지했었다. 그런데 영국제 면제품을 일본 군국주의자들이 조선에 팔아먹기 시작하자, 가내수공업적인 조선 무명생산이 몰락하지 않을 수 없었다. '서양면화가 나타남에 따라 조선의 면화 농사가 수그러들었다'라는 매천야록의 기록은 이러한 현상을 말해주고 있다. 조선의 자급자족하는 자연경제가 붕괴하기 시작했고, 외래자본에 의한 예속화 과정이 시작이었다.

1881년~1882년 수출입총액 (단위 : 만원)

품명	구미상품	일본 상품	합계	%
면제품	260		260	57
면실	4		4	1
생목화	2		1	
기타	141	54	194	42
합계	407	54	460	100

이 표는 조선의 수입총액 460만 원 중 57%는 영국의 면제품이

며 면제품 260만 원은 전부 영국 제품이었는데 이런 상태가 5년이나 계속되었다는 것을 보여준다. 같은 기간 일본이 조선에 수출한 상품 중 일본 제품은 11.7%에 불과했다. 일본군국주의자는 유리한 중개무역을 통해 막대한 상업이윤을 짜냈으며, 그 일부를 산업자본으로 전화시킬 수 있었을 뿐 아니라 구미 자본주의 나라들과의 무역에서 입은 적자와 그 손실을 보상할 수 있었다. 조선은 일본에 있어서 원시적 자본축적을 위한 유리한 공간으로 되었다. 그들은 조선의 시장을 확대하기 위해 미쳐 날뛰었으며, 그들이 날뛸수록 조선 경제는 파괴되고, 민중의 삶은 피폐해갔다.

다음으로 일본은 우리나라의 쌀을 비롯한 농산물과 금, 은, 동을 비롯한 귀금속을 약탈했다. 항시적 식량부족에 시달리고 있었던 일본은 질이 좋고 값한 조선의 쌀과 콩류의 수탈에 중점을 두었다. 개항 직후 1877년 당시 알곡의 대일수출은 쌀 474석, 콩 1,109석이었다면 3년 후인 1880년에는 쌀 8만 2,756석, 콩 2만 2,405석으로 뛰어올랐다. 이 시기 일본상인들은 '외국 상품은 원가의 20배로 팔고 수입하는 농산물과 원료를 최하의 헐값으로 사와서는 일본에서 5배이상의 가격으로 팔아 이익을 보았다.' (『일본자본주의 발달사』 일문, 신판 95p)라고 할 정도로 조선에서 감행한 농산물 수탈은 악랄했다. 그 때문에 개항 이후 3~4년 동안 조선에서 쌀값은 2~3배로 뛰어올랐고, 조선에서 만성적인 식량난이 초래되었다. 개항 후 5년 동안 일본이 조선에서 약탈해간 물자는 쌀 152만 9,636원, 콩과 팥 55만 7,057원, 소가죽 82만 9,132원, 해삼 17만 1,382, 미역 17만 8,018원, 명주실 1만 4,019원, 금 97만 2,242원, 은 8만 7,056원, 기타 60만 6,317원 총액 510만 4,859원이었고, 약탈 상품 중 57%는 농산품이었다. 또 일본은 금, 은, 동을 비롯한 귀금속을 약탈하기 위해서도 악랄하게 책동했다. 개항 직후 5년간에 일본이 공식적으로 약탈해간 금, 은, 동만 하여도 105만 9,282원으로써 무역액의 21%에 달했다. 이것은 우리의 귀중한 화폐의 대량적 축소를 초래했으며 국내에서 화폐공황을 일으키고 내부에서 발전하고 있었던 자본주의 발전을 억제하는 조건으로 되었다.

일본의 약탈 무역은 우리나라 국내시장과 경제에 파국적 영향을 미쳤다. 개항 후 불과 몇 년 사이에 조선에 파고 든 자본주의 상품은 농촌 말단까지 침습해 자급자족 경제를 파괴하였다. 마구 밀려드는 외국 상품 때문에 국내시장을 대상으로 하는 농업에서의 상품생산발전과정이 큰 제약을 받았다. 또 나라의 자주권과 재정 토대도 난폭하게 침해를 받게 되어 국가 재정이 파탄상태에 빠져들었으며, 민중들의 삶은 영락해 갔다.

민중들의 반일투쟁

강화도 조약 이후 일본의 침략으로 우리나라 경제발전에 심각한 장애가 조성되었으며, 그로부터 일본 침략 세력과 우리나라 민중 사이의 민족적 모순이 더욱 첨예화되었다. 이와 함께 민비정권의 학정으로 계급 모순도 극도로 첨예화되었다.

1877년 3월 부호군 리돈우는 상소에서 『앞서 서양배가 왜놈들을 태우고 와서 경기의 강화도 땅에서 12개 조의 맹약을 맺었다고 한다. 이 일은 점차 먼 데와 가까운 데에 전파되어 지금에 이르러서는 모든 사람의 외침이 들끓는 것과 같이 메아리치고 있다. 그 배는 다행히 물러가기는 하였으나, 그들의 승냥이 같은 속심과 이리 같은 욕심은 참으로 그지없다. 만일 일단 유사시를 당하면 추호도 믿을 바가 못 된다. 옛날의 척사는 말과 글로 하였으나 지금의 척사는 무력과 실력으로 하지 않으면 안된다.』(『일성록』고종, 정축년 3월 23일)라고 하면서 일본이 무력으로 우리나라를 위협하고 있는 조건에서 무력으로 맞설 것을 주장했다.

일본이 부산과 원산, 인천을 개항시키고, 서울에 공사관을 설치한 후 그를 거점으로 조선에 대한 침략을 노골화하자, 민중들은 여러 형태의 반일투쟁을 벌여 나갔다. 민중들은 일본 침략자들이 들어 오는 곳마다 투석, 항의 시위, 습격, 징벌 등 각이한 형태로 투쟁이 벌어졌다. 부산 민중들은 개항 후 부산에 기어든 일본인들이 파괴와 약탈을 감행하자 일본 거류지 안의 집들을 파괴 소각하고 일본 상인들의 약탈행위를 저지하는 투쟁을 벌였다. 서울 민중들은 일본 공사 일행이 서울에 기어들자 놈들에게 돌 벼락을 안겼다. 또 민중들은 해안 측량을 위해 날뛰는 일본 침략자들을 반대하는 투쟁도 벌였다. 1878년 8~9월 전라도와 충청도 연해의 민중들은 육지에 불법적으로 상륙해 측량과 지형 정찰을 감행하던 일본 침략자들을 습격해 큰 타격을 주었으며, 1877년~1880년 함경동 덕원(원산)과 안변 일대의 민중들은 일본 침략자들의 원산만 일대에 대한 측량과 원산의 개항을 반대해 투쟁에 나섰다. 1878년 4월 22일 일본군함 《아마끼》호 함장은 문천군수에게 《우리가 군함에서 내려 상륙하면 그때마다 매번 소요가 일어나는 폐단》이 생긴다고 항의했다. 1879년 원산 개항 교섭이 본격화되자 원산, 문천의 유생들은 통문을 돌려 그를 저지시키기 위한 투쟁을 벌일 것을 호소했다. 일본인들의 징벌행위가 꼬리를 물고 일어나자 원산 주재 일본 영사는 거류지 안의 일본인들에게 '장보러 다닐 때 순경을 데리고 갈 것'과 '3~4명씩 함께 다닐 것' '알곡을 많이 사들이지 말 것' 훈시하였다. 민비정권이 원산 개항을 허락하고 인천개항을 요구하는 일본에도 결정적 반격을 가하지 못하자 전국의 여론은 더욱 끓어버졌다. 이에 대해 영중추부사 이유원은 《들끓는 민심을 진정시킬 방도가 없다》고 비명을 질렀다.

민중들의 반일 반외세 투쟁은 1880년대에 들어서면서 더욱 강화됐다. 1880년 이전, 정언 허원식이 인천개항을 반대해 두 차례나 상소하였는데, 상소의 배후에는 정부의 인천개항을 저지하기 위한 실력투쟁을 벌일 태세를 갖추고 있던 삼남지방의 위정척사운동자들이 있었다. 수천 명의 경상도 유생들이 정부에 항의하기 위해 조령을 넘어 1881년 1월 20일 서울에 집결할 것이라는 소문까지 나돌았다.

개항 후 일본의 침략과 봉건적 착취의 강화는 농민대중의 영락을 가속화했고, 농민들은 반침략 반봉건 투쟁에 뛰어들었다. 장령 김경의 상소에는 '외국인에게 개항한 때로부터 …서울과 시골의 부뢰배들이 꾀를 부려 관청 문건을 받아내 가지고 고을을 싸다니면서 마구 수탈하니… 통곡소리가 길 위에 가득하고 원한의 기운은 천지에 사무쳤다.…흩어진 백성들은 반드시 도적으로 될 것이니 두려움을 금할 수 없다.'라고 하였다. (『고종실록』권 17, 17년 10월 5일) 민중들의 투쟁은 1880년대에 들어서면서 농민무장대들이 반침략 구호를 들게 됨으로써 새로운 단계에 들어서게 되었다. 이 시기 〈과객당〉이라고 불린 유량 농민들이 산간지대에 의거해 싸우는 농민무장대로 전환되었다. 1870년대 말~1880년대 초 농민무장대들의 장성 강화는 지배계급에게 큰 위협으로 되었다. '남부조선의 산골짜기들에는 수많은 비적무리들이 벌과 같이 뭉치고 개미와 같이 모여 마을을 휩쓸고 있으며…. 의병을 일으켜 왜놈들을 치겠다고 떠들고 있다.'라고 한 기록을 통해 알 수 있는 것처럼 농민무장대들은 일본 침략세력을 반대하는 명백한 목적으로 내걸고 투쟁했다. (『고종실록』권 18, 18년 11월 6일) 이처럼 일본의 침략을 반대하는 민중들의 투쟁은 초기에는 비록 투석, 항의, 징벌 등 소규모 적인 형태를 띠고 전개되었으나 점차 무장을 들고 일본 침략자들을 몰아내려는 높은 형태의 투쟁으로 발전했다.

민중들의 반외세 반봉건 투쟁이 강화되는 속에 양반 유생들의 상소 운동도 새로운 양상을 띠고 벌어지기 시작했다. 직접 계기는 1880년 일본에 수신사로 갔던 김홍집이 귀국해 『조선책략』을 국왕에게 바친 사건에서 비롯되었다. 그 책은 일본주재 청나라 공사관 황준헌이 쓴 책인데, 기본내용은 청나라, 미국, 일본과의 동맹을 우리나라에 권고하는 것이었다. 민비일당은 이 책을 복사해 전국의 유생들에게 배포했는데, 이게 위정척사론자들의 분노를 촉발시켰다. 이렇게 해서 1880년대 위정척사운동이 불타올랐다.

이때의 위정척사운동은 현직 및 전직 관리들의 상소, 각 도 유생들의 연명 상소 방식으로 진행되었다. 상소에서 주요 공격대상으로 된 것은 『조선책략』의 문제와 봉건 정부의 대내외 정책, 외래 자본주의 침략 문제 등이었다. 1880년 10월 1일 병조정랑 유원식이 조선책략을 규탄하는 상소를 제출하면서 시작된 투쟁은 전국 유생들의 적극적인 호응을 받아 큰 규모로 급속히 확대되었다. 유생들의 본거지 격인 경상도 유생들이 들고 일어났다. 영남지방 유생들은 일본 침략자들에 의해 원산과 인천이 개항된다는 소문이 떠돌고 정부 안에서 서양과 화친하려고 하는 논의가 제기되고 있다는 소식이 전해지자 1881년 2월 26일 퇴계 이황의 후손인 이만손의 주동 아래 정부를 공격하는 상소문을 연명으로 제출했다. 유생들은 만인소에서 '지난날 정부가 〈양이 정책〉을 고수해온 결과 병인양요 때 외적을 물리쳤는데 오늘에 와서 일본을 우대하며 맞이하는 것은 이해할 수 없는 것'이라고 했다. 일본은 야심만만한 침략자이기 때문에 그와 동맹 관계를 맺는다는 것은 극히 위험한 것이라고 강조하였다. (『고종실록』권 18, 18년 2월 26일) 또한 조선책략에 대해 심각한 비판을 가하면서 그것을 조선에 끌어들여 전파한 인물들을 처벌하고 책들을 모조리 압수해 소각해 버릴 것을 제기했다. 이를 도화선으로 전국의 위정척사론자들이 일제히 상소투쟁에 합류했다. 정부의 사대투항적인 정책을 반대한 위정척사론자들의 상소투쟁이 적극화되자 민비일당은 5월 15일 유생들의 상소를 막도록 지시를 내리고, 상소를 위해 서울로 올라오는 유생들을 엄중히 단속하도록 지시했다. 봉건 정부의 회유와 탄압에도 불구하고 전국각지에서 유생들이 서울로 올라와 상소 투쟁을 벌였다.

위정척사론자들은 조성된 민족적 위기를 타개할 힘은 외교에 있는 게 아니라 민심에 있다고 봤다. 그들은 다음과 같은 구국 대책을 제시했다.

1. 우리나라에 발붙인 침략자들을 내몰고 침략자들에게 투항하는 매국노들을 처단할 것.
2. 청나라 봉건통치층과 결탁해 준비되고 있는 미국과의 조약체결 기도를 저지시킬 것.
3. 자본주의 침략을 막기 위한 엄격한 외교적 조치를 취할 것.
4. 내정을 충실히 하기 위한 조치를 취할 것.

이들이 제시한 구국대책 안은 낡은 것을 유지하려는 제한성을 갖고 있으나 민중들의 반외세 투쟁과 지향을 부분적으로 반영해, 민중들의 반외세 운동을 추동하는 요인으로 되었다. 위정척사론자들의 정당한 상소투쟁을 막아낼 수 없었던 민비일당은 이재선 사건을 조작해 위정척사 운동을 탄압했다.

5절. 임오군인폭동 (임오군란)

강화도 조약 이후 외래상품의 난입으로 민족적 계급적 모순이 격화되어, 농민과 수공업자, 도시 빈민을 비롯한 광범한 민중의 삶이 피폐해졌고, 더는 참을 수 없는 지경에 이르렀다. 민중들의 반외세 반봉건 투쟁의 불길은 1880년에 들어서면서 더욱 세차게 타올랐다. 1880년 1월 서울 부근 여러 고을에서 민중 폭동이 발발했으며, 1880년 12월 황해도 장련 농민들의 폭동, 1881년 10월 의주 지방 인민들의 반일 투쟁, 유랑 농민들의 무장단 활동 등 전국각지에서 민중들의 반외세 반봉건 투쟁이 꼬리를 물고 일어났다. 이러한 투쟁은 일본 침략자들의 횡포한 간섭과 가혹한 봉건적 압박 밑에서 무거운 군역에 시달리던 군인들을 투쟁으로 힘있게 고무 추동했다. 1882년 서울에서 일어난 군인폭동은 개항 이후 처음으로 반외세투쟁과 반봉건 투쟁이 결합된 가장 큰 대중투쟁이었다.

1. 민비 일당 집권 후, 악화되는 군사 형편

1873년 11월 정권을 잡은 민비일당은 투항적이며 반민중적인 정책을 펼쳐 나라의 방위력이 매우 취약해졌다. 개항 이후 외래 침략세력이 물밀 듯이 밀려드는 조건에서 나라의 방위력을 강화하기 위한 적극적인 대책을 세워야 했다. 그러나 집권 유지에만 급급하던 민비일당은 국방력을 강화하기는커녕 도리어 이미 있던 군사체계마저 마구 헝클어 놓음으로써 나라의 방위력을 걷잡을 수 없이 약화시키는 범죄행위를 자행했다. 방어시설과 무장장비는 말이 아니었으며, 부대 형편과 군사훈련은 매우 한심한 지경이었다. 실제 전투에 참가할 수 있는 군인 수는 매우 적었다. 중앙군영인 5영은 이름 뿐으로, 망라된 군인은 얼마 되지 않았다. 5영 가운데서 그나마 일정한 군인수를 계속 보유하고 있던 금위영의 군인수도 날이 갈수록 줄어들었다. 실지로 군사적 복무를 하는 군인 수가 얼마 없었을 뿐 아니라, 군대의 지휘명령 체계도 제대로 서 있지 못했고, 군사훈련은 한번도 없었다. 군사란 허울에 불과하고 훈련 동작하나 변변히 하는 자가 없는 형편이었다.

군사제도의 문란은 봉건적 군사복무를 규정한 군역제도에서의 무질서와 혼란에서도 나타났다. 조선의 기본법에는 왕궁에 들어가 수직을 서는 입직, 순찰 임무를 수행하는 행순, 왕을 호위하는 시위, 수자리 (국경수비)번을 드는 부방, 부역 노동, 전쟁 때 전장으로 나가서 싸우는 것 등을 비롯한 군인들의 각종 임무들이 규정되어 있었다. 그러나 이러한 군역제도는 봉건제도가 무너져감에 따라 그대로 집행되지 않고 있었으며, 특히 민비 일당이 정권을 잡은 이후 그것은 완전히 헝클어져 버렸다. 이 시기의 중앙군의 군역은 왕궁과 서울의 성문을 지키는 것 외에는 주로 궁전들을 다시 짓기 위한 강제 노역이었다. 지방군들의 군사적 임무도 형식상으로만 남아있었고, 주로 지방관리들과 관청을 위한 강제노역만 남게 되었다. 이처럼 1870년대에 들어와서 군인 수는 급격히 줄어들었으며, 그 지휘체계마저도 제대로 서 있지 못하였고, 병역제도가 더욱 문란했다. 이러한 현상이 매우 심하게 나타난 것은 민비 일당이 정권을 잡은 1870년대 중엽 이후였다.

군사기관들의 재정도 고갈되었다. 민중들로부터 수탈한 군포 액수는 매우 많았으나, 봉건지배층이 대부분 가로채고 군영에는 제대로 주지 않았다. 그리하여 각 군영은 재정이 부족해 얼마 안 되는 군사비마저 제대로 지출할 수 없었다. 무기제조를 담당하는 군기시도 간단한 무기조차 제대로 만들 수 없었다. 1881년 군기시에서 갑옷 13부를 만들어야 하는데 몇 푼 안되는 돈조차 없어서 선혜청에서 빌렸다는 자료를 보면 군대 재정의 심각성을 알 수 있다. 무기를 제조하는 기관들의 재정이 완전히 고갈되었으므로 무장장비를 개선 강화한다는 것은 도저히 기대할 수 없었다. 자본주의 열강이 대포와 군함을 비롯한 신식무기로 장비한 침략 무력을 우리나라에 들이밀고 있을 때 봉건 지배층들은 간단한 무기조차 제대로 만들지 않았다. 또 무기고에 저장해 둔 무기도 제대로 보관 관리하지 않아 녹이 슬고 부수어져서 못쓰게 돼 있었다.

군영의 부대편성과 무장장비, 재정형편이 날이 갈수록 악화되어 갔으므로 조선 정부는 1881년 12월 무위소, 훈련도감, 룡호영, 호위청을 통합해 무위영을 설치하고 금위청, 어영청, 총융청을 통합해 장어영을 설치했다. 그러나 단순한 군영의 개편만으로써는 헝클어진 군사제도를 바로잡을 수 없었다. 이러한 조치는 도리어 군인 수를 줄이고 군사비 지출을 감소시키는 결과를 가져왔기 때문에, 나라의 방위력을 더욱 약화시켰다. 또 민비일당이 집권한 이후 군사제도가 걷잡을 수 없이 문란해짐으로써 군인들의 처지는 더욱 악화됐다.

2. 임오군인폭동과 대원군의 정권 장악

개항 이후 일본의 노골화되는 경제침략과 민비 정권의 민중수탈로 민중생활은 파탄에 빠져들고, 반항 기운이 확대되어 갔다. 이러한 흐름은 서울 군인들에게도 영향을 주었으며, 이들 내에서 반외세 투쟁 기세가 높아졌다. 우리나라에서 16세기 이후 〈군적 수포법〉이 실시되면서 지방군인들의 상번은 크게 축소되고, 점차 군포 값으로 군역을 지는 고용군 제도가 생겨났다. 조선 정부는 민중들로부터 수탈한 군포를 재정 원천으로 해 한성부 빈민들에게 군료를 주어 병역을 지게 했다. 이렇게 해서 고용군 제도가 발생했는데, 이 제도는 조선 말기에 급격히 확대되었으며, 19세기 중엽 이후에는 서울 안의 빈민들치고 고용군으로 뽑히지 않은 사람이 없을 정도였다. 당시 서울 군인들은 대부분이 왕십리와 이태원 일대에 살던 빈민들로써 군료를 받고 근무하는 고용병들이었다. 그들은 성문을 지키거나 순찰을 돌며 군사훈련 등에 참가하는 외에 궁성과 도성의 건축과 수리, 강하천 보수, 각종 사당과 유흥터 건설 등 잡다한 부역에 동원되어 힘겨운 군역과 고욕을 치르는 댓가로 매달 얼마간의 식량을 공급받게 되어 있었다. 『만기요람』(1808년 (순조 8년)에 서영보, 심상 등이 왕명을 받아 왕이 나라의 군정과 재정을 파악하도록 만든 책)에 의하면 훈련도감의 군졸들이 받는 급료는 보통 4말 정도이며, 시가에 따라 9말까지 받는 것으로 되어 있었다. 이런 낮은 급료를 받으면서도 군 복무를 지망한 사람들은 말 그대로 빈민층에 속하는 사람들이었다. 그들은 군 복무 여가 시간에는 채소, 과일, 땔나무 등을 팔아 생계를 유지했다.

방위력 강화에 아무런 관심도 없던 민비 일당은 중앙군영에 저축된 군량과 자금마저 자기들의 안일과 향락에 탕진하면서 군인들의 급료마저 제대로 주지 않았다. 1881년 12월 국왕은 왕궁에서 잔치를 차리는 돈 12만 량을 마련하기 위해 선혜청에서 9만량, 훈련도감, 금위영, 어영청에서 각각 6,000량씩, 병조에서 5,000량, 총융청에서 4,000량, 사복시에서 3,000량을 지출하도록 명령했다. (『고종실록』권 18, 18년 5월 20일) 서울의 병력은 군료에 명줄을 걸고 있었으나 정부가 제 때에 군료를 지불하지 않았으므로 생활 형편이 매우 어려웠다. 고용군인들과 그의 가족들은 군료를 제 때에 지불하지 않거나 중간에서 가로채는 관리들을 반대하는 투쟁을 한시도 멈추지 않았다.

생활 처지 개선을 위한 군인들의 투쟁은 1880년 이전부터 벌어졌다. 1877년 8월 초 훈련도암의 좌초군 양용범이 미지급된 군료 지불을 요구하는 투쟁을 호소하자 김한문, 주양승, 최준홍, 이갑용 등은 요구 조건을 써서 영문에 내다 붙였지만, 과정이 어수룩하여 체포되어 유배당하고 말았다. 하지만 이 투쟁은 개항 후 군인들이 생존권을 위해 벌인 첫 투쟁으로서 의의가 컸으며, 향후 군인들의 반봉건 투쟁에 디딤돌 역할을 톡톡히 했다. 군인들의 투쟁은 일본의 침략야욕이 더욱 노골화되고, 그것이 자신들의 운명에도 직접적 영향을 미치게 되자 점차 반일 투쟁으로 발전했다.

민비 일당은 혁신관료들이 근대화를 목적으로 조직한 별기군의 지휘권을 장악하고, 1881년 일본공병 소위 '호리모도'를 훈련교관으로 임명했다. '호리모도'는 일제 침략자들이 처음부터 중앙군영의 군인들 사이의 알력과 갈등을 격화시켜 조선 군대를 내부로부터 와해시키려는 목적으로 파견한 자였다. 봉건지배층의 계급적 신분적 억압의 강화, 일본침략자의 조선 군대에 대한 민족적 멸시와 학대로 군인들은 반일감정과 민비일당에 대한 불만이 급증했다. 이리하여 군인들은 반봉건 반침략 투쟁에 뛰어들기 시작했다.

군인들 내에서 일본침략자를 반대하는 투쟁은 임오군인폭동 이전에도 크게 두 차례 있었다. 1881년 5월 강화도 군영의 복심계에 망라된 군인 100여 명이 서울 군인들과 합류해 일본공사관을 습격하고 평창에 있는 별기군의 임시훈련소를 치려고 하다가 비밀이 누설되어 실패하였다. 1881년 8월에도 서울 군인들은 각지 군인들과의 연계 밑에 일본공사관을 습격해 일본공사를 처단하고 왕궁으로 쳐들어가 민비 일당을 처단하기 위한 계획을 준비했다. 이 폭동 시도는 반일적 봉건관료였던 안기영, 이청구 등에 의해 발기하고 중군 조중호, 이전 훈련도감 군인 강달선이 호응하는 등, 많은 군인이 망라되었다. 폭동계획은 매우 치밀하게 짜여졌으나, 내부 변절자의 밀고로 실패했다.

군인들은 민족적 및 계급적 각성은 1882년에 들어서면서 더욱 높아갔다. 민비 일당은 일본의 인천항 개항 압력에 굴복할 듯 보였으며, 청나라와 일본의 압력으로 조.미조약을 체결하였다. 이러한 행태는 각계각층의 민족적 격분을 불러일으켰다. 이러한 분위기를 타고 1882년 5월 4일 충청도 유생 백란관은 나라를 팔아먹는 민비일당을 준열하게 단죄하는 상소를 올렸다. 그는 상소가 효과가 없자, 서울 남산에 올라가 봉화를 올리는 단호하고 대담한 행동을 벌였다. 그는 침략자들 앞에 투항하는, 민비일당을 준열하게 단죄하면서 적들의 기계가 정예하고 군함이 빠르다는 것만 알고 우리 인민의 강의한 애국심과 정의감을 모르는 지배층들이 결국 나라를 멸망으로 이끌 분이라고 주장했다.

이러한 분위기 속에서 군인폭동이 발발했다. 군인폭동의 직접적 동기로 된 사건은 무위영 소속의 이전 훈련도감 군인들에 대한 부당한 군료 지불 사건이었다. 민비 일당은 군인들의 반정부 기운을 무마시키려고 군인들에게 지불하지 못한 13개월분의 쌀 가운데에서 우선 1개월분만이라도 지불하려고 급히 서둘렀다. 쌀을 준다는 소식을 듣고 선혜청의 창고인 도봉소에 군인들이 모여들었다. 그런데 도봉소에서 내어주는 쌀이라는 게 절반은 썩은 것이거나, 쌀겨와 모래 등이 썩인 것들이었다. 김춘영, 유복만, 정의길을 비롯한 군인들은 쌀 받기를 거부하고 민비 일당의 우두머리 중 한 명인 선혜청 당상 민겸호를 믿고 날뛰는 창고지기를 때려눕혔다. 민겸호를 비롯한 민가일당은 군인들의 정당한 요구를 외면하고,

김춘영 등 4명을 포도청에 감금했다. (『승정원일기』 고종19년 (1882년), 6월 5일)

    체포된 군인들이 가혹한 고문을 받고 있으며, 곧 처형될 것이라는 소식이 전해지자, 김춘영의 아버지 김장손과 유복만의 동생 유춘만이 6월 9일 통문을 만들어 왕십리 일대에 돌렸다. 왕십리 일대는 이전 훈련도감 군인들의 거주지역으로서 이곳에는 그들의 가족들과 함께 도시 하층민들이 많이 살고 있었다. 통문을 전달받은 다음 날 아침 왕십리 일대의 군인들과 주민들은 남녀노소 할 것 없이 모두 성안으로 달려갔다. 체포된 동료들을 구원하기 위해 성안으로 들어온 군인들은 먼저 자기들의 직속 상관인 무위영 대장 이경하를 찾아가 민겸호와 그 하수인들의 불법행위를 규탄하고 체포된 군인들을 석방시켜줄 것을 청원했다. 이경하는 군인들의 압력에 눌려 민겸호를 찾아가 직접 청원하라고 하며 자리를 모면하려 했다. 이경하에게서 청원을 거절당한 군인들은 민겸호에게서 직접 대답을 받기 위해 그의 집으로 향했다. 민겸호가 주모자를 잡아 포도청에 가두고 장차 죽이겠다고 하자 군인들은 더욱 격분해 칼을 뽑아 땅을 치며 '굶어 죽건 법에 의해 죽건 죽기는 매일반이다. 차라리 죽일 놈은 마땅히 죽여 억울함을 풀겠다.'라고 하면서, 민겸호 집으로 달려갔다. 민겸호 집으로 달려간 군인들은 집을 완전히 장악하고 집안에 가득한 비단과 주옥, 인삼, 녹용, 사향 등 진귀한 보물들을 뜰에 쌓아놓고 불을 질렀다. 하지만 민겸호는 담장을 넘어 대궐에 들어가 숨어버렸다. 이렇게 군인들의 비폭력적 청원운동은 폭력적 투쟁으로 넘어갔다.

폭동군들은 먼저 폭동에 대한 지지를 얻기 위해 대원군이 살고 있는 운현궁으로 갔다. 그들은 아직까지 대원군에 대한 미련이 있었다. 쇄국정책을 고수하면서 외세의 침입을 허용하지 않았던 대원군 정권 시기가 민비 일당의 사대매국적 통치보다는 좋았다고 생각했기 때문이었다. 민비에게 꺾여 힘을 잃었던 대원군도 이 기회를 틈타 권좌에 복귀하려는 꿍꿍이 속으로 폭동군들을 이용하려 했다. 운현궁을 나온 폭동군은 자기들의 본영인 동별영으로 쳐들어가 무기고를 들이치고, 조총, 환도, 창 등을 탈취해 무장을 갖추었다.

초기 군인들의 움직임을 예사로운 반항 정도로 보았던 정부는 군인들의 투쟁이 점차 조직적인 성격으로 띠고 무장폭동으로 발전하자 당황했으며, 폭동을 막아보려고 폭동군의 직속상관이었던 무위영 대장 이경하를 불러 《동별영으로 급히 가서 폭동을 일으킨 주모자들을 즉시 붙잡아 심문하는 동시에 나머지는 해산시키고 돌아오라》라는 명령을 내렸다. 그러나 폭동군인들은 이경하의 해산명령을 거부하고 그를 쫓아버렸다. 그러자 정부는 당황하며 폭동군인들을 회유 기만하기 위해 무위영 대장 이경하, 선혜청 당상 민겸호, 도봉소 당상 심순택을 파직시켰다. 그리고 무위영 대장 후임에 대원군의 맏아들 리재면을 임명하고, 좌우 포도청과 별파진을 동원해 폭동을 진압하려 했다.

폭동군인들은 대오를 3개로 나누어 민비일당과 일본침략자들에 대한 공격을 시작했다. 한 대오는 포도청과 의금부를 습격하여 체포되어 있던 군인들과 상소 때문에 옥에 있던 백란관을 석방하고, 강화유수 민대호의 집을 비롯한 민비일당의 집들을 습격 파괴했다. 다른 한 대오는 별기군의 훈련장소인 하도감을 습격했다. 하도감에 있던 병사들은 대부분 외출 중이었고, 20여명 정도만 호리모도와 함께 남아 있었다. 폭동군인들은 하도감을 포위하고 별기군 병사들의 민족적 각성을 자극해 합류하도록 이끌었으며, 호리모도를 현장에서 붙잡아 처단했다. 그리고 하도감에서 도망쳐 나와 공사관으로 달아나던 일본인 3명과 그들을 지원하기 위해 달려오는 일본공사관 순사 3명을 처단했다. 또 다른 한 대오는 경기관찰사를 처단하기 위해 경기감영을 습격했다. 감영에서 관찰사를 찾아내지 못한 폭동군은 무기고를 열어 폭동에 합세한 주민들을 무장시켰다. 남대문 거리에 진출한 폭동군과 시민들은 곧바로 일본공사관을 포위하고 기세를 올렸다.

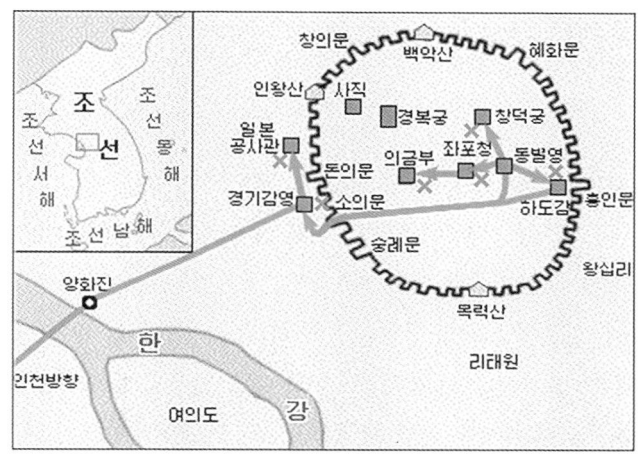

1882년 군인폭동

당시 일본 공사관 서기로서 이 과정을 목도한 곤도는 다음과 같이 전하였다.

《5시반에 문앞에서 한 사람이 소리를 치자마자 산위아래에서 일제히 이에 호응하니 마치 뇌성과 같고 돌은 비바람보다 더 조밀하게 던져지고 화살도 또한 많이 날아왔다.... 그들은 총을 발사하고 돌과 불을 던지며 조금도 물러가려는 기세가 보이지 않았고 충만된 기세는 산야에 가득찼다.》(『근대조선사』 일어판, 상권, 계명사, 1937년, 566p)

일본공사관에 있던 일본인들은 폭동군의 투쟁 기세에 겁을 먹고 갈팡질팡하다가 제 손으로 공사관에 불을 지르고 인천으로 도망갔다.

이날 밤 폭동군 거점인 무위영에는 한양백성들과 왕십리, 이태원 지역의 빈민들이 모여들었다. 다음 날 아침 정의길의 지휘 밑에 수백 명의 군인은 공사관에서 도망친 일본인들을 뒤쫓아 인천으로 갔다. 인천에 도착한 폭동군은 인천의 군인들과 합세해 인천부에 머물러 있던 일본침략자들을 공격했다. 폭동군의 습격을 받은 공사 하나부사 일행은 겨우 빠져 나와 월미도 앞바다에 정박 중이던 영국 배에 의해 간신히 구원되었다. 한편 서울 폭동군은 동별영에 모여 대오를 정비 보강한 후 민비일당의 최고 우두머리인 민비를 처단하기 위해 창덕궁으로 향했다. 폭동군은 왕궁으로 쳐들어가 이최응, 민겸호를 비롯한 악질관료들을 처단했으나 민비는 끝내 놓치고 말았다. 폭동군에 의해 왕궁이 점령당하자 고종은 궁여지책으로 대원군을 불러들여 정권을 위임하는 한편 자기의 잘못을 반성하는 글을 발표했다. 이틀 동안의 투쟁을 통해 폭동군인들은 일본침략자들을 우리나라에서 쫓아내고 그중 13명을 처단했으며, 300여 명의 악질 관료들을 습격해 집을 파괴하거나 처단했다. 서울의 폭동은 다른 지방에도 심각한 영향을 미쳤다. 서울로부터 동래로 가면서 사건을 목격한 일본인은 정부에 이렇게 보고했다.

《변란 후의 정세는 모두 일본인과 친했던 자들을... 붙잡아 혹은 처단하고 혹은 투옥하는 등 매우 소란스러웠다.... 백성들과 군졸들은 모두 왜놈들을 쳐죽였다고 하면서 기뻐서 춤추는 데까지 이르렀다. 서울뿐 아니라 동래로 내려오는 도상에서도 왜놈들을 시원히 쳐죽였다고 말하는 사람이 한둘이 아니었다.》 (『일본외교문서』일어판, 15권, 일본국제연합협회,1963년, 224p)

당시 군인들은 유리한 정세가 조성되었으나 대원군이 집권하자 그에 대한 환상을 갖고 투쟁을 더 확대하지 않았다. 군인들이 폭동승리의 열매를 대원군에게 스스로 넘겨준 근본요인은 폭동이 봉건적인 충군사상에 바탕을 둔 위정척사론자들의 영향을 받은 데 있었다. 이것은 당시 군인들과 농민대중의 사상의식 수준의 미숙성을 그대로 반영한 것이었다.

3. 청나라와 일본의 무력 간섭과 군인폭동에 대한 야수적 탄압

군인폭동 덕분에 다시 정권을 잡은 대원군은 외래 침략자들의 무력간섭에 대비한 대책을 세우는 데에는 관심이 없고, 오히려 외래 침략자들과 타협해 자기의 집권을 인정받는데 관심을 쏟았다. 대원군은 군인폭동 과정과 일본공사관 습격 사건의 전말을 부산의 일본영사관에 알리고, 외교적으로 문제를 풀어보려 했다. 한편 통리기무아문을 폐지하고 5영 제도를 복구했으며, 군료를 주고 달래는 식의 미봉책으로 군인들의 투쟁 의지를 꺾으려 했다. 또 민비일당의 재집권을 막으려는 의도에서 궁에서 사라져버린 민비를 찾아 보지도 않고 장례부터 치루어 민비를 정치적으로 완전히 매장시키려고 했다.

대원군이 나라의 운명을 결정할 귀중한 시간을 민비 장례와 같은 지엽적 문제에 매달린 것은 그의 사회정치적 견해의 낙후성과 계급적 제한성 때문이었는데, 돌이킬 수 없는 정치적으로 실책이었다. 대원군이 집권 유지에 급급하면서 외래 침략자들에 대해 주의를 돌리지 않고 있을 때 일본과 청나라 침략세력은 임오군인 폭동을 계기로 조선에 대한 무력간섭을 감행하기 위해 날뛰었다. 일본 공사인 '하나부사'는 구사일생으로 일본으로 돌아가 조선정부를 굴복시키기 위해 무력을 파견해야 한다고 주장했다. '하나부사'로부터 군인폭동에 대한 구체적 내용을 보고받은 일본 지배층은 6월 16일 긴급 내각회의를 소집해 조선에 대한 침략을 더욱 확대하려고 했다. 17일 내각회의에서는 무력에 의한 위협과 공갈로 조선으로부터 사죄와 배상을 받아내며, 부산과 원산의 거류민들을 보호한다는 구실을 내세워 군함을 파견키로 결정했다. (『근대일선관계연구』일어판, 상, 조선총독부 중추원, 1940년, 788~789p) 이 결정에 따라 6월 22일 외무성 서기관 곤도가 군함 2척에 150명의 군인과 함께 선발대로 조선에 파견됐다. 뒤이어 '하나부사' 공사가 군함 4척, 수송선 2척에 1,500여명의 군인을 태우고 시모노세키를 출발해 6월 29일 제물포에 도착했다. 이때 외무상 '이노우에'가 '하나부사'에게 준 지시는 △군인폭동으로 인한 피해와 출병 비용을 조선에 배상시킬 것, △부산, 원산, 인천에 있는 일본 거류민을 보호할 것, △양화진, 함흥, 안변을 무역시장으로 개방하도록 하며, 거제도 울릉도의 할양, 척화비의 철폐, 화폐주조권, 금광채굴권을 요구할 것, △청나라의 조정제의는 거부할 것 등이었다.

대원군을 호위하고 있는 당시의 조선군대

일본이 조선에 대한 침략에 광분하고 있을 때 청나라도 조선에 대한 내정간섭에 미쳐 날뛰었다. 6월 18일 일본주제 청나라 공사로부터 군인폭동과 일본의 대응 방침을 보고받은 청나라는 조선에서 일본을 견제하고 자기들의 세력권을 넓힐 목적으로 6월 24일 황제의 승인을 받고 조선에 대한 무력간섭을 결정했다. 당시 청나라의 조선에 대한 일관된 정책은 일본과의

정면 무력대결을 피하면서 타협적인 방식으로 자신들의 정치군사적 종주권을 유지한다는 입장이었다. 청나라는 일본의 무력간섭이 예상되는 사태를 방관할 수 없었다. 조선에서의 정치군사적 패권을 유지하되 가만히 있지 않을 일본을 다독거릴 필요가 있었다. 이에 따라 북양함대 제독 정여창이 선발대로 6월 27일 제물포로 들어왔다. 제물포에 도착한 정여창과 마건충은 조선에 와있던 일본 외무성 서기관 '곤도'를 만나 폭동 경과와 진압에 대한 문제를 토의한 후 그 과정을 보고하기 위해 일단 정여창이 자기 나라로 돌아갔다. 정여창으로부터 보고를 받은 청나라 정부는 대원군 정권을 전복하고 조선에서 세력권을 넓힐 목적으로 조선에 군대를 파견했다. 광동수사 제독 오장경의 지휘 밑에 3,000명의 청나라 군대가 7월 7일 남양만 마산포로 침입해왔다.

이보다 앞서 '하나부사'는 7월 2일 1개 중대 규모의 군인을 끌고 서울에 들어와 7월 7일 창덕궁으로 침입해 폭동주모자의 처벌, 피해보상 및 개항장과 통상의 확대, 병력주둔 등 8개항의 요구 조건을 내걸고 3일 기한 내에 답할 것을 강요했다. 일본침략자들의 강도적 요구에 대한 소문이 퍼지자 서울 안의 군인들과 민중들의 반일감정은 높아졌다. 이러한 여론을 바탕으로 정부 내에서도 강경 대응론이 우세하였다. 이에 고무받은 대원군은 일본의 요구조건을 거부하고 군대 동원 준비 명령을 내렸다. 그러면서도 민중의 힘에 의거해 문제를 풀려고 하지 않고 청나라에 기대 문제를 풀려는 어리석은 행동을 했다. 당시 청나라는 일본과 목표는 달랐지만, 반외세 역량을 탄압하고 대원군을 몰아내는 문제는 뜻이 같아 일본과 야합하고 있었다. 7월 3일 청나라 마건충은 일본 '다께소에'와 제물포에서 비밀회담을 열고, 일본의 이권을 침해하지 않는다면 청나라 군대와 맞서지 않겠다는 약속을 받아내고, 일본과 결탁해 군인폭동을 진압하려는 흉계를 꾸몄다. 7월 11일 인천에서 마건충과 '하나부사'는 비밀회동을 갖고 군인폭동 진압을 위한 구체적인 작전을 논의했다. 이 자리에서 일본공사 '하나부사'는 대원군을 제거하고 군인폭동을 탄압하자고 제안하였고, 마건충은 대원군 제거를 약속했다. 이러한 합의에 따라 7월 10일과 12일 이틀간에 걸쳐 방대한 규모의 청나라 군대가 서울로 들이닥쳤다. 서울로 들어온 청나라 군대는 7월 13일 외교적 인사차 청나라 군영을 방문한 대원군을 납치하고 그날로 남양을 거쳐 중국으로 끌고 가서 억류했다. 이는 조선의 자주권을 침해하는 횡포한 침략행위였으며, 내정간섭이었다. 대원군을 납치해 대원군 정권을 사실상 붕괴시킨 청나라군대는 왕궁을 점령하고 서울을 완전히 장악했다.

음모적 방법으로 대원군을 납치해 간 청나라는 민비일당의 우두머리인 이유원을 내세워 제물포에서 일본과의 굴욕적 교섭을 시작하도록 압력을 가하는 한편 폭동참가 군인들을 야수적으로 탄압하기 시작했다. 청나라군은 원세개, 오장경의 지휘 밑에 7월 15일~16일에 걸쳐 폭동군인들의 근거지인 왕십리와 이태원 일대에 대한 공격을 감행했다. 이 지역에 있던 군인들은 청나라 침략군에 맞서 용감히 싸웠다. 폭동군인들은 공격해오는 적들을 맞받아 용감하게 육박전을 치렀으며 싸움 끝에 부상당하거나 싸울 힘이 없어지면 적들에게 잡히는 것을 수치로 생각하고 자기 손으로 목숨을 끊었다.(『마건충동행삼록』, 85~86p) 청나라군은 체포한 150명 가운데서 10여 명을 사형에 처했으며, 8월 24일에는 김장손, 류춘만 등 폭동지휘자들을 처형했다.

대원군이 정권에서 제거되고 군인들의 항전이 진압되자 민비일당이 다시 청나라와 일본의 비호를 받아 정권을 잡았다. 8월 5일 민비일당은 일본침략자들의 강요에 굴복해 반외세투쟁의 상징이었던 척화비를 모조리 뽑아버리는 민족반역적 행동을 자행했다.

다케조에　　하나부사　　정여창　　마건충　　오장경

4. 군인폭동의 역사적 의의

임오군인 폭동은 민비 일당의 부패한 통치를 뒤집어엎을 것을 목표로 한 반봉건투쟁이었으며, 청·일 침략자들을 반대한 반외세 투쟁이었다. 임오군인 폭동은 청나라와 일본의 무력간섭과 민비일당의 매국배족적 행동, 투쟁주체의 정치사상적 미숙성 등 여러 요인으로 실패했으나, 그 역사적 의의는 결코 적지 않다.

무엇보다도 일본 침략세력에게 커다란 타격을 주었다. 일본 침략세력은 민비일당을 엎고 침략 책동을 거리낌 없이 감행했다. 하지만 임오군인폭동에 참가한 군인들은 하나부사 공사를 비롯해 일본침략자들을 처단하거나 쫓아내 버렸다. 이로서 일본군국주의 세력의 조선침략 정책에 큰 타격을 주었다. 또한 사대매국 세력이었던 민비일당에게 커다란 타격을 입혔다. 끝으로 이 투쟁을 통해 조선인민의 견결한 애국심과 투지를 시위했으며 민중들의 민족적 및 계급적 각성을 더욱 높여주었다.

임오군인 폭동의 실패는 심각한 교훈도 역시 남겼다. 교훈은 첫째 반민중적 지배세력에게는 그 어떤 사소한 환상도 가지지 말아야 한다는 것이다. 국왕에 대한 환상을 갖고 있었기 때문에 국왕이 배신해 청나라 세력들을 군인폭동 탄압에 끌어들이는 것을 막지 못했다. 둘째로 외래침략세력을 내쫓기 위해서는 무장을 놓지 말아야 한다는 점이다. 그런데 그들은 대원군이 집권하자 환상을 갖고 손에서 무기를 내려놓음으로서 청나라군의 무장공격에 효과적인 대응을 할 수 없었으며, 결국 실패로 끝날 수밖에 없었다.

제3장

근대 부르주아
개혁운동

김 이 경

남북역사문화교류협회 상임이사

1961년 서울 출생. 통일연대와 겨레하나에서 통일운동을
하다가 남북 역사에 대한 인식이 많이 다르다는 것을
알게 됐다. 그 뒤 우리 역사 바로 세우기와 대중적 보급에
매진하기 위하여 '남북역사문화교류협회'를 창립하여
상임이사로 활동하고 있다.
저서로는 『북맹 탈출』 『우리는 통일세대』 등이 있다.

제3장 근대 부르주아 개혁운동

1절. 개화사상과 개화파의 발생

1. 개화파의 지향과 특징

우리의 19세기말 조선에 대한 인상은 대원군의 쇄국정책으로 세계의 변화발전을 외면하여 봉건성을 극복할 수 없었고, 대원군에게서 정권을 빼앗은 민비와 고종은 개혁을 추진하기는커녕 외세에 휘둘리다가 시해당하고, 결국 일본의 식민지로 전락하는 모습이다. 개화파가 있었다는 것은 알지만, 막상 그들이 무엇을 어떻게 하려고 했는지는 명료하지 않다.

개화파의 지향은 유럽 근대기술의 도입으로 봉건체제를 유지, 보강하려 했던 청조의 자강운동인 《양무운동》과는 완전히 다르다.

양무운동의 슬로건이었던 《중체서용》의 내용을 보면 '중체(中體)는 중국의 몸통(中體)으로, 서양을 이용한다(西用)'를 의미하는 것으로 부국강병을 위해 중국의 전통체제를 유지한 채, 서양의 기술만을 받아들이자는 뜻이다.

개화파는 망해가는 조선을 구하기 위해서는 개화사상을 이념으로 내세우고 부르주아 개혁을 통해 봉건제 사회를 자본주의 사회로 바꾸려던 사람들이다. 특히 개화사상은 서구로부터 들어온 사상이 아니라 19세기 중엽 우리나라 봉건사회의 태내에서 발생하여 발전하고 자본주의적 관계와 외세로부터의 침략을 반영해 만들어진 조선식 부르주아 사상이다. 즉 개화사상은 17세기 후반부터 전통 유교에 반대하는 실학사상을 발전적으로 계승하고, 19세기 후반기 자본주의 열강의 침입이 극심화되는 상황에서, 자주권을 고수하여 민족적 위기를 타개하려던 애국적인 사상이다.

2. 개화사상의 발생과 개화파의 출현

조선의 개화사상은 언제부터 싹트기 시작했을까? 개화사상은 1850년대부터 중인 출신의 지식인과 진보적 양반 관리에 의해 싹트기 시작했다. 중인이란 조선 시대, 사무, 기술계통의 일을 담당했던 사람들로 봉건적 신분제도로서는 양반에 속할 수 없었지만, 학식과 재능을 갖추었던 사람들이다. 특히 개화파의 1세대에 속하는 중인들은 역관, 의관, 천문관의 벼슬을 하면서 국내외 여러 가지 변화의 흐름을 민감하게 포착할 수 있는 유리한 조건을 갖추었다. 게다가 이들은 직·간접적으로 상업 및 수공업 경영에 참여하고 있었으며 이런 이유로 당시 자본가와 대상인들의 처지와 요구를 자각하고 있었다.

중인출신 지식인 중 개화사상의 선각자들은 오경석과 유홍기였다. 오경석(1831년~1879년)은 최초의 개화사상가라 할 수 있다. 그는 통역관(중국어)으로 10여 차에 걸쳐 사신 일행을 따라 청나라에 다녀오는 과정에서 국제관계에 대해 밝은 지식을 갖게 되었으며, 자연스럽게 국가개혁의 필요성을 자각하였다. 특히 그가 민족적 위기를 느끼고 사상적으로 각성된 것은 1853~1854년경이었다. 당시 22세였던 그는 청나라에서 벌어진 '남경조약', '태평천국의 난'을 직접 목격하면서, 조선의 사회정치적 실태와 연관해 생각하게 되었다. 그는 조선이 당시 서구의 자본주의 제도에 비해 매우 뒤떨어져 있다는 것을 알게 되었으며 그런 조선의 낙후성으로는 앞으로 불어닥칠 내부 위기와 민족적 위기를 극복하기 어렵다는 것을 깨달았다. 그는 조선의 사상으로는 이러한 변화를 담아내기 어렵다고 생각하고 청나라에 다녀올 때마다 자본주의 문물제도와 부르주아 운동에 관한 각국의 책들을 구입하며 연구하기 시작했다. 이렇게 오경석은 개화사상의 선구자로 근대 역사에 등장하게 되었다.

유홍기는 역관의 집안에서 태어나 한의원 의사였으며 불교에도 정통했다. 그는 실학파의 사회 개혁적 정치사상과 실사구시적 학풍을 배우면서 봉건 통치를 바로잡아야 할 필요성을 느끼게 되었다. 낡은 봉건 통치를 바로 잡을 수 있는 방도를 찾으려 내외의 새롭고 진보적인 지식과 견해들을 두루 섭렵해 나가면서, 오경석이 외국에 다녀올 때 갖고 들어온 신간도서를 탐독하게 되었다. 특히 청나라 말기 위원이 쓴 『해국도지』, 『영환지략』의 영향을 받아 봉건 군주정치를 비판하고 새로운 부르주아적 자유 민권 사상에 기초한 선진적인 정치제도의 수립과 상공업 발전을 통해 나라의 부강으로 도모해야 한다는 견해를 갖게 되었다.

오경석과 유홍기는 봉건사회로부터 자본주의 사회로의 전환기에 처해 있는 세계정세를 알게 될수록, 조선 봉건제도의 모순과 민족적 위기의 심각성을 절감하게 되었다. 오경석의 아들 오세창은 "아버지 오경석이 …신사상을 품고 귀국하였을 때 평시에 가장 친교가 있는 친구 중에 유홍기라는 동지가 있었다. …오경석은 중국에서 가져온 각종 신서를 동인에게 주어 연구를 권고했다. 그 후

두 사람은 사상적으로 동지로 결합되어 서로 만나면 우리나라의 형세가 실로 풍전등화처럼 위태롭다고 크게 탄식하고 언젠가는 일대 혁신을 일으키지 않으면 안 된다고 상의하였다"라고 썼다.

(『김옥균전』상(일어판), 게이오출판사, 1944년, 48~49P)

    선진 관료 속에서도 개화사상이 싹트기 시작했는데 대표적 인물이 박규수(1807~1876)였다. 그는 연암 박지원의 손자로, 할아버지 실학사상의 영향을 받아, 벼슬길에 오르면서 현실을 비판적으로 대할 수 있었다. 그는 1860년 영프 연합군이 베이징을 점령하고 청나라 조정이 열하로 피신하자, 1861년 위문 사신단의 일원으로 청나라에 다녀올 기회가 있었는데, 그때 서구열강의 침략으로 아시아 국가에 닥쳐오는 위험을 직접 체험하게 된다. 또 1866년 2월 평안도 관찰사로 있는 동안 미국침략선 제너럴 셔면호의 침입과 만행을 직접 목격하며 평양 인민들과 힘을 합쳐 이들을 물리친다. 그 후 1872년 청나라 사절단으로 베이징에 가서 외교활동을 벌이는 과정에서 자본주의 열강 사이의 국제관계를 직접 체험한 후 자본주의 나라와의 대외관계를 주동적으로 수립해야겠다는 의지가 강해졌다. 그의 견해는 개화사상으로까지 성숙된 것으로 볼 수 없지만, 오경석, 유홍기와 함께 개화사상을 전개하고, 개화사상에 실학적 요소를 결합시켜 개화파를 형성하는데 많은 공헌을 했다.

1850년대부터 개화의 첫 선각자들과 함께 싹튼 개화사상은 19세기 70년대~80년대에 이르면 본격적인 개화파로 발전하게 된다. 중인이라는 계층적 처지로서는 활동에 한계가 많다고 느끼던 유홍기는 서울 북촌의 문벌 양반 청년 중에서 동지를 찾아다닌다. 그때 눈에 띈 사람이 김옥균(1851년생)이었는데, 김옥균은 서울 북촌의 양반 가문 청년으로, 1870년 당시 홍문관 제학으로 제너럴셔먼호 사건 등을 진압하여 흥선대원군의 총애를 받던 박규수의 사랑방에 드나들고 있었다. 김옥균은 학문연구와 사회현실을 체험하는 과정에서 나라에 닥쳐올 위기를 타개하며 부패한 정치를 바로잡아야겠다는 생각을 지니고 있었다. 유홍기는 박규수의 사랑방에서 김옥균을 만나고 뛰어난 정치적 식견을 가진 인물임을 간파했다. 이 청년이야말로 큰일을 도모할 수 있는 동지라고 생각하여, 모든 희망과 기대를 걸었다. 유홍기는 오경석에게서 얻었던 지리, 역사의 번역본과 새 책을 김옥균에게 주었다. 또 세계의 대세를 설파하고, 조선 개혁의 시급성으로 역설하였다. 유홍기와의 만남을 통해 김옥균은 새로운 사상인 개화사상을 확립해 나갔다. 김옥균은 당시 불교 수도승으로 부산 왜인촌을 자주 드나들던 이동인도 만났고, 오경석도 만났다. 김옥균이 개화사상을 체계화하는 데서 중요한 사상적 영향을 준 또 다른 사람은 박규수였다. 김옥균은 그와 접촉을 통해 세계정세의 흐름과 자본주의 제도에 대한 새로운 지식을 받아들이면서 자기의 안목을 넓혀나갔다. 김옥균은 유홍기, 박규수 등의 영향과 자본주의 문물제도에 관한 책들을 통하여 당시의 봉건국가가 나아가야 할 자본주의 길을 찾을 수 있게 되었으며 개화사상의 대표자로 등장하였다.

김옥균을 중심으로 한 개화파의 결집

1870년대 초 우리나라에서도 개화사상가들이 하나의 정치세력으로 결집되기 시작했으며, 그 중심에는 김옥균이 있었다. 그는 개화를 지향하는 새로운 세력을 결집하기 위해 주도면밀하게 움직였다. 김옥균의 정신적 스승들이었던 유홍기, 박규수는 그의 활동을 적극적으로 뒷받침했다. 특히 오경석, 유홍기는 중인으로서 신분적 제약이 컸으므로, 더욱 더 김옥균에게 기대를 걸고 그의 모든 활동을 뒤에서 지원했다. 중인 출신으로 북한산 밑에 있던 봉원사 중이된 이동인도 유홍기의 주선으로 김옥균의 적극적 후원자가 되었다. 그 외에 홍영식, 박영효, 박영교, 서광범, 유길준, 김홍집, 어윤중, 김윤식 등도 박규수, 유홍기의 소개로 김옥균과 관계를 맺고 활동했다.

김옥균은 정계 진출 이후 독자적으로 사상을 선전하고 동지들을 규합했다. 그는 문벌과 가문 대신 사상과 재능 위주로 인물을 평가하고 교제했다. 그러다보니 개화파 성원들 중에는 중, 궁년, 내시, 군인, 상인들과 천민들도 많았다. 승려 차홍식, 상인 남홍철을 비롯 김태수, 변수 같은 궁중의 인물들은 김옥균과 뜻을 함께한 사람들이었다. 그뿐 아니라 군인들도 개화파로 인입하는데 각별한 노력을 기울여 신복모, 신중모, 백락운, 윤영관, 이온돌, 이은종, 김봉균, 윤경순, 윤경완 등 일본사관학교 유학생 출신과 전후영 군인들도 함께 하였다.

대 상인자본가와 보부상 출신도 개화파와 결합 된 사람들이 적지 않았다. 종로에서 은방을 경영하던 박상인은 정변 수행에 긴급히 소요되는 재정을 조달하였다. 보부상 이창규는 정변에 100여 명의 보부상을 조직한 활동가였다. 이외에도 개화파 세력권에는 가노들, 상인, 군인, 양반, 천민 등 각계각층의 정치적 협력자들이 있어서 적극적인 지지를 받았다.

이와같이 개화파 성원들이 늘어남에 따라 김옥균의 사상적 영향 밑에 결합되어 한 정치세력으로 형성되었다. 이 정치세력을 우리나라 근대 역사에서 개화파라고 하였고 이들과 정치적으로 대립한 반동적인 봉건지배 세력을 수구파라 불렀다.

비밀결사조직 충의계

개화파는 나중에 비밀결사 형식의 《충의계》라는 조직을 가지고 있었다. 이 충의계는 부르주아개혁을 위한 개화 운동가들의 정치적 비밀결사로서, 개화파의 핵심조직이었으며 근대적인 정치조직의 첫 맹아였다. 개화파가 자기의 조직 명칭을 《충의계》하고 '계'의 형식을 취한 것은 다음과 같은 이유 때문이었다. 첫째 개화파 성원들이 봉건 국왕의 존재를 인정하면서 국가변혁을 실현하려는 입헌군주제의 주장자들이었기 때문이었고, 둘째로는 낡은 봉건체제를 완강하게 고집하는 민비일당를 반대하는 투쟁을 해야 하는 조건에서 이러한 명칭이 유리하다고 판단했기 때문이었으며, 셋째로 충의계에 망라된 모든 성원들이 처음부터 부르죠아 사상으로 준비된 사람들이 아니었기 때문이었다.

이렇듯 김옥균을 비롯한 개화파 지도자들은 핵심들을 《충의계》에 묶어 세워 개혁을 준비해나갔다. 개화파가 형성되고 《충의계》와 같은 부르주아적 정치조직이 자리매김함으로써 낡은 봉건제도를 청산하고 근대적인 국가제도를 세우는 데 힘을 모을 수 있었다. 또 외래침략으로부터 자주권을 수호하기 위한 투쟁을 적극적으로 밀고 나갈 수 있게 되었다.

3. 지도자 김옥균

김옥균의 성장

김옥균은 1851년 1월 23일 충남 공주지방의 양반 가정에서 맏아들로 출생했다. 그는 어릴 때부터 학문을 좋아하고 재능이 뛰어났다. 김옥균이 세 살 때 그의 아버지는 생활난으로 집을 천안으로 옮긴 후, 한적한 농촌에서 서당 훈장을 했다. 다섯 살 때 그는 김병기(오촌당숙)의 양자가 되어 서울에서 살다가, 11살 때 양아버지 김병기가 강릉 부사로 임명되자 강릉에서 16살까지 지낸다. 1866년 미국침략선 《제너럴 셔면호》 침입과, 프랑스 함대의 침입 사건은 그의 성장에 큰 영향을 주었다. 구미 자본주의 열강의 침입과 그를 반대하는 전 민족적 투쟁이 격렬히 전개되는 상황을 보며, 김옥균은 조국에 도래한 민족적 위기를 자각하게 되었고, 봉건 지배층의 학정으로 암담해지는 조국의 현실에 눈을 뜨게 되었다. 김옥균은 청년기에 선진사상을 모색하면서 개화파의 지도자로서의 사상과 품격, 풍모를 갖춰갔다. 김옥균이 16살에 서울 북촌으로 들어왔을 때, 벌써 높은 학식과 인성으로 사람들을 경탄케 했으며, 주위에 뜻있는 청년들이 많이 모여들었다. 김옥균은 개화의 선각자들과의 상봉과 교제를 통해 실학사상을 더 깊이 알게 되었으며, 당시의 세계정세와 조선이 나아갈 길도 탐구하게 되었다. 이러한 노력을 통해 개화운동의 정치적 지도자의 자질을 갖추어 갔다.

그가 주장한 실사구시는 그의 철학적 세계관의 출발점이며 기초로 된다. 그는 "구구한 어리석은 의견 등은 모두 실사구시(實事求是)하는 것만 같지 못하다."라고 하면서 당시 봉건 지배세력의 사상이던 유교 관념론의 공리공담과 허례허식에 대해 강하게 비판했다. 김옥균은 한편으로는 자본주의로 발전하는 세계정세를 연구하고 박규수, 유홍기와의 접촉을 통해 실학사상의 탐구와 함께 개화사상을 더욱 발전시키면서 나라의 근대화를 실현하기 위해 정치무대에 진출했다. 22살이 되던 1872년 2월 문과에 급제하였고, 1874년 2월 홍문관 교리에 임명됐다. 1882년 9월에는 승정원 우부승지로 임명되면서 쟁쟁한 나라의 청년정치가로 등장하였다. 학식과 식견, 자질이 널리 알려져, 당시 집권자였던 대원군을 비롯한 정계와 민간에서 그를 주목하기에 이르렀다. 그는 이후 개화파의 지도자로서 개화운동에 전력했다. 그는 정세를 면밀히 주시하면서 나라의 근대화를 위한 사업은 수구파 정권을 전복하고 개화파가 정권을 장악하는 조건에서만 성공할 수 있다고 확신했다. 이를 위해 그는 ▲국왕의 전취, ▲군대의 양성, ▲계몽운동을 통한 군중적 지반의 확대를 추구했다. 그는 1883년 1월 참의 통상교섭사무, 1883년 3월 동남제도 개척사 겸 포경사, 1883년 4월 이조참의, 1883년 10월 호조 참판의 직책에 있으면서 개화파 성원들을 이끌고 개혁운동을 추진해 나갔다.

김옥균의 개화사상의 기본특징과 실현방안

김옥균의 사상과 활동은 19세기 후반기 우리나라 사회발전의 합법칙성을 반영하고 선진적 사회세력의 이익을 대표하며, 민족적 이익을 수호하려고 했다. 김옥균의 저서는 대부분 갑신정변의 실패로 사라져, 이후 망명 과정에서 집필한 『갑신일록』을 통해 알 수 있으며 이외에도 『치도략론』, 『회사설』, 『리재원에게 보낸 편지』, 『리홍장에게 보낸 편지』 등이 전해져 그의 사상을 알 수 있다.

김옥균은 사상은 한마디로 '우리나라의 독립을 지키고, 구습을 변혁코저 하는 것'을 기본특징으로 한다. 말이 너무 쉬워 평이하게 들릴지 몰라서, 사회과학적 용어를 사용하여 풀이하자면 '외래 침략자들의 침략으로부터 민족적 독립을 굳건히 고수해야 한다는 애국 사상인 동시에 봉건제도를 변혁해야 한다는 반봉건 사상이 개화사상의 기본'이라는 뜻이다. 구습을 변혁한다는 의미는 나라의 정치를 변혁하고 근대화된 국가권력을 골간으로 해 사회경제 분야에서의 봉건적 낙후성을 극복하며 자본주의적 발전을 촉진해야 한다는 것이다. 김옥균은 세계가 상업을 기본으로 해 서로 산업을 발전시키려고 경쟁하고 있는데 조선에서 양반을 제거하고 폐단의 근원을 없애지 않는다면 나라가 망할 뿐이라고 하면서 봉건제도 자체를 없애야 한다고 주장했다. 즉 자본주의 강국들의 침략을 막고 나라의 자주독립을 고수하기 위해서는 봉건제도를 폐지하고 자본주의적 정치제도로 바꾸어야 한다는 내용이다.

개화사상의 정책 방향은 한마디로 정치·군사·경제·문화 등

정치사회 생활의 모든 분야에서 봉건제도를 청산하고 자본주의제도를 세우자는 것이었다. 김옥균은 근대화 방도로써 정치개혁을 통해 백성들을 계몽시키고, 문명개화를 이룩하며, 상업을 일으켜 재정을 정리할 것을 주장했다. 또 군대를 양성할 것과 무지·무능하고 보수 완고한 대신들을 내쫓고 문벌을 폐지하며 인재를 선발해 중앙집권의 기초를 다져 백성의 신임을 얻을 것을 주장했으며, 학교를 널리 세워 사람들의 지식을 깨우칠 것을 제기했다. 이러한 것들을 실현하기 위해 농업, 공업, 상업의 발전이 모두 중요하다는 것을 강조했으며 모든 것을 근대적 기술과 경영방식에 기초해 발전시키자고 제안했다. 농업, 공업, 상업을 발전한 자본주의 국가의 수준으로 올려세우는 것이 결코 쉬운 일이 아니므로 국가가 민족산업 건설을 촉진하는 역할을 담당해야 한다고 보았다. 국가가 자본을 확보하기 위해서는 화폐제도, 조세제도, 신분제도를 근대적으로 개혁해야 한다고 주장했다. 문화 분야에서는 근대적 교육제도를 세우는 것을 가장 중요한 문제로 보고, 그를 위해서 교육체계와 교육내용을 근대화할 것을 주장하였다. 그 외에도 근대 과학성과의 도입, 대중계몽과 새 지식을 보급하기 위한 각종 수단의 창설을 제기하였다. 또 봉건적 사회풍습의 개량 등을 문화 분야의 중요 과업으로 제기하였다. 여성에 대한 사회적 대우의 개선, 사회 편의시설과 사회구제시설의 설치는 물론 종교, 신앙의 자유 등 사회문제의 해결을 제기하였다. 또 한문에 대한 양반 계급의 맹목적인 숭상을 배격하였다. 말과 글을 일치시킬 것은 물론 오랜 기간에 걸쳐 민족어와 민족문화의 발전을 가로막았던 한문과 한자의 폐단을 제거하려고 하였다. 국방 분야에서는 징병제에 기초한 국방력이 전면적 강화, 군대의 교육 무장 장비의 근대화를 주장하였다.

김옥균의 부르주아 민권 사상의 의미

김옥균의 이러한 사회정치적 견해의 바탕에는 부르주아 민권 사상이 놓여있었다. 이는 봉건적 억압을 반대하고 자유와 평등을 실현하려는 사상이었다. 김옥균은 당시 근대화를 위해 우선시 되는 문제 중 하나는 양반의 신분적 특권을 없애는 것이라고 보았다. 그는 양반의 신분적 특권을 없애고 뿌리를 뽑지 않으면 나중에는 나라가 망하며, 국가와 법도 인간의 자유와 평등을 보장할 수 있는 새로운 것으로 바꾸어야 한다고 주장하였다. 개화사상가들이 주장한 자유와 평등이란 계급적 본질에 있어서 부르주아적 자유와 평등이었으며, 정치적 개념으로서의 부르주아 민족주의 사상이었다. 그러한 입장과 관점은 본질적 약점도 있었는데, 그것은 봉건제도를 대신하는 새로운 사회경제제도의 수립을 지향하면서도 낡은 제도의 철저한 청산을 원하지 않았으며, 특히 농업에서의 봉건적 토지 소유 관계의 청산을 전혀 제기하지 않았을 뿐 아니라 오히려 그

것을 바탕으로 근대적 상업을 건설하여야 한다고 한데서 나타났다. 부르주아개혁에서 근본문제의 하나인 토지와 농민 문제의 해결을 제기하지 못한 것은 우리나라 자본주의적 관계 발전의 미숙성을 반영한 것이기도 하도 양반 출신인 개화사상가들의 계급적 제한성의 반영이기도 했다. 이러한 약점에도 불구하고 개화사상은 근대적 자본주의 제도를 세우며, 외래 자본주의의 침략으로부터 민족의 자주권을 지키려는 애국적이며 진보적인 사상이었다.

2절. 개화파의 부르주아 개혁운동

개화파는 처음부터 정변 방식의 급진적 혁명을 추구한 것은 아니었다. 그들은 나라의 자주권을 고수하고 사회적 진보를 이룩하기 위해 개혁 운동을 전개했다. 점진적인 개혁 운동은 한 걸음 한 걸음이 개화파에서 있어서 시련과 난관을 헤쳐나가야 하는 초행길이었다. 개화파는 개화사상을 전파하는 활동과 국왕을 전취하는 활동을 적극적으로 벌였다. 또 국가통치제도의 근대적 개혁과 불평등한 대외관계를 바꾸기 위한 투쟁을 벌여 나갔다.

1. 개화사상의 전파

그들은 봉건사회와 대비하여 자본주의 사회의 진보성을 연구하고, 저술 활동을 통해 개화사상을 보급하는 사업을 진행했다. 김옥균은 홍문관 부교리로 있을 때 『기화근사』라는 글을 썼으며, 개화파 성원이었던 박영교는 『지구도경』을 집필해 근대적 문물을 보급하는 데 공헌했다. 1882년 지석영은 개화파 저술 활동을 통한 선진사상과 문화의 보급 활동을 긍정적으로 보고, 그것을 일반화할 것을 상소했다. 지석영의 상소를 통해서 우리는 당시 김옥균의 서적을 비롯해 개화파들의 저작들이 널리 퍼져 애독되고 있었다는 것을 알 수 있다. 김옥균은 이때 『기화근사』, 『치도략론』, 『회사설』 등 여러 편의 글을 저술했다. 이 글들은 정변으로 인해 대부분 유실되었다. 『기화근사』 역시 원문이 전해지지 않고 있다. 하지만 한성순보 15호에 발표한 『론기화형세』라는 글을 통해 그 일단을 파악할 수 있는데, 조선을 이탈리아에, 일본을 영국에 비유하면서 유럽의 영국, 러시아, 독일, 프랑스 상호관계를 경쟁적으로 패권을 다투는 관계로 묘사하였고, 그러한 관계 속에서도 매개 나라들이 민족적 독립 국가의 지위를 유지하면서 나라의 부국강병을 위한 사업에서 성과를 거두고 있는 데 대해 썼다. 이것은 메이지 유신 이후 일본이 조선에 대한 침략 야욕을 갖고 있음을 간파하고, 그를 막으려면 조선에서도 부르주아개혁을 단행하고 부국강병을 이루어야 한다는 전략을 밝힌 것이다. 김옥균은 한성순보에 『회사설』과 『치도략론』을 발표했는데, "지금 서양 각국에서는 회사를 설립해 상업을 장려하지 않는 나라가 없으니, 이것은 나라의 부강을 이룩하는 기초로 되는 것"이라고 하였으며 교통 운수 발전을 주장했다. 개화파의 저서는 근대 사회의 우월성과 발전적 측면을 소개함으로써 근대적 풍조를 불러일으키는데 크게 기여했다.

갑신일록(갑신정변 저누38일간의 기록)

치도약론

개화파는 일본과 청나라 등 외국 시찰, 방문한 결과를 집필하고 보급하는 방법으로도 개화의 필요성에 대한 공감대를 확산하였다. 1876년 4월 수신사로 일본에 간 김기수는 일본의 원로원 의사당, 근위보병영, 소방대 등 여러 기관을 시찰하고, '귀국 보고 견문서'를 집필하였다. 개화파는 이를 분석하고, 일본의 실상을 보다 구체적으로 파악하기 위해 1879년 이동인을 비밀리에 일본에 보내 1년간 체류하면서 현지 실정을 보다 구체적으로 조사하도록 하였다. 김홍집은 1880년 6월 수신사로 일본에 파견되어 일본의 정세와 내부실정을 살피고 자료를 수집하였는데 이 역시 개화파들이 해외정세를 연구하는 데에 도움을 주었다. 어윤중도 1881년에 일본과 청나라를 시찰하고 귀국하였다. 그 후 어윤중은 개화파들의 견해를 지지하였으며 개혁에 공감을 표하고 유홍기에게 '중동기'의 초고를 제공하였다. 이처럼 시찰 보고서들은 개화파 해외정세의 연구를 심화시키는데 중요한 자료가 되었다.

개화파는 자체의 저술뿐 아니라 여러 나라의 근대 서적을 구입, 보급하는 활동을 통해 개화사상과 선진 문명 도입에 이용했다. 당시『만국공법』,『중서견문』,『역언』,『지구영환』,『신보』,『공사』,『공업륙학』,『홍아회잡사』,『시속금일초』,『격물입문』,『보법전기』 등 외국 서적들이 근대문명을 이해하는 데에 적지 않게 기여하였고, 개화사상 보급에 일정한 역할을 했다. 개화파는 근대적 서적을 보급하는 것이 국가정치를 바로잡는 중요한 조건으로 된다는 것을 정부가 인식할 수 있도록 각방으로 노력했다. 개화파들의 적극적 활동으로 1870년대 말 1880년대 초에 들어서면서 개화사상은 하나의 시대적 풍조로 되었으며, 사회의 여러 계층이 개화사상에 공감하고 따랐다.

2. 개화파의 국왕 전취를 위한 노력

개화파는 국왕을 전취하는 데 큰 힘을 넣었다. 봉건제를 극복하여 자본주의 제도로 나아가려고 하는 개화파가 국왕 전취 사업에 힘을 기울였던 이유는 무엇이며, 자본주의를 추구하면서 과연 봉건 국왕을 전취할 수 있다고 보았을까? 국왕 전취가 가능하다고 보았던 이유는 개화파가 추구하는 새로운 제도가 《입헌군주제》였기 때문이다. 즉 전지전능한 봉건국가의 왕이 아니라 법으로 규제받는 입헌군주제를 추구한다면 왕을 적으로 돌리지 않을 수 있다.

그런데 개화파가 국왕 전취에 적극적이었던 더 중요한 이유가 있다. 그것은 국왕이 개화파의 활동에 적극적으로 찬성한다는 것은 봉건적 전횡과 성리학적 교리가 지배했던 봉건 통치의 사상적 기초와 질서를 어기는 사소한 표현도 역적으로 몰리는 환경에서 개화파의 활동에 매우 큰 힘이 될 수 있다는 점이다. 특히 수구파가 왕권을 등에 업고 전횡과 사대 굴종 정책을 일삼고 있는 조건에서 만일 국왕을 쟁취할 수 있다면 수구파를 제압하고 개혁사업을 순조롭게 펼칠 수 있을 것으로 타산했다. 게다가 외세의 침략책동이 격화되는 조건에서 국왕을 개명시키고 사회정치개혁의 진보성을 깨닫게 함으로써 외세의 침략정책에 일가견을 갖고 맞설 수 있게 할 필요성이 있다고 봤기 때문이었다.

　김기수, 김홍집, 어윤중, 김윤식을 비롯한 진보적 관리들은 청나라와 일본을 시찰하고 세계 문명의 진보성을 국왕에게 인식시키기 위해 적극적으로 노력했다. 김기수는 1876년 4월부터 6월까지의 일본 방문 결과 보고서(『일본견문서』)에서 일본의 근대화에서 거둔 성과와 약점을 객관적으로 밝혔다. 김기수의 보고를 듣던 국왕은 시기가 늦었다 하더라도 『일본견문서』를 관리들에게 학습시키도록 하는 것이 좋겠다고 했다. 김홍집 역시 1880년 8월 국왕에게 근대 사회 건설의 필요성을 역설했다. 국왕은 김홍집에게 일본의 근대화에 대해 여러 가지 질문을 했다. 김홍집은 질문에 하나하나 대답하면서 자강에 대해 "나라를 부강하게 만드는 것만이 자강하는 것이 아니라, 우리의 정치를 잘하고 도덕적 영향을 강화해 백성과 나라를 보위함으로써 외국과의 관계에서 불화가 생기지 않도록 하는 것이 실로 자강하는 첫째가는 임무입니다."라고 답했다. 국왕은 김홍집과 담화 끝에 "우리도 곧 부강해질 방법을 강구할 뿐이다"라고 공감을 표시했다. 어윤중도 1872년 국왕과 자주 접촉할 수 있는 시독관이 된 것을 계기로 국왕에게 영향을 주기 위해 노력했다. 김윤식도 국왕에게 근대화의 필요성을 인식시키기 위해 노력했다. 이처럼 개화사상가들은 기회가 있을 때마다 국왕에게 개화운동에 대한 정당성을 인식시키기 위한 사업을 진행함으로써 그를 점차 개화의 편으로 기울게 했다. 이것은 당시 개화파의 개혁 운동 발전에 유리한 조건의 하나였다.

3. 대외관계를 조정하기 위한 개화파의 노력

일본과의 담판에서 민족적 이익을 지키기 위한 투쟁

개화파는 강화도조약의 강압 체결 과정과 그 이후 일본과 자본주의 열강의 침략이 급격하게 강화되는 조건에서 그것을 저지하고 나라의 독립을 고수하기 위한 대외활동을 적극적으로 벌였다. 개화사상가로 정부 내에서 활동하던 박규수와 조일담판의 문정관으로 임명된 오경석은 담판에서 민족적 입장을 지키고, 유리한 국면을 만들기 위해 적극적으로 활동했다. 1876년 1월 20일 (강화도 조약 한달 전) 대일정책에 대한 정부의 입장을 토의할 때 박규수는 "일본이 좋은 관계를 맺자면서 병선을 끌고 오니 그 속심을 헤아리기 어렵다. 그러나 생각건대 삼천리 강토가 만일 내수외야 (안으로는 덕을 닦고 밖으로는 외적의 침입을 막는 것)의 방도를 세워 부국강병의 효과를 거둔다면 어떻게 함부로 서울 부근에 와서 엿보면 마음대로 위협 공갈할 수 있겠는가? 참으로 분하고 한스러움을 금치 못하겠다."라고 하면서 자신의 반침략 의지를 표명했다. 박규수의 이 발언은 조일 담판에 나선 조선 대표들이 민족적 이익을 고수하게 하는 데서 적지 않은 자극으로 되었다. 담판에서 일본이 '규제받지 않는 경제적 약탈과 정치적 간섭이 예상되는 침략적 조항'을 조약 원문으로 제시하자 신헌은 〈금칙 6개조〉를 내놓고 맞섰다. 〈금칙 6개조〉란 〈일본인의 상평전사용 금지, 낟알의 무역 금지〉 등, 외래 자본주의의 경제적 침투로부터 국내시장을 보호하고 민족적 자주권을 고수할 것을 염원한 개화파의 『내수외양』 영향으로 작성된 조항이었다. 신헌이 담판 장에서 그나마 다소라도 자주적인 자세를 취할 수 있었던 것은 그의 의지도 있었지만, 박규수와 오경석의 적극적인 방조의 결과였다. 〈금칙 6개조〉는 관철되지 못했다. 조선은 이미 일본과 조약을 맺을 수밖에 없다는 입장이었기 때문에 일본이 강압적인 자세로 일관해도 신헌이 담판 자체를 파기하기는 어려웠다. 일본은 〈금칙 6개조〉에 대해서 구두로 합의하면 되지 않느냐며 얼렁뚱땅 넘겨버리고 자신들이 내놓은 원문으로 불평등 〈강화도 조약〉을 맺고 말았다.

강화도 회담 장면   회담의 양쪽 대표   조일수호조규 원문

강화도 조약 이후 관세자주권을 회복하기 위한 활동

일본은 강화도 조약 강압 체결 이후 잠정적 통상협정을 이용해 조선에 무관세로 상품을 들이밀고 있었다. 이러한 사태를 시급해 해결해야 했으며, 이를 위해서는 통상협정을 하루빨리 개정해야 했다. 개화파는 조일 통상에서 무관세 제도를 종식시키고 관세자주권을 회복하는 것이 나라의 경제와 정치적 자주권 고수에서 절박하다고 보고, 이를 위해 활동했다. 그들은 각국에서 실시하는 관세 제도 자료를 연구 수집하는 한편, 자기들과 밀접한 관계를 맺고 있던 김홍집을 비롯한 혁신 관료를 통해 관세 갱신을 시도했다.

1880년 7월 김홍집은 2차 수신사로 일본에 가서 수출입품 관세 협정을 시급히 체결하자는 안건을 제기했다. 그는 수출입품에 대한 수년간의 면세 조치는 일시적인 편의를 도모한 것이므로, 통상협정을 맺기 위한 교섭을 시작하자고 정식으로 제기하여 1881년 2월 조선대표 김홍집과 일본 대표 하나부사 사이에 협의가 진행되었다. 이 협의는 우여곡절을 겪었으며, 애초에 조선이 제기한 35개 조항의 통상협정 초안을 일본이 완강하게 거부하고, 협상을 파탄시켜 버렸다. 그러나 일본이 조선과의 관계에서 평등을 표방하고 나선 이상 관세 협정 개정을 무한정 거부하기는 어려워, 결국

1883년 6월 22일에 체결된 「조일통상장정속약」에서 무관세 제도를 일부 수정하지 않을 수 없었다. 42개조로 된 해관 세칙에서는 약재 및 식료, 일용잡화, 가구류 등의 관세율은 5%, 유럽술, 시계, 장식품, 보석류는 25~30%, 일반 상품은 8~10%로 규정되었다. 이리하여 조일 무역에서 일본에게 적용되었던 무관세 제도가 일정하게 개정되었다.

개항 조기 실현 반대를 위한 활동

개화파는 나라의 반식민지화를 막기 위해, 강화도 조약에서 강요된 개항의 조기 실현을 막기 위한 투쟁을 벌였다. 1876년 부산항, 1880년 원산항을 개항시키는데, 성공한 일본군국주의자들은 인천항을 개항시키려고 집요하게 매달렸다. 개화파의 입장은 인천항 개항은 한성에서 가까운 군사적 요충지였으므로 준비되지 않은 인천항 개항을 반대하는 분위기였다. 그러나 일본은 조선 침략의 가장 큰 거점인 인천항 개항을 목표로 집요하게 활동하였다. 당시 이유원 이최응 등 정권 실세들은 청나라 이홍장과 결탁하여, 외세를 끌어들이는 것에 정치적 명운을 걸고 있었으므로 인천항도 개항하고 나아가, 구미 열강에게도 문을 열어야 한다고 주장하였다. 나라의 예속화를 막기 위해서는 뭔가 행동이 필요했다. 개화파는

선 자체의 역량 구축, 후 개항 통상이라는 원칙을 세우고, 자체의 역량이 갖춰지지 않은 당시의 조건에서는 개항 반대 활동을 개시했다.

개화파는 인천항의 개항 문제에 관해 ▲인천항 조기 개항 반대, ▲기선구입을 통해 삼남의 쌀의 서울 반입 대책 수립, ▲국방 보강, ▲ 개화파 일본 파견 시찰, ▲재정을 위한 회사설립이라는 계획을 세웠다. 이 계획은 일본 침략세력의 침투를 지연시켜 시간을 벌어 나라의 근대화를 추진시키자는 것이었으며, 다른 나라 부르주아개혁 경험을 배워 우리나라 근대적 개혁 방향을 명확히 확정하자는 것이었으며, 민족적 자주권을 고수하고 개혁사업을 추진시키는 데 필요한 인적 물적 준비를 갖추자는 것이었다.

개화파는 우선 인천의 개항을 저지하기로 했다. 일본 측은 인천항 개항을 전략적 중심목표로 삼고 집요하게 획책했다. 당시 조선 측 대표는 김홍집이었다. 김홍집은 개화파의 구상을 실현하기 위해 인천항의 개항을 늦추려고 안간힘을 썼다. 1880년 12월 김홍집은 인천항의 개항 날짜는 5년 연장하자는 것과 함께 부산과 원산에서 곡식의 해외유출을 방지하는 방곡령을 인정할 것을 강경하게 요구했다. 이런 강경 자세로 인해 일본은 인천항 개항의 조기 실현에 실패하였다.

개화파는 청나라가 강요하여 중개하던 조.미관계 수립에 대한 문제에서도 자주적 입장을 반영하기 위해 노력했으며 조.청관계도 새롭게 갱신하려 하였다. 조청관계를 갱신하는 것은 청나라의 간섭행위를 막고 나라의 자주권을 공고히 하는 데 절실한 문제였다. 개화파의 활동은 조미조약 체결 전야에 활발하게 펼쳐졌다. 당시 미국은 청나라 이홍장을 내세워 조선과의 조약체결을 추진했다. 청나라 이홍장은 일본을 견제하기 위해서는 조선에 미국을 끌어드려야 한다고 생각하고, 조미조약 체결을 알선하기 위해 주일 청나라공사관 관원인 황준헌에게 조선과의 교섭을 지시했다. 황준헌은 1880년 일본에 수신사로 간 김홍집에게 『조선책략』이라는 소책자를 주어, 조선 정부에 제출하게 했다. 조선책략은 '친청, 결일본, 연미국'으로 자강을 도모해야 한다는 내용으로 사실상 청나라의 입장을 담고 있는 책이었다. 이홍장의 '친청, 결일본, 연미국'설의 촛점은 러시아의 남하정책을 구실로 미국을 조선에 끌어들임으로써 조선 침략에서 가장 위험한 경쟁세력인 일본을 견제하자는 데 주된 목적이 있었다. 개화파는 구미 자본주의 나라들과의 통상관계를 설정할 필요가 있다고 보고 투항주의적 입장에서가 아니라 평등한 입장에서 외교관계를 맺으려 했다.

청나라를 통해 제기된 조미통상조약을 논의하기 위해 1881년 영선사로 청나라에 간 김윤식은 이홍장과의 담판에서 미국이 준수해야 할 몇 가지 문제를 제기했는데, 여기에서 불립교당(교당을 세우지 않는다는 뜻) 조항을 특별히 강조했다. 또 조미조약의 초안 작성자의 한 사람인 개화파 이동인은 청나라가 강요한 속방 표현을 전혀 쓰지 않았으며, 일단 미국과의 외교관계를 맺고 실제적인 미국 공사의 파견과 통상장정의 설정은 5년 후에 다시 협의하자고 제기했다. 어윤중은 1881년 10월 천진에서 이홍장을 만나 조청관계를 근대 국제법적 규범에 기초하는 외교통상 관계로 재조절해 이미 그 의의를 잃은 회령시장을 없애며, 년공사, 하사사, 진주사 등의 사절파견을 모두 철폐하자고 제기했다. 그러한 이러한 노력은 당시 사대주의적 입장을 갖고 있던 민비 일가와 수구세력에 의해 성과를 거둘 수 없었다.

조미수호조약 체결장면 　　미국 슈펠트와 조선을 대신해 협정을 맺은 청나라 이홍장

3. 경제 및 문화분야에서의 개혁 활동

경제분야에서의 개혁활동

개화파는 근대적 우편제도, 화폐제도를 실시하기 위해 노력했으며, 근대적 기업 창설을 주도해 나갔다. 개화파는 우선 우편제도를 근대화하기 위해 노력했다. 파발이나 인편으로 소식을 전하는 것에 비해 혁신적인 조치였다. 이 사업은 개화파의 주요인물인 홍영식이 주로 담당했다. 그는 1882년 12월 통리교섭통상사무아문(외교통상사무를 관장할 목적으로 통리아문을 확충개편하여 만든 중앙관청) 산하, 우정사의 협판으로 있으면서 우정사업을 근대화하기 위해 노력했으며, 1884년 3월 27일 우리나라 처음으로 근대적 통신기관인 우정총국이 설립되었다. 홍영식은 우정총국의 총관으로 임명되어 우정사업을 시작하기 위한 준비과정을 이끌었으며, 1884년 10월 1일부터 우리나라에서 근대적인 체신사업이 개시되었다.

개화파는 또한 근대적 기업을 창설하기 위한 활동을 활발히 벌였다. 그들은 미약하게 존재하던 기업들을 정부에서 도와주는 방법으로 근대적 산업을 창설하려고 했으며, 1880년에 이미 존재하고 있던 상회(객주들의 연합체)를 근대산업건설의 중요한 싹으로 보고 적극 장려할 것을 주창했다. 김옥균의 글 '회사설'에서는 근대적인 회사의 설립 필요성을 역설하는 등 상회조직과 운영에 관한 지식을 전파했다. 개화파의 이러한 노력에 따라 정부도 상회를 보호하는 정책을 폈다. 1883년 6월 평양사람들이 설립한 대동상회가 설립되었는데, 서울의 중촌 상인들이 설립한 〈장통상회〉등을 보호 조처하기로 했으며, 권연국(담배제조기업체), 양춘국(술, 간장, 등 생산업체), 두병국(두부,떡 등 생산업체) 등의 기업체가 창설되었다.

개화파는 도로건설에도 큰 관심을 가졌다. 김옥균은 『치도략론』에서 '우리나라의 부강지책은 치도로부터 시작해야 한다'라고 주장했다. 그는 '치도사업은 농업과 공업을 발전시키며 나가서는 우리나라의 부강지책이 실로 여기에서 시작되는 것'이라고 한성순보에 썼다. 이러한 견해에 따라 개화파는 1883년 2월 서울에 치도국을 설치해, 수구파의 반대를 무릅쓰고 종로거리에서 동대문에 이르는 도로정리 및 확장공사를 진행했다. 치도사업은 민비일가와 수구세력의 모략으로 얼마 지나지 않아 중단되었으나 개화파의 근대적 개혁 활동의 일환으로 긍정적 의의를 갖는다.

개화파는 근대적 무기제조업 창설에도 관심을 가졌다. 1881년 김윤식은 영선사로 유학생, 기술자 60여 명을 데리고 청나라의 〈천진 조병창〉에 가서 무기와 각종 기계제작기술을 습득하기 위한 사업을 추진했다. 임오군인 폭동으로 김윤식은 급히 귀국할 때에도 12마력의 원동기, 각종 공작기계, 화학실험기구들을 사왔으며, 중국인 기술자 4명을 고용해서 데리고 왔다. 이러한 준비 끝에 1883년 4월 서울 삼청동 북창에 기기창을 설치하고 신식무기제작 사업에 착수했다. 그후 1883년 5월 23일 기기국을 창설하였고 박정양, 김윤식, 윤태준, 리조연을 총판으로 백락륜, 안정옥, 김명균, 구덕희를 방판으로 임명했다.

개화파는 또 불합리한 화폐제도를 근대적으로 개편하는 노력을 기울였다. 이러한 노력 끝에 1883년 5월 전환국을 설치하였다. 1883년 12월 전국에 널려있던 주전소들을 철폐하고 전환국에서 주전권을 행사하는 조치가 시행되었다. 전환국 창설로 주전소들이 모두 철폐됨으로써 화폐주조를 국가가 장악 통제할 수 있는 조건이 마련되었다.

삼청동기기창 (금융연수원내에 있음)

사회문화 분야에서의 개혁활동

천진기기국으로 가는 영선사 행렬

한성순보

　개화파는 나라의 근대화를 실현하는 데서 문화분야 개혁이 갖는 중요성을 인식하고, 개혁활동도 활발히 벌였다. 그들은 특히 인재양성을 위해 노력했다. 일본과 청나라에 유학생, 실습생을 파견해 새로운 기술을 배우게 하고 유학생을 통해 국내에서 대대적으로 인재를 양성하려고 했다. 1881년 7월 김윤식, 어윤중 등의 활동으로 〈천진 기기국〉에 69명의 인원으로 구성된 영선사 일행이 파견되었다. 또 1883년 개화파의 영향을 받은 청년 60명을 일본에 유학시켰으며, 또 그해 7월에도 17명의 청년을 선발해 일본에 유학시켰다. 개화파는 유학생 파견 뿐만 아니라 우리나라에 근대적 학교를 세우고 거기에서 인재들을 육성하기 위한 사업도 진행했다. 개화파는 또 1883년 3월 20일 근대적 출판기관인 박문국을 창설하였으며, 1883년 10월 1일 근대적 신문 『한성순보』를 창간했다. 우리나라 첫 근대적 신문인 『한성순보』는 개화파의 대변지로 당시 사회에 커다란 영향을 미쳤다.

4. 국가기구를 근대화하기 위한 개화파의 활동

국가정치기구의 근대화

개화파는 혁신관료들을 추동해 봉건적 국가정치기구를 점진적으로 개편해 나갔다. 대표적으로 김홍집, 어윤중의 발기로 1880년 12월 21일 새로운 행정관리기관인 통리기무아문이 창설되었다. 여기에는 근대적 행정기구와 유사한 12개의 사가 있었으며, 주로 국내외의 정치와 군사 관계 사무를 총체적으로 관할 할 수 있는 권한이 있었다. 1881년 11월 9일 통리기무아문의 12사가 6사로 변경되었으며, 11월 21일에는 6사에 이용사를 추가해 7사로 개편했다. 7사의 관리 구성을 분석하면 12사일 때보다 개화파가 많이 약진하였음을 알 수 있다.

통리기무아문은 구미 자본주의 침략이 강화되는 환경에서 국방력을 강화하는데 많은 관심을 돌렸다. 통리기무아문은 여러 번의 기구개편을 통해 근대적인 국가정부 기구로서의 면모를 갖추어 나갔지만, 1882년 6월 임오군란으로 잠시 집권한 대원군에 의해 폐지되고 말았다. 개화파는 임오군인 폭동 이후 국가정치기구 개편사업을 다시 추진해 나나가 1882년 7월 25일 새로운 국가기구로서 기무처가 설치되었다. 기무처 성원은 7명이었는데 이 중 김홍집, 김윤식, 홍영식, 어윤중 신기선 등 개화파가 다수였다.

임오군란 이후 개화파는 감생청을 설치 운영했다. 감생청은 국가의 재정지출을 줄이고, 비대해진 국가통치기구를 축소하는 역할을 담당한 임시관청이었다. 감생청의 총책임자는 어윤중이었고, 실무책임자는 개화파 핵심인 유홍기였다. 감생청은 1882년 12월 29일 22개 항목으로 된 개혁안을 제기했다. 그러나 감생청의 개혁안은 수구파들에 의해 좌절되었다.

개화파는 행정기구 개편도 추진해 나갔다. 1882년 11월 17일 통리아문을 다시 설치했고, 다음날인 11월 18일에는 통리내무아문을 설치했다. 이 행정기구는 1882년 12월 통리내무아문은 통리군국사무아문으로, 통리아문은 통리교섭통상사무아문으로 명칭이 변경되었다.

신식군대 양성 활동

개화파는 근대적 군사제도를 확립하기 위해 적극적으로 노력했다. 낡은 봉건군대를 대신할 새로운 군대로 별기군을 창설하고, 근대적 무장을 갖추고 군사편제를 갱신하기 위한 활동을 벌였다. 통리기무아문에서는 일본의 총, 포, 군함의 준비정형을 시찰할 목적으로 시찰단을 파견하였으며 무기구입과 관련된 차관 문제에 대한 일본의 태도를 알아보려 하였지만 시찰단의 참모관 이동인이 실종되어 관련 정보를 파악할 수 없었다. 개화파는 또 병기제조술을 배워올 목적으로 천진에 유학생 실습생 대표들을 파견했다. 이러한 활동의 결과로 무기제조를 위한 기기창이 설치되었다. 개화파는 신식 군대 양성사업과 함께 경찰제도를 근대적으로 개혁하기 위해 노력했다.

3절 . 갑신정변

개화파들은 수구파들의 끊임없는 훼방에도 합법적 수단을 통해 부르주아 개혁을 완성하기 위해 인내심을 갖고 개혁의 길을 꿋꿋하게 걸어왔다. 그러던 개혁파가 왜 정변의 길을 선택했을까? 이것이 개화파에게 제기되는 가장 큰 질문이다. 그러면 그들이 정변이라는 수단을 선택할 수밖에 없었던 사정이 무엇인지 알아보도록 하자.

1. 부르주아 개혁을 파탄시키려는 내외 적대세력의 움직임

봉건제도를 해체하고 자주적 부르주아 제도로 교체하기 위한 개화파의 개혁사업은 처음부터 국내 봉건 지배층과 외래 침략세력들의 방해와 탄압에 부딪혔다. 그것은 나라의 근대화가 봉건지배층(수구세력)의 존재의 기반을 와해하고, 자본주의 열강의 침략을 막는 중요 요인으로 되기 때문이었다. 조선의 부르주아 개혁(근대화)는 양 세력 사이의 격렬한 투쟁을 동반할 수밖에 없었다.

수구세력은 김옥균을 중심으로 한 개화파가 정치무대에서 무시할 수 없는 영향력을 나타내고, 개화파의 목표가 봉건제도의 청산이라는 것이 명백해지자 개화파를 정치적으로 매장해버리려고 획책했다. 그리고 그들이 추진한 개혁사업들을 모두 무위로 돌려버렸다. 일본과 청나라를 비롯한 외래 침략세력들도 근대화되어 강해진 조선을 바라지 않았으며, 노골적으로 조선의 내정에 간섭하고, 자기들만의 독점적 지배권을 차지하기 위해 날뛰었다. 청나라는 임오군인 폭동을 계기로 3000명의 군대를 조선에 주둔시키고, 조선의 내정을 좌우했으며, 민비일당과 야합해 개화파의 개혁활동을 사사건건 방해했다. 일본 역시 겉으로는 개화파를 지지하는 척하면서 조선에 침략기반을 쌓으려고 수구파와 결탁해 청나라를 고립시키고 조선침략 야망을 실현해보려는 양면 전술에 매달려

개화파의 앞길을 방해했다.

　개화파에게 닥친 가장 큰 어려움은 〈자금〉이었다. 부르주아 개혁을 추진하려면 막대한 자금이 소요되는데, 그 자금을 어떻게 조달하느냐 하는 것이 난제였다. 그들은 처음 박상인, 남정철 같은 서울과 지방의 큰 상인, 기업가와 연계해 자금문제를 풀어보려고 했다. 또 김옥균이 1883년 3월 동남제도 개척사 겸 포경사가 된 것을 계기로 제주도와 울릉도의 목재채벌과 고래잡이를 통해 자금을 해결할 계획을 추진하기도 했다. 산업혁명 이후 산업용 기름으로 쓰이던 고래기름은 1859년 석유가 발견되어 석탄의 대체제로 쓰이기는 했지만, 그무렵까지는 큰 돈벌이 수단이었다. 김옥균은 1883년 10월 호조참판이 된 기회에 국가자금을 개혁사업에 이용할 방책을 세우기도 했다. 그러나 이러한 과정은 민비일가의 악랄한 방해, 국가 재정의 고갈, 신흥자본가들의 정치경제적 취약성으로 국내에서 실현 불가능했다.

　김옥균은 외국에서 차관을 얻어 자금문제를 풀려고 했다. 하지만 차관문제는 간단치 않았다. 당시 우리나라가 자본주의 강국들의 침략을 받고 있어서 외국과의 차관교섭은 어렵고도 위험했다. 자칫 잘못하면 나라의 식민지적 예속을 더욱 심화시킬 위험이 농후했다. 개화파도 외채의 위험성에 대해 잘 알고 있었으며, 그것이 좋은 방도라고 생각지 않았다. 1883년 10월 11일부 한성순보에서 "외국으로부터 차관을 얻어 내정을 혁신코저 함은 임시방편으로는 좋은 방법이라 할 수 있으나, 이집트와 같은 경우가 있다는 것을 어찌 심각하게 연구하지 않을 것이랴."라고 위험성을 지적하고 있다. 1883년 하반기에 접어들면서 개혁문제가 자금난으로 부진상태에 빠져들었다. 그러자 개혁파는 외채를 구입해 해결하기로 결심하고 일본과의 교섭에 주의를 돌렸다.

개화파가 일본에 주목한 것은 일본이 개화파에게 은근히 추파를 던지고 있었기 때문이었다. 일본은 표리부동한 이중전략을 구사하고 있었는데 김옥균은 이점을 간파하지 못했다. 김옥균이 일본에 건너가 일본 외무상 이노우에 가오루와 외채 협상을 벌였는데, 그는 김옥균에게 국왕의 국채 위임장만 있으면 300만 원의 외채를 제공하겠다고 약속했다. 김옥균이 서울에 와서 고종에게 위임장을 받아 외채를 요청하자, 이노우에 가오루는 위임장이 가짜라는 트집을 잡아 외채 제공을 거부했다. 일본 정부와의 차관교섭이 실패하자 김옥균은 민간급 교섭으로 일본 제1은행에서 20만원의 차관을 얻기로 했으나, 이것마저 일본 여야 정치세력의 방해로 좌절된다. 일본과의 차관교섭이 막히자 김옥균은 미국 및 프랑스 외교 대표 및 민간인들을 통해 차관교섭을 진행했으나, 미국과 일본이 차관을 내줄리 없었다.

차관 문제 뿐이 아니었다. 내외 적대세력들은 서로 결탁해 개화파의 활동에 난국을 조성하며, 개혁사업을 파탄시키려고 하였다. 임오군란 이후 일본은 수구파에 접근해 개화파의 활동에 난국을 조성하려고 했다. 청나라 역시 민비 일당과 야합해 개화파의 활동을 적대시하였다. 사태는 여기에 그치지 않았다. 개화파의 활동으로 창설된 내아문, 외아문을 비롯한 새로운 국가기관의 요직에는 수구파가 틀고 앉았으며, 전환국을 비롯해 중요 부분의 직책도 민태호를 비롯한 수구파 거두들이 차지하고 근대국가 기관으로서의 기능과 역할을 수행하지 못하도록 만들었다. 수구파는 개화파를 정부의 요직에서 점차 부차적인 직책으로 보내거나 중앙관직에서 지방관직으로 내모는 방식으로 개화파가 집결하지 못하게 했다. 1883년 3월 김옥균은 〈동남제도 개척사 겸 포경사〉로 밀려 내려갔고, 개화파의 주요인물이었던 박영효도 같은 달 광주유수로 좌천되었다. 또 개화파와 연계를 갖고 있던 윤웅렬이 함경도 병마절도사로 내려갔다. 1883년 6월에는 개화파 요인들인 홍영식, 서광범, 변수 등이 미국으로 파견되는 전권 대신 민영익의 수행원으로 딸려 보냄으로써 정계에서 이탈되었다.

개혁을 파탄 내려는 내외반동들의 책동은 1884년에 들어와 극에 달했다. 그들은 개화파의 주동 인물인 김옥균을 살해함으로써 개혁운동을 말살하려는 음모를 꾸몄다. 김옥균과 주전 문제를 놓고 벌인 논쟁에서 패한 멜렌도르프(재정고문이자, 청나라 입장의 대변인)는 수구파에게 "조선에서 없애야 할 해독은 당오전이 아니라 김옥균이니 우선 그를 제거해야 한다. 김옥균이 백방으로 여러분을 모해하고 있으나… 당신들도 상호 결합해 이 나라의 제일가는 폐단을 제거하지 않으면 안된다"(『김옥균전』상(일어판), 게이오출판사,1944년,285p)라고 하면서 김옥균을 제거하도록 부추겼다. 이것은 당시 내외반동세력들의 일맥상통한 입장이었다. 당시 미국에 전권대신으로 갔다가 귀국한 민영익도 김옥균을 가장 큰 정치적 적수로 간주하고 그를 해칠 흉심을 품고 민태호, 민영목 등과 결탁해 암살기회를 노렸으며, 청나라도 민비일당과 야합해 김옥균을 비롯한 개화파에 대한 정치적 압살을 모색하고 있었다.

상황이 이렇게 흘러가는데 더 이상 평화적 방법으로는 개혁을 진행할 수 없게 되었다. 김옥균은 차관교섭이 실패했을 때 이미 이러한 사태를 예견했다. 그는 "나는 자금이 없이는 아무것도 할 수 없고, 지금 빈손으로 귀국하면 집권사대당은 나를 비판하며 궁지에 몰아 넣을 것임을 알고 있다. 이쨌든 우리 개화당은 심한 타격을 받을 것이며, 우리의 개혁안도 없어질 것이며, 조선은 청나라의 속국이 될 수밖에 별도리가 없다. 우리당과 사대당은 공존할 수 없기때문에 최후의 선택을 하게 될지도 모르겠다"(『후구자와 유끼지

전』3(일어판), 이와나미서점, 1943년, 302p)라고 말했다. 김옥균을 비롯한 개화파는 오직 수구파 정권을 타도하고 개화파 자신이 정권을 잡는 길만이 근대화를 이룩할 수 있는 유일한 길임을 확신하였다. 갑신정변 전 김옥균은 개화파의 행동방향에 대하여 다음과 같이 강조하였다.

"우리들은 수년 내로 평화적 수단으로 고생을 이겨내면서 모든 힘을 다하여 왔으나 그 성과는 없을 뿐아니라 오늘은 이미 죽을 지경에까지 빠지게 되었다. 앉아서 죽음을 기다릴 것이 아니라 먼저 적수를 눌러버리지 않을 수 없는 형편에 이르렀다. 따라서 우리의 결심에는 한길이 있을 뿐이다."

2. 갑신정변

정변의 준비

궁지에 몰린 개화파는 평화적 방법으로는 더는 개혁을 추진해 나갈 수 없다고 판단하고, 정변 단행을 결정했다. 정세는 매우 복잡했다. 봉건사회의 부패로 인한 사회 계급적 모순이 극도로 첨예화되고, 청나라와 일본의 침략으로 민족적 위기가 격화되었다. 수구파와 개화파 사이의 정치적 대립은 폭발 직전의 시한폭탄 같았다. 이러한 정세에서 개화파는 1884년 봄부터 수구파 정권을 무너뜨리는 무장정변 준비사업을 본격적으로 추진해 나갔다.

무장정변을 하기에는 개화파에게 여러 조건이 불리했다. 역량관계에서 개화파보다 수구파가 월등히 우세했고, 청나라의 횡포한 내정간섭이 극도로 심했으며, 미국과 일본은 조선이 부르주아 개혁을 통해 문명국 대열에 들어서는 것을 바라지 않았다. 일본은 수구파와 결탁해 개화파의 정변준비에 커다란 난관을 조성했으며, 미국도 개화파의 정변을 저지하려고 획책했다. 미국 공사 후트는 김옥균에게 "당신은 나라와 자신을 위하여, 잠깐 국내 산천을 유람하든지 또는 상해나 나가사끼 같은 곳에라도 갔다가 수개월 후에 돌아와서 일을 도모하는 것이 좋을 듯하다"라고 하면서 정변준비를 다그치는 개화파의 활동을 중지시키려 했다.

청나라 뮐렌도르프   미국공사 후트   일본공사 다께조에   갑신정변을 진압한 원세개

반면 개화파의 정변에 유리한 조건도 조성되고 있었다. 1882

년 임오군란 이후 민중들의 반침략, 반봉건투쟁이 계속 성장하고 있었으며, 수구파가 기대고 있던 청나라의 지위가 흔들리는 사건들이 벌어짐으로써 그들의 세력이 상대적으로 약화되고 있었다. 당시 베트남 문제를 둘러싸고 청프관계가 악화됨에 따라 1884년 4월 조선 주둔군 절반에 해당하는 1500명을 철수했다. 7월에는 청프전쟁이 폭발하고 청나라군대가 계속 패전했다. 청에 의지하고 있던 민비 일파들의 동요가 일어나고, 청나라 군대 내에서도 불안으로 술렁거리고 있었다.

김옥균을 비롯한 개화파는 불리한 조건을 극복하고 유리한 조건을 최대한 이용하는 방향에서 정변준비에 박차를 가했다. 정변준비 사업은 국왕을 견인하는 것과 일본의 양면술책을 정변에 이용하는 두 가지 방향으로 진행했다.

개화파는 우선 고종을 정변에 끌어들이기 위해 온 힘을 기울였다. 고종을 끌어들여야 수구파와의 역량 관계에서 세력의 열세를 만회해 개혁에 유리한 국면을 조성할 수 있었다. 일찍부터 고종을 끌어들이기 위해 노력해 온 개화파는 정변의 시기가 다가오자 더욱 맹렬하게 움직였다. 사대주의자였던 고종은 시세에 따라 청나라와 일본에 옮겨가 붙으면서 왕권을 유지하려 했다. 임오군란 이후 청나라의 횡포가 극심해지자, 일본에 의존해 청나라의 간섭을 견제해 보려고 하는 등 동요가 심했다. 개화파는 이러한 점을 포착하고 국왕을 쟁취하기 위한 사업에 매우 중시했다. 물론 여기에는 국왕에게 환상을 갖고 있었던 개화파의 계급적 한계도 작용했다. 개화파는 정변준비 기간 내내, 고종에게 정세의 엄혹성과 개혁의 필요성을 해설해 주면서 그를 정변에 끌어들이기 위해 노력했다. 이러한 노력 결과 김옥균은 마침내 국왕의 마음을 움직여 그를 일시적이나마 개화파의 주장에 동조하도록 만드는 데 성공했다. 이날 국왕은 김옥균에게 "경의 마음을 내가 이미 아는 바이니 무릇 국가의 큰일과 위급한 때를 당해서는 모든 것을 경의 주책에 일임할 터이니 경은 조금도 의심하지 말라"(『갑신일록』, 1884년 11월 29일)고 하면서 김옥균의 개혁 의지에 지지를 표명했고, 국왕의 도장을 찍은 밀칙까지 그에게 내주었다. 이것은 개화파에게 있어서 큰 성과였다.

일본과 개화파의 관계 문제에 대한 면밀하고 신중한 검토가 필요하다. 우리 사회에는 김옥균을 친일세력으로 보는 견해까지 있으므로 이 문제를 어떻게 보느냐는 갑신정변, 더 나가 개혁파의 개혁 운동에 대한 역사적 평가와 관련해서 매우 중요한 쟁점으로 나선다. 따라서 갑신정변과정에서 개화파와 일본의 관계 문제를 상세하게 살펴보아야 한다.

원래 김옥균은 일본의 표리부동한 적대시 정책에 환멸을 느끼고 경계심을 갖고 대했다. 이미 세 차례의 일본 방문을 통해 김옥균은 일본이 절대로 자기들이 거둔 개혁의 성과를 조선과 나누려고 하지 않는다는 점을 체험으로 알고 있었다. 1884년 9월 12일 일본공사 다께조에가 갑자기 서울에 들어와 김옥균에게 추파를 던졌다. 정변준비에 박차를 가하고 있던 개화파는 청프전쟁이 발발하자 자신들에게 접근하는 일본의 태도를 주시하며 일본을 정변수행에 이용할 수 있는지 타진하게 되었다.

당시 일본의 정계 야당 내에서는 조선에 적극적으로 진출해 개화세력을 지지해 조선침략에 유리한 조건을 조성하려고 활동을 개시하는 세력이 나타났다. 그러자 일본 정부 내에서도 야당보다 앞서 다께조에를 조선에 파견해 마치 일본이 조선의 진보와 개화를 지원해 줄 용의가 있는 듯이 행동하면서 개화파를 장악하려 했다. 개화파는 조선을 둘러싸고 청나라와 대립하고 있던 일본을 잘 이용하면 부르주아 개혁을 위한 정변 수행에 유리한 국면을 여는데 활용할 수 있겠다고 판단하였다. 하지만 일본을 이용하는 문제는 침략자들 대상으로 하는 것만큼 매우 심중한 문제였다. 김옥균의 발언을 통해 그가 이 문제를 어떻게 보고 있었는지 살펴보다.

김옥균은 정변을 앞두고 다께조에에게 "민가일족(친청수구사대

세력)을 제거하는 것은 나에게 맡기고, 일이 벌어진 후 군대를 발동해 우리를 호위하며 청군을 막을 것을 공사가 맹세한다면 나는 다른 의견이 없다"(『갑신일록』, 1884년 10월 8일)라고 말하니 다께조에가 그에 동의했다고 기록했다. 즉 김옥균은 일본의 힘을 청나라 군대의 방패막이로 한정을 하고 있었다. 당시 청나라는 일본과 무력충돌을 할 수 없는 상황이었기 때문에 가능한 방법이었다. 만일 청나라가 고종을 납치하여 공갈 협박한다면 개화파에 대한 고종의 호의(好意)는 무너지고 말 것이다. 국왕의 안전을 보장하는 것은 정변 수행에서 중요한 문제였다.

정변 실패 이후 1885년 5월 김옥균이 고종에게 보낸 편지에서 "조선을 위해 도모하건데 청나라는 본래 믿을만한 것이 되지 못할 것이며, 일본도 역시 그러하다."라고 지적하고 "신 등이 당시 외국의 힘을 빌었다고 평하는 자가 있으나, 이것은 당시 내외사정으로 보아 부득이한 데서 나온 것"이라고 썼다. 이것을 통해 개화파는 어떤 외국 세력도 조선의 독립과 변혁을 진정으로 협력해 주리라고 생각하지 않았으며 다른 나라의 힘을 이용하는 것은 자기의 목적 달성을 위한 임시방편으로 생각했다는 것을 알 수 있다. 개화파가 일본세력을 정변 수행에 끌어들이려 한 것은 이처럼 자기의 전술적 안으로부터 출발한 것이며, 그들은 이 사업에서 자기의 목적을 달성했다.

김옥균이 9월 29일 유홍기를 방문했을 때 정변 의지와 관련해 "가령 일본 정부의 원조가 없다 하더라도 우리들의 의사로 볼 때에는 우리나라 사태가 절박하기가 마치 다리 없는 강을 등지고 군량이 떨어진 조건에서 적과 막서 있는 것 같으니 일본 정부의 행동을 기다릴 수는 없는 것이다"(『갑신일록』, 1884년 11월 16일)라고 말한 것을 보더라도 개화파가 자체의 힘으로 정변을 하려는 입장이었다는 것을 말해준다. 김옥균은 일본공사 다께조에게 "공사가 오기 전에 우리 당에서는 이미 결정한 바가 있었다. 그러므로 일본의 원조 여하는 생각지 못했을 뿐 아니라 공사가 다시 온다는 말을 듣고 오히려 걱정했다."(『갑신일록』, 1884년 11월 25일)라고 고자세를 취했다. 개화파는 정변 날짜도 일본 지배층 움직임과 상관없이 택했다. 다께조에는 개화파의 정변에 일본군대를 출동시키기로 약속한 후, 9월 25일 일본 정부에 일본군의 정변 가담 여부를 결정해달라고 요청하고 공식 회답을 10월 20일 정기우편선으로 받기로 했다. 그러나 김옥균은 회답을 기다리지 않고 자기 결심대로 정변 날짜를 10월 17일로 결정했다. 김옥균은 다께조에가 정변 날짜를 물었을 때 20일이라고 대답하고 그 이전에는 달이 밝기 때문에 방화에 불리하다고 답변하며 정확한 거사 날짜를 말해주지 않았다. 또 일본 군대가 정변에 가담해도 왕궁 호위에만 협력할 뿐 정변 수행과 내정개혁에는 개입하지 않겠다는 약속도 받아냈다. 이러한 증거들은 개화파와 일본의 관계에서 개화파가 독자적으로 정변을 진행했다는 것을 보여준다. 전술적으로 일본을 이용하려 했을 뿐이지, 일본에 의지했거나, 일본의 사주를 받아 정변을 한 것은 아니라는 점은 명백하다.

개화파는 정변 수행 방도도 구체적으로 토의 결정했다. 개화파는 9월 17일 우정국 낙성식을 계기로 정변을 단행하는 방안, 자객을 이용해 민영목, 한규직, 리조연 3명을 처단하고 그 죄를 민태호 부자에게 씌워 처형하는 방안, 홍영식의 별장이 있는 백록동 정자를 빌어 연회를 차려놓고 수구파를 처단하는 방안 등 세 가지 안 중에서 우정국 낙성식연회를 계기로 정변을 단행하기로 했다. 또 10월 13일, 14일에 진행한 두 차례의 모임에서 정변안, 정변 날짜, 책임분담 및 정변의 구체적 방도를 토의 결정했다. 이 협의에서 정변 날짜는 10월 17일로 결정되었다. 그리고 다음과 같은 구체적 행동계획을 세웠다. ①우정국 낙성식연회에 한규직, 윤태준, 이조연, 민영익을 초대할 것. ② 안국동 별궁에 불을 지를 것. ③ 화재가 나면 화재 현장으로 달려가는 4영사(정부군 책임자)를 우정국 밖 거리에서 행동대가 처단할 것. ④ 금호문 밖에서 신복모가 민태호, 민영목, 조녕하가 왕궁으로 들어가는 것을 처단할 것. ⑤ 창덕군 숙위를 담당하는 전영 군사는 내응할 것. ⑥ 여러 곳에 폭약을 장치해 폭음으로 위협할 것. ⑦ 별궁방화와 함께 일본 공사관으로부터 군졸 30명을 받아 금호문과 경우궁 사이의 거리를 경계하게 할 것 등이었다.

갑신정변 중심지 우정국 중앙사무소와 부속 건물 당시 사진   우정총국 지금 모습

정변의 단행, 새 정부 수립

1884(갑신)년 10월 17일 (양력 12월 4일) 정변의 날이 밝아왔다. 이날 우정국 낙성식에 참여한 사람은 미국공사 후트, 서기관 스커더, 영국 영사 아스톤, 청나라 영사 진수당, 서기관 담갱요, 일본공사 서기관 시마무라, 통역 가와가미 다찌이찌로, 세관고문인 멜렌도르프 등과 초청주인인 홍영식, 박영효, 김홍집, 한규직, 민영익, 리조연, 김옥균, 서광범, 민병석, 윤치호, 신락균 등 18명이 참가했다. 연회는 예정대로 오후 7시에 진행되었다.

하지만 정변은 사전 계획대로 순조롭게 진행되지 않았다. 예정되어 있었던 별궁방화가 실패했기 때문이다. 김옥균은 별궁방화 실패 소식을 듣고, 별궁 옆 초가라도 불을 지르라고 지시했으나, 이것마저 실패했다. 김옥균은 우정국 근처 초가집에 불을 지를 것을 명령했다. 수구파 요인들이 이상한 기미를 눈치챌 무렵, 밖에서 삼단 같은 불길이 솟아오르고 혼란이 발생했다. 때아닌 화재에 질겁한 한규직이 뺑소니치려 하는데 밖에 빠져나가 있던 민영익이 우정국 밖에서 행동대원의 칼에 맞아 피투성이가 된 채로 연회장에 다시 뛰어들었다. 연회장은 아수라장으로 변하고, 정변의 첫 단계 행동계획은 파탄났다.

김옥균은 시작한 이상 물러설 수 없다고 결심하고 계속 진행할 것을 개화파 성원들에게 알렸다. 그는 우정국에서 나와 궁중으로 향했다. 그는 국왕이 있는 편전으로 들어가 국왕을 깨워 지금 청나라 군대가 반란을 일으켜 집에 불을 지르고 사람들을 마구 죽이고 있으니 국왕도 잠시 자리를 피할 것을 청했다. 이때 민비가 의심쩍어하며, 김옥균에게 사변이 청나라 측에서 일어났는가, 아니면 일본 측에서 일어났는가 하고 물었다. 김옥균은 답변이 궁해 잠시 어물어물하는 사이에, 사관학교 학생들과 궁녀들이 통명문 앞에서 준비했던 화액을 터뜨려 폭음소리를 요란하게 냈다. 그러자 국왕과 왕비 일행은 깜짝 놀라 김옥균이 하자는 대로 따랐다. 국왕 일행을 호위해 달리던 중 김옥균은 일본군사를 청하자며, 국왕의 승인을 청했다. 국왕이 말로 승인하자 김옥균은 친필 칙서가 없으면 움직이지 않을 수 있으므로 칙서를 써 줄 것을 요청하자 국왕은 '일본 공사는 와서 짐을 호위하라'는 글을 써주었다.

국왕 일행은 김옥균과 함께 창덕궁에서 경우궁으로 옮겨 앉았다. 개화파는 왕권을 이용해 수구파 우두머리들을 처단하는 사업에 착수했다. 개화파는 유재현, 이조연, 한규직을 처단하여 당시 국가무력을 장악하고 있던 수구파 3영사를 처단했다. 또 국왕의 이름으로 수구파 우두머리들인 민태호, 민영목, 조영하 등을 왕궁으로 불러들여 처단했다. 그리하여 민영익이 중상을 입은 것 외에는 수구파 두목들이 모두 처단되었으며 정변은 일단 승리했다.

개화파는 청나라 군대의 무장간섭을 막기 위해 핵심성원 10여 명으로 국왕의 거처인 왕실의 경비를 담당하게 했고, 개화파 운경완의 지휘 밑에 있던 50여 명의 전영 군졸을 경우궁 내부에 배치해 놓았다. 또 불의의 무력충돌을 막기 위해 국왕의 동의 밑에 100여 명의 일본군을 경우궁 바깥문을 지키도록 조처했다. 1884년 10월 18일, 조보에 새 정부 구성을 선포했다. 새 정부는 개화파와 그 지지자, 동정자들인 혁신관리들을 중심으로 조직되었으며, 종친들 특히 대원군 사람들도 들어 있었다. 주요 직책을 살펴보면 영의정 이재원(국왕의 사촌형), 좌의정 홍영식(개화파), 전후영사 겸 좌포도대장 박영효(개화파), 좌우영사 겸 우포도대장 서광범(개화파), 좌

찬성 겸 좌우 참찬 리재면 (대원군의 아들), 이조판서 겸 홍문관 제학 신기선, 예조판서 김윤식 (혁신관리), 병조판서 리재완 (국왕의 사촌형 리재원의 동생), 형조판서 윤웅렬 (개화파 지지자), 공조판서 홍순영, 한성판윤 김홍집 (혁신관리), 호조참판 김옥균 등이었다.

정부 구성에서 개화파는 군사, 경찰, 사법, 사회문화, 재정 등 중요한 직책들을 차지하고 있었다. 군사, 경찰, 사법 등 무력기관을 차지하는 것은 수구세력으로부터 정변을 지키는 중요한 자리였다. 개화파 정부는 정부 구성에서 군사와 경찰 기능을 수행하는 4영 (전영, 후영, 좌영, 우영)의 장관 자리와 좌 포도대장 및 우 포도대장의 자리를 모조리 장악하여, 군대를 개화파의 의도대로 움직일 수 있게 되었다. 대외적 기능과 문화적 기능을 수행하는 예조의 장관으로서는 현직 관리 김윤식을 앉혔고 대외실무를 담당한 참의교섭 통상 사무직은 개화파 성원인 변수를 임명하였다. 이와 함께 앞으로 새 정권이 수행하게 될 부르주아 개혁에 막대한 자금을 지출할 것을 예견하여 김옥균이 직접 국가재정 기관인 호조에서 판서가 없는 참판직을 차지하였다. 개화파는 간고한 시련과 복잡한 정세의 흐름, 생사를 가름하는 고비들을 넘으며 달려왔다. 그 길의 막바지에 다가가 무장정변이라는 부르주아 개혁의 불길을 지펴 마침내 근대적인 새 정부를 수립하는 데 이르렀다.

개화파 정부의 정강

새 정부 구성을 발표한 개화파는 바로 새로운 정강 정책을 국왕의 명령이 전교로 공표하였다. 새 정부가 채택한 정강은 정치, 경제, 군사, 문화 분야에서 근대적 국가 및 사회정치 제도를 창설할 것을 목적으로 한 정강으로서 부르주아적 성격, 애국적 성격을 띤 정치강령이었다. 하지만 아쉽게도 정변 실패 후 전교가 취소되고 전문이 역사기록에서 말살되고 말았다. 김옥균이 기억에 의존해『갑신일록』에 밝혀 놓은 정강은 다음과 같다.

『①대원군 귀환, ② 문벌폐지, 인민평등, 재능에 따른 등용, ③ 지조법 개혁 ④ 내수부 폐지, ⑤ 과거, 현재 할 것 없이 나라에 엄중한 손해를 끼친 자는 엄벌에 처할 것, ⑥ 환자제도 영구 폐지, ⑦ 규장각 폐지, ⑧ 순사제도 설치, ⑨ 혜상공국 폐지, ⑩유배 금고형을 받은 자의 재 조사와 면죄, 석방, ⑪ 4영을 하나의 영으로 만들고, 근위대를 설치할 것, ⑫ 재정의 호조 통일적 관리, ⑬ 대신과 참찬 등은 일정한 날짜를 정해 합문내의 의정부에서 정사를 토의 결정한 후 왕의 비준을 받아 정렬 발표로서 정사를 집행할 것, ⑭6조의 불필요한 관청 철폐(『갑신일록』, 1884년 12월 5일)』

이 밖에 다음과 같은 내용들이 더 있었다.

『①전체 국민은 단발할 것, ② 청소년 선발해 외국 유학생으로 파견할 것, ③궁내부 별도 설치, ④ 국왕 호칭 변경, 폐하, 칙령, 짐으로 칭할 것, ⑤ 재래의 관제 폐지하고 내각에 6부를 둘 것, ⑥과거제도 폐지, ⑦ 공채 모집해 산업, 운수, 교육, 군비의 충실을 기할 것』

(『일성록』리태왕 24년, 윤 4월 19일)

개화파 정부가 발표한 정강 정책의 성격은 철저히 부르주아개혁을 목표로 한 근대적 성격을 띠고 있다. 전제군주제에서 입헌군주제로의 국체를 변경해 정치적 자주권을 확립하고 근대적 국가권력을 수립하려고 했으며, 봉건적 신분제도를 폐지하며 부르주아적 평등을 실현하려고 했다. 또 지조 개혁, 환자 폐지 등 봉건적 생산관계의 구속으로부터 해방하며 자본주의적 발전을 열어놓기 위한 일련의 경제개혁강령을 밝혔다. 또 상공업의 자유로운 발전의 길을 열려 했다. 사회문화 분야에서도 봉건적 낙후성을 없애고 교육 보건 출판 등 분야에서 근대적 개혁을 진행할 것을 주장했다. 또 봉건적 군사제도를 근대적으로 개편하고 나라의 국방력을 강화하는 것을 목표로 내세웠다.

이처럼 개화파 정부의 정강 정책은 철두철미 부르주아개혁을 추구하며, 나라와 민족의 자주권을 지향했다. 하지만 그들의 계급적 제한성과 사회경제발전의 미숙성으로 일련의 제한성을 갖고 있었다. 그것은 부르주아개혁에서 핵이라 할 수 있는 토지혁명에 대한 요구가 제기되지 못했다는 데서 집중적으로 드러난다. 또한 봉건적 군주제의 철저한 청산 문제에서도 미흡성을 보여주고 있다.

3. 갑신정변의 실패와 교훈

그러나 갑신정변은 3일 천하로 끝나고 말았다. 왜 그랬을까? 민비와 수구파들의 발악을 첫 번째 요인이다. 민비는 자신의 심복 경기 관찰사 심상훈을 청나라 군영에 보내 무력간섭을 요구하는 반민족 행위를 했으며, 거처가 불편하다는 이유로 국왕을 사주해 개화파의 경비가 가능한 경우궁으로부터 경비가 불가능한 창덕궁으로 옮기도록 했다. 처음부터 국왕의 거처 문제가 불거져 개화파들은 정변의 골든 타임을 국왕의 거처지를 정하는 데 쓸데없이 낭비하도록 했으며, 개화파의 새 정부 방어대책에 막대한 혼란이 조성되었다.

두 번째 요인으로는 개화파 정부에 대해 일본과 청나라의 압살이 극심하게 감행되었다는 점이다. 일본의 배신적 적대행위는 시간이 흐를수록 증대되었다. 일본 침략자들은 처음에 김옥균의 정변을 도와준다는 미명으로 조선에서 자기들의 세력을 부식시키려는 꿍꿍이를 갖고 있었다. 그런데 막상 진행되고 있는 김옥균의 정변을 살펴보니, 그들의 개혁이 나라의 자주권과 독립을 고수하고 외세의 침략행위를 허용하지 않으려는 것임을 알게 되었다. 이것을 알게 된 다께조에와 일본 침략자들은 개화파의 정변에 난관을 조성하려고 간교하게 움직였다. 처음 창덕궁으로 거처를 옮기는 문제가 제기되었을 때 일본은 민비의 계책에 동조함으로써 개화파를 위험한 형세에 몰아넣었다. 또 10월 19일 다께조에는 청나라의 원세개, 장광전의 연명으로 된 개화파 정부에 대한 무력간섭을 단행하겠다는 공문을 받고, 개화파의 강력한 반대에도 불구하고 정변에 동원했던 일본군을 철수시켜 버리는 배신 행동을 감행했다.

정변이 실패 세 번째 요인은 청나라 군대의 반혁명 공세였다. 개화파 정부를 뒤집는 것으로 정리한 청나라 침략군은 10월 19일 원세개를 선두로 궁궐의 동서 양문으로 침입해 왔다. 전투는 10월 19일 오후 3시부터 시작되어 어두워질 때까지 계속되었다. 홍영식, 박영교, 신복모 등의 지휘 밑에 개화파 성원들과 개화파 진영이던 전후영 병사들은 청나라 침략군과 수구파 군대와 맞서 용감히 싸웠다. 전투가 벌어지는 동안 민비와 세자, 대왕대비와 왕대비가 궁문을 빠져 북산 쪽으로 가고 있었고, 국왕도 무관 4~5명과 함께 약간의 군사들의 보호를 받으면서 북산으로 향하고 있었다.

김옥균, 서광범을 비롯한 개화파는 국왕의 어가를 저지시키고 긴급대책을 토의했다. 토의가 계속되었으나, 국왕 일행은 청나라 진영으로 넘어가 버리고, 김옥균을 비롯한 개화파는 후일을 기약하고 망명의 길에 오르게 되었다. 홍영식, 박영교, 신복모 등 많은 개화파 성원들이 내외 반동세력의 손에 희생되고 새 정부는 무너졌다. 이로써 개화파의 정변은 3일 만에 비극적으로 실패했다.

갑신정변은 실패했으나, 우리나라 근대개혁 운동사에서 중요한 의미가 있는 역사적 사변이었다. 첫째로 이 운동은 자본주의 침략이 강화되고 봉건 통치제도가 한층 부패하던 시기에 사회적 진보를 이룩하려고 한 애국적이며 진보적인 투쟁이었다. 갑신정변을 계기로 우리나라에서의 부르주아 민족운동은 애국적이며 진보적인 성격을 띠고 새로운 발전단계에 들어서게 되었다. 둘째로 이 운동은 우리나라의 반외세, 반봉건투쟁을 발전시키는 데에서 큰 영향을 주었다. 개화사상의 진보성과 개화파 정권의 정강은 1894년 갑오농민전쟁 때 농민군이 제기한 폐정개혁안과 혁신 관료들이 제기한 부르주아 개혁안에 발전적으로 반영되었다. 또 1898년 부르주아 민권운동과 20세기 초 애국 문화 운동과 반일의병 투쟁 등은 개화사상과 부르주아개혁으로서의 갑신정변과 일정한 계승발전 관계에서 전개되었다.

4절. 갑신정변 이후 부르주아 개혁

1. 갑오개혁

갑신정변 실패 후 저조기에 들어갔던 부르주아 개혁운동은 갑오농민전쟁을 비롯한 민중들의 적극적인 투쟁의 영향으로 새로운 시기를 맞이하게 되었다. 갑신정변 실패 이후 조선 정부 내에 있었던 김홍집을 비롯한 혁신 관료들은 어려운 조건에서도 미미하나마 개혁운동을 지속해 나갔다. 그들은 1890년대에 이르러 새로운 정치적 역량으로 결속되어 갔으며, 1894년에는 청일전쟁이 벌어지는 어려운 조건에서도 부르주아 개혁 시도를 포기하지 않고 그 실현을 위해 적극적으로 투쟁을 벌였다.

폐정개혁(弊政改革)

갑오농민전쟁의 발발은 썩어빠진 봉건 통치에 대한 민중의 쌓이고 쌓인 분노의 폭발이었다. 농민군에 의한 전주성의 함락은 봉건 통치제도의 취약성과 부패성을 적나라하게 드러내주었다. 농민 대중의 거센 항거에 부딪힌 조선 봉건국가는 멸망의 위기로 빠져들었다. 정부 내에서는 이로부터의 출로를 모색하는 것이 절박했다. 그리하여 정부 내에서는 폐정개혁을 진행해야 한다는 논의가 제기되었다. 고종은 1894년 4월 18일 낡은 폐해를 없애고 혁신할 데에 대한 지시를 내렸다.

5월 20일 돈녕부 영사 김병시는 국왕에게 청나라에 청병한 것은 커다란 실책이었다고 하면서 인재 등용, 군정, 재정에 대한 개혁을 시급히 시행할 문제로 지적하고 개혁실시에서 주도권을 잃지 말아야 한다고 말했다. 이날 담화에서 국왕이 "당면하게 외국의 법들을 받아들여 쓰는 것이 어떤가?"라는 질문에 김병시는 다른 나라의 법을 받아들이는 것도 좋기는 하지만 받아들일 것은 받아들이고 버릴 것은 버려야 하며 우리의 법률이라고 하여 다 버릴 것이 아니라 좋은 것은 남겨두면서 다른 나라의 좋은 법도 받아들여야 한다고 강조했다. (『갑오실기』갑오년 5월 20일) 이것은 우리나라가 청일 두 나라 침략군의 강점하에 놓여있었고, 특히 일본이 새로운 침략 구실을 만들기 위해 내정개혁을 강압적으로 요구하던 조건에서 개혁을 외세의 강요에 굴종하지 않고 주동적으로 진행하려는 민족적 입장이었다.

5월 25일 국왕의 참가 밑에 진행한 대신회의에서 내정개혁을 어디까지나 독자적으로 진행할 데 대한 문제들이 토의되었다. 국왕도 "일체 개혁해야 할 점에 대해서는 웃사람, 아랫사람이 정신을 가다듬고 강구하여 기어이 실지 성과를 거두어야 할 것이다"라고 강조하고 침략자들에 의해 당하는 수치를 통탄하면서 "오직 분발하고 정신 차려야 자수자강(自守自强)할 수 있다."라고 토로했다. 이날 개혁문제와 관련한 토의에서는 '자수자강'을 개혁의 기본방향으로 결정하였다. 그날 혁신관리들과 보수관리들 사이에는 개혁의 속도와 범위를 둘러싸고 이견이 있었으나, 개혁해야 한다는 점에서는 일치했다. 이날 회의에서는 해결해야 할 문제들을 확정해 구체적 준비 밑에 개혁사업을 추진하기로 결정했다. 폐정개혁은 1894년 6월 6일 국왕이 개혁지시를 내리는 것으로 시작되었다.

개혁사업에 착수한다는 국왕의 명령이 공표된 후 각 부문 별 개혁사업 방향이 검토되었으며, 6월 10일에는 호조, 선혜청 및 각 영문의 재정실태를 보고하게 하였고, 다음날에는 정부의 재정 세입과 세출 상태에 대한 요해 사업이 진행되었다. 또 6월 11일에는 폐정개혁을 담당할 관청으로 〈교정청〉이 설치되었고, 전임 및 현임 대신들이 〈교정청〉의 총재관으로 임명되었다. 또 6월 14일에 10년 이래로 부과된 모든 잡세는 철저히 조사해 명목이 어떻든 관계없이 모두 폐지하도록 결정했다. 〈교정청〉에서는 6월 16일 폐정개혁안이 토의 결정되었다. 교정청에서 토의 결정된 개혁조항은 거리에 널리 게시되었고, 각 도에 통보되었다. 폐정개혁은 악폐를 청산하는 한도에 머물러 근대적인 부르주아개혁으로 되지는 못했지만, 혁신관료의 부르주아개혁에 유리한 조건을 만들어주었다.

폐정개혁안 12개조의 내용

동학교도와 정부는 쌓인 원한을 씻고 서정에 협력한다.

탐관오리는 그 죄목을 조사하여 엄징한다.

횡포한 부호를 엄징한다.

불량한 유림과 양반의 무리를 징벌한다.

노비문서는 소각한다.

七班賤人(칠반천인)의 차별을 개선하고 백정의 平涼笠(평량갓)을 없앤다.

청상과부는 改嫁(개가)를 허용한다.

무명의 잡세는 일체 폐지한다.

관리채용은 地閥(지벌)을 타파하고 인재를 등용한다.

倭(왜)와 내통하는 자는 엄징한다.

공사채를 막론하고 기왕의 것을 무효로 한다.

토지는 평균하여 분작한다.

폐정개혁을 파탄내기 위한 일본 침략세력의 책동

일본은 폐정개혁사업을 파탄시키기 위해 필사적으로 매달렸다. 폐정개혁은 부르주아개혁으로 넘어갈 가능성을 조성하는 것이었고, 결국 일본의 조선침략에 커다란 장애로 될 것이기 때문이었다. 일본은 폐정개혁을 파탄시키고 조선을 예속시키기 위한 〈내정개혁안〉을 받아들일 것을 강요했다. 일본공사 오또리는 5월 23일 국왕과 만난 자리에서 〈내정개혁안〉을 제기하고, 이어서 6월 1일에는 조선 정부의 외무독판 조병직에게 〈내정개혁안 강목〉이라는 것을 내놓고 그것을 토의하기 위한 조선 측 대표를 파견해 줄 것을 통보해 왔다. 그들이 들고나온 내정개혁안은 개혁안이 아니라 철저한 내정간섭이었으며, 침략 구실을 조작하기 위한 간판에 지나지 않았다. 내정개혁 강요의 목적이 어디에 있었는가는 당시 외무대신 무쯔가 한 다음과 같은 말을 통해 잘 알 수 있다.

『나는 처음부터 조선 내정개혁에 대해 정치적 필요성 이외에 아무런 의미도 없다고 하였다. … 때문에 조선 내정을 개혁하는 것은 첫째로 우리나라(일본)의 이익을 주로 하는 정도로 멈추며, 이것(내정개혁)을 위하여 우리의 이익을 희생시킬 필요가 없다고 하였다. 또 이번 사건에 대하여 말한다면 결국은 조선 내정개혁이란 원래 일청 양국 간에 굳어져서 풀 수 없는 난국을 조정하기 위한 정책이었는데 형편이 일변해 결국 우리나라가 독자적으로 이를 담당하지 않으면 안되게 된 것인바 나는 애당초 조선의 내정개혁 그 자체에 대해 별로 무게를 두지 않았고 또 조선과 같은 나라에서 과연 만족스러운 개혁이 이루어질 수 있는지 의심하였다.』

(『건건록』일어판, 이와니미 서점, 1937년, 49~50p)

　　외무대신 무쯔의 고백은 〈내정개혁안〉은 선의가 아니라 조선에 대한 지배권을 노린 흉악한 정치적 목적의 출발한 내정간섭 안이었다는 것을 잘 보여준다. 이러한 내정간섭 책동은 노인정 회담을 통해 더욱 노골화되었다. 1894년 6월 8일 오후 남산기슭 노인정에서 조선 대표와 일본공사 오또리의 담판으로 시작된 회담은 3차에 걸쳐 진행되었다. 그들은 〈내정개혁안 강목〉을 내놓고 각각 시간까지 정해 놓고 조선 측이 접수할 것을 강요했다. 이러한 일본의 최후통첩 적 강요는 조선 정부 내에서 격렬한 토론을 불러일으켰고, 조선 정부는 내정개혁안을 거부하기로 결정했다. 6월 14일 3차회담에서 조선 대표 신정희는 일본 측의 내정개혁안에 대해 조선 정부에서는 이미 교정청을 설치하여 개혁을 시작했으며, 시간까지 정해 놓고 개혁안을 강요하는 것은 내정간섭이며, 조선에 주둔한 일본군은 조선의 내정개혁에 커다란 장애로 되고 있으므로 철수를 요구하면서 〈내정개혁안〉 반대를 전달했다.

　　〈내정개혁안〉 강요가 실패자자 그들은 조선 정부를 전복하기 위한 군사적 도발에 매달렸다. 일본은 조선 정부가 수용할 수 없는 요구조건을 내걸고 그것이 거부당하자 6월 21일 새벽 1개 여단의 엄호 밑에 포병까지 증강한 1개 대대 병력으로 주권국가 왕궁을 포위 공격해 점령하는 전대미문의 침략행위를 감행했다. 일본 침략군의 왕궁점령사건으로 폐정개혁사업은 끝내 좌절되고 말았다.

내각개편과 김홍집 혁신 내각의 출현

1894년 6월 22일 김병시를 영의정으로 하는 새 정부가 출현했다. 김병시는 보수적 관리였으나 민비일당의 사대매국행위를 견결히 반대했고, 폐정개혁을 적극적으로 주장한 관리였다. 김병시를 중심으로 하는 새 정부가 출현한 다음 조선 정부의 구성에서는 급격한 변화가 일어났다. 계기는 일본군의 조선왕궁 습격 사건이었다. 그들은 조선왕궁을 습격하기 위한 사전작업으로 친청 수구세력을 정계에서 밀어낼 속셈으로 반청 입장의 인물을 모색했는데, 그 대상이 대원군이었다. 그들은 조선 정부를 장악할 목적 밑에 조선 왕궁 습격과 함께 대원군을 정계에 들이밀 음모를 꾸몄으며, 이것을 무력적 방법으로 감행했다. 대원군은 임오군란 직후 청나라에 끌려가 연금된 것이 있기때문에, 일본 편에 설 것이라는 계산에 서였다. 대원군은 일본의 강요와 무력으로 정계에 등장하고 섭정이 되었지만, 상황은 일본의 뜻대로 흘러가지는 않았다. 그것은 대원군이 집권하자마자, 청나라 군영과 비밀연계를 맺으려고 한 사실과 농민군과의 연계 시도를 탐지한 일본이 대원군을 다시 정계에서 밀어낸 사실에서도 잘 알 수 있다.

대원군 집권 후 민영준, 민형식, 민응식, 민치헌 등을 정계에서 제거하고 유배논의가 제기될정도로 민비일당은 급격히 몰락했다. 이와 함께 이도재, 신기선, 윤웅렬 등 개화파 관련 인물이 유배지에서 풀려났고, 신정희, 이봉의, 박준양 등 양심적 봉건 관리들이 등용되었다. 또 친일파로 알려진 김가진, 조희연, 안경수 등이 6월 22일 정부의 요직에 등용되었다. 김병시 정부의 구성에서 중요한 특징은 갑신정변 실패 후 10년간 민비 일당의 박해를 받아왔던 어윤중, 김윤식 등이 정부의 요직에 등용된 것이었다. 이들은 나라의 근대화를 지향한 인물들이었다. 김병시 내각의 이러한 특징은 이 정부가 봉건제도로부터 자본주의 제도로 넘어가는 과도적 성격을 띤 정부임을 알 수 있다.

김병시 정부의 당면한 임무는 일본의 내정간섭을 막고 폐정개혁을 계속해 나가는 데 있었다. 6월 23일 정부는 국왕의 명의로 "성의껏 지시를 선포하게 함으로써 다 같이 새로운 길로 나가려는 조정의 지극한 뜻을 알게 할 것"을 지시했다. 이것은 이 정권의 기본임무가 혁신 즉 폐정개혁을 하는 데 있었다는 것을 보여준다. 김병시 내각이 들어선 후 조선 정세의 급격한 변화가 발생했다. 일본 침략자에 의한 조선왕궁 습격 사건, 6월 23일 풍도 해상에서 청나라 군대에 대한 일본 함대의 기습, 6월 27일 충청도 성환 전투 등 청일전쟁 발발로 정세가 급속히 긴장되어 갔다. 한반도는 청일전쟁의 전쟁 마당으로 돌변했다. 조성된 정세는 폐정개혁에 그칠 것이 아니라 나라의 자주권과 독립을 고수하고 세계발전 추세에 따라설 수 있는 새로운 사회정치개혁, 부르주아개혁을 요구하고 있었다. 이러한 정세를 반영해 김병시 내각에 이어 김홍집 내각이 새로 구성되었다. 김병시 내각이 들어선 지 며칠 되지 않아 김홍집 내각으로 바뀐 것은 당시 정세가 시대적 요구를 화답하기 위해서는 혁신관료들이 필요했기 때문이다. 6월 25일 김홍집을 영의정으로 임명하면서 국왕은 "경이 이미 오랫동안 중추부에서 한가하게 지낸 데다가 현행 정사가 한창 급하고 사람들의 기대도 더욱 간절하니 어찌 이번에 다시 임명하는 조치를 취하지 않을 수 있겠는가"라고 하면서 개혁에서 중추적 역할을 하게 될 김홍집을 비롯한 혁신관리들에게 기대를 표했다. 김홍집을 영의정으로 임명한 지 20일 후인 7월 15일 김홍집 내각 구성을 공표했다.

김홍집 내각은 구성 이후 군국기무처의 해산 전까지 일부 인원의 유동과 보선이 있었으나, 김홍집, 김윤식, 어윤중, 박정양 등 혁신관리와 진보적 영향을 가진 관리들이 주류가 되어 부르주아 개혁 운동을 전개해 나갔다. 갑오년의 부르주아 개혁(갑오개혁)은 이들 혁신관리들의 주동적 활동에 의해 전개되었다. 그들은 복잡한

 북에서 바라본 **우리 근대사**

정세 속에서 한편으로는 다시 정계에 등장한 대원군 세력을 이용하고, 다른 한편으로는 청일 간의 대립을 이용하면서 친청 수구세력을 제거하고 자기들의 정치세력을 확대 강화하기 위해 힘썼으며 그에 토대하여 군국기무처라는 새로운 개혁 담당 기구를 세우고, 갑오개혁 운동의 역사적 과업을 수행해 나갔다.

군국기무처의 설립

군국기무처가 있었던 경복궁 수정전

군국기무처는 1894년 6월 25일 김홍집 내각의 출현과 함께 설립되었다. 이것은 교정청을 발전시킨 개혁 담당 기구였다. 군국기무처의 총재는 영의정 김홍집이었으며, 김홍집, 김윤식, 박정양 등 혁신관리들이 주도적 지위를 차지했다. 6월 26일 군국기무처 개청식을 가진후 제1차 회의가 진행되었다. 회의에서는 군국기무처의 관제가 토의 결정되었으며, 국왕의 비준을 받아 그 날로 법적 효력을 갖게 되었다. 군국기무처의 관제에서 '군국기무처가 군국의 기무 및 일체 사무의 개혁을 담당한다'(1항)라는 것과 '군국의 기무는 본처에서 토의 결정한 후 조칙을 받아 시행한다'(2항)라고 규정했다. 이는 군국기무처가 정책의 작성 및 시행을 위한 최고기관이라는 것을 법적으로 규정한 것이며, 군국기무처의 지위와 국왕의 관계를 명백해 규정해 놓았다. 6월 28일 의정부 관계에서는 '군국기무처에서는 국내의 크고 작은 일을 전적으로 의논한다. 총재는 1명인데 총리대신이 겸임하고 부총재는 1명인데 의원 중에서 품계가 높은 사람이 겸임하며, 회의원은 10명 이상~20명 이하이고, 서기관은 3명인데 1명은 총리대신의 비서관을 겸임한다'라고 규정함으로써 군국기무처의 활동을 관제로서 명백히 규정하고 의정부 산하의 최고 위치에 두었다. 이후 군국기무처의 권능을 더욱 확대해 나감으로써 국가 정권의 모든 권한이 군국기무처에 집중되었고, 반면에 국왕과 대원군의 권한은 이전에 비해 현저히 약화되었다.

군국기무처를 최고 통치기관으로 한 새로운 정치체제는 종래 봉건적 전제 군주제도를 배제한 근대적 정치체제였다. 그것은 비록 형식적으로는 의정부 산하 관청처럼 되어 있었으나 사실상 국가 최고주권기관으로서 국내의 크고 작은 모든 문제를 토의 결정하였고 단지 절차상으로 국왕에게 보고하여 비준받는 형식을 취하고 있었을 뿐이었다. 군국기무처는 11월 21일 해산될 때까지 정

북에서 바라본 **우리 근대사**

치, 경제, 문화 등 사회생활의 여러 부문에 대한 근대적 개혁을 수행하는 최고권력기구로서 존재했다. 혁신관리들은 군국기무처를 창설하자 곧바로 내정개혁을 추진하기 위한 사업에 착수했다.

혁신관리들이 지향한 개혁 방향은 나라의 자주권과 독립을 공고히 하고 사회의 진보를 이룩하기 위한 부르주아개혁이었다. 혁신관리들은 우선 개혁의 명분을 철저히 반외세 입장에서, 즉 '나라의 자주독립의 고수'에서 찾고 있었다. 1894년 6월 27일에 열린 현임 및 전임 대신 회의에서는 개혁이 와신상담해 국가가 당하고 있는 치욕을 씻는 것으로 되어야 한다는 것이 강조되었다. 이날 김홍집은 "지금이야말로 웃 사람이나 아랫사람이나 원수갚을 생각을 잊지 말아야 할 때인데, 오직 전하가 뜻을 굳게 정하고 결단성 있게 분발해야만 성과를 이룩하게 될 것이다"(『고종실록』권 31, 31년 6월 27일)라고 하였다. 혁신관리들은 군국기무처 회의에서 사회정치개혁의 기본문제들을 심의 결정했다. 6월 28일 회의에서 제한된 사회정치개혁은 개혁 운동에서 그들의 정치적 지향을 잘 알 수 있다. 그 내용을 잠깐 살펴보면 다음과 같다.

『군국기무처 제안
  - 국내외 공적 사적 문서에 개국 기원을 쓸 것.
  - 청나라와의 조약을 개정하고 각국에 특명전권공사를 다시 파견할 것.

- 문벌, 양반과 상인 등의 계급을 타파하고 단지 품계만 따르며 서로 만나는 절차를 따로 정할 것.
  - 죄인에 대해 본인 이외에 친족에게 연좌 규정을 일체 시행하지 말 것.…
  - 관청노비와 개인노비에 관한 규정을 일체 폐지하고 사람을 사고 파는 일을 금지할 것.
  - 평민이라도 만일 나라에 이롭고 백성에게 편리한 의견을 제기할 것이 있으면 군국기무처에 글을 올려 회의에 붙일 것.
  - 각 관청의 하인들은 참작하여 더 두거나 줄일 것.」

(『고종실록』권31, 31년 6월 28일)

봉건사회에서 봉건적 토지 소유제도와 신분제도는 봉건사회를 지탱하는 중요한 기둥인데, 군국기무처 회의에서 노비제도를 철폐하는 결정을 채택한 것은 봉건제도의 한 기둥을 찍어 버리는 것과 같은 의미였다. 이와 함께 사대주의적 대외관계를 청산할 것을 지향한 개혁안의 제의는 혁신관리들의 개혁이 철저히 반 침략적이고 반봉건적 부르주아 개혁이었다는 것을 보여준다.

군국기무처는 존속기간 동안 나라의 정치 경제 사회 문화 등 각 분야에서 부르주아개혁을 추진해 나갔다. 정치개혁에서는 의정부를 근대적 내각으로 바꾸어 나갔다. 의정부의 수반을 총리대신으로 규정하고 최고 행정부의 기능을 수행할 수 있도록 만들었다. 또 왕실 기구로서의 궁내부를 의정부와 분리시켰다. 또 중앙관제를 개편하는 동시에 매 기관의 기능을 강화하기위한 개혁조치를 취했다. 또한 사법 및 경찰기구를 개혁해 나갔다. 경제개혁에서는 극도로 문란해진 국가재정 체계를 바로잡으며 개혁수행의 재정적 기초를 확립하기 위한 조치를 취했다. 또 조세의 금납화를 선포한 후 각 지방의 조세를 돈으로 납부하고 단시일 내에 돈을 주조하여 유통시킬 수 있도록 조치했다. 군국기무처는 또한 도량형을 개정하기 위한 사업을 추진했다. 도량형 개정과 함께 신식화폐 발행 장정이 심의 채택되어 신식화폐를 발행하기 위한 법적 조치들이 취해졌다.

일본의 내정간섭과 갑오개혁의 실패

1894년 9월 이후 갑오 농민군이 다시 궐기해 반침략, 반봉건투쟁에 나서고 군국기무처를 통한 혁신관리들의 부르주아 개혁이 적극적으로 추진되자 일본은 갑오개혁을 파탄시키기 위해 횡포한 내정간섭을 감행해 나섰다. 당시의 정세는 일본이 조선 정부를 예속시키기 위해 유리해지고 있었다. 일본이 청일전쟁에서 결정적 승리를 쟁취했으며, 농민군에 대한 야수적 진압 작전이 10월까지 거의 매듭지어지고 있었다. 조선 정부 내에 사대주의자들이 준동하면서 일본 침략자들의 내정간섭 책동이 한층 쉽게 이루어질 수 있었다. 일본은 이러한 조건들을 십분 활용하면서 부르주아개혁을 파탄시키기 위한 내정간섭을 자행했다. 당시 조선의 식민지로 만들려는 일본에게 가장 큰 장애는 군국기무처의 적극적인 활동이었다. 만약 군국기무처의 개혁이 계속된다면 조선은 자기 힘으로 근대화를 실현하고 자주적 발전의 길을 걸어 나갈 가능성이 농후했다. 이렇게 되면 일본이 청일전쟁을 도발한 목적도 물거품이 되고, 조선에 대한 식민지 예속화 정책도 큰 난관에 부딪힌다는 것은 명백했다. 일본은 "…방임해 둔다면 장차 어떤 후과를 초래할지 알 수 없으며 그렇게 된다면 일본이 …해온 모든 것이 그림의 떡으로 될 우려도 적지 않다"라고 하면서 군국기무처를 해산시키고 그간 실시한 개혁의 성과를 말살하려고 동분서주했다.

일본은 박영효 (박영효는 갑신정변의 핵심세력이었으나 정변 실패 후 일본으로 건너가 철저한 친일파로 변절함)를 비롯한 친일 주구들을 군국기무처 내로 침투시켜 정부 내에서 세력관계를 자기들에게 유리하게 바꾸려고 획책하는 한편, 노골적인 내정간섭을 통해 혁신관리들의 부르주아 개혁사업을 파탄시키기 위한 책동을 벌여 나갔다. 일본은 새로 일본공사로 임명된 이노우에는 9월 28일 신임장을 봉정한다는 구실로 고종을 만나 자신을 국왕의 고문으로 자처하면서 군국기무처 개혁사업을 비방 중상하고 말살하기 위해 책동했다. 또 대원군을 섭정을 자리에서 물러나도록 강요했다. 이노우에는 군국기무처의 개혁사업을 비방 중상하는 한편 10월 23일~24일 국왕의 참가 밑에 진행된 대신 회의에서 이른바 〈20개조 내정개혁안〉을 들로 나와 그것을 받아들이도록 강요했다. 〈20개조 내정개혁안〉은 겉으로 보기에는 훌륭한 부르주아 개혁안처럼 포장되어 있으나, 기만적이며 침략적인 내용이었다. 개혁안에서 제안한 사회정치적 문제들은 사실상 군국기무처에서 이미 시행하기로 했거나 이미 실행에 착수한 것들이다. 이노우에가 구태여 그것을 개혁안이라는 것을 들고나온 이유는 조선의 내정개혁을 돕는다는 구실 밑에 군국기무처의 개혁사업을 파탄시키며, 식민지예속화를 촉진하려는 것이었다. 일본이 개혁안에서 그들이 노린 실제 목적은 국왕에게 모든 권한을 집중시키고 군국기무처를 해산하는 것이었다. 그들이 제기한 20개조 내정개혁안 1조에서는 '정권은 모두 한 곳에서 나오게 할 것'이라고 했으며 17조에서 '군국기무처의 기구와 권한을 개정할 것'이라고 규정했다. 1조는 정치를 일원화한다는 구실 밑에 국왕의 전제권을 회복하며 관리임면권을 포함한 일체 권한을 국왕에게 다시 넘겨줄 것을 규정한 것이었으며, 17조는 군국기무처의 권한이 지나치게 크다는 것을 구실로, 아무 권한도 없는 자문기관으로 만들어 버리는 것이었다. 이처럼 그들은 군국기무처를 무력화시키고, 국왕에게 권력을 다시 집중시킨 후 국왕을 틀어쥐고 식민지 예속화 정책을 추진하려는 것이 명백했다. 결국 〈20개조 내정개혁안〉은 우리나라에서 진행되어 오던 갑오개혁을 파탄시키고 낙후한 봉건제도를 유지 고착시킴으로써 식민지 지배에 유리한 지반을 마련하기 위한 침략적이며 반동적 내정간섭 안이었다. 국왕을 비롯한 민비 일당은 나라와 민족의 운명은 생각지도 않고 일본 침략자들에 빌붙어 〈20개조 내정개혁안〉을 받아들이는 반민족적 행위를 저질렀다.

일본은 11월 2일 조선 정부가 4명의 현판급 관리들을 임명한 것을 구실로 군국기무처를 해산시키려고 획책했다. 이노우에는 국왕의 고문인 자기와 사전 협의 없이 자의적으로 국가관리를 임명했다고 트집을 걸면서 이른바 항의 각서를 조선 정부에 제출했다. 국왕을 비롯한 지배층들은 11월 5일 이노우에와 면담을 받아들였는데, 이노우에는 이 자리에서 고종을 위협 공갈했다. 그리고 11월 10일 이노우에는 국왕 및 정부 각 대신들로부터 〈20개조 내정개혁안〉을 책임적으로 수행하겠다는 대답을 받아내고 이어 11월 12일에는 박영효를 비롯한 친일파들로 이루어진 정부 개조안을 내놓았다. 이리하여 11월 21일 군국기무처는 강제해산되고 국왕 전제권이 회복되었으며 갑오개혁은 실패하였다.

갑오개혁은 근대 부르주아개혁으로 커다란 역사적 의미를 갖고 있었다. 봉건적 관료기구를 근대적 국가기구로 개편했으며, 국가행정기관들도 근대적으로 개편했다. 또 각종 봉건적 차별제도를 청산함으로써 사회생활의 근대화를 위해 새로운 길이 열리게 했다. 경제분야에서도 자본주의적 관계의 발전을 촉진시키는 조치들이 취해졌다. 이러한 역사적 의의에도 불구하고 한계도 있었다. 개혁의 기본문제인 주권문제를 올바르게 해결하지 못했으며, 토지문제를 적극적으로 해결하지 못했다.

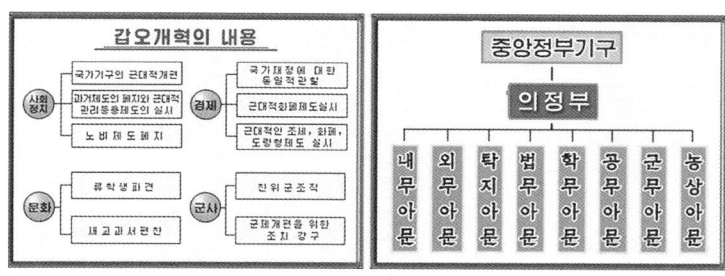

제4장

갑오농민전쟁

최현진

남북역사문화교류협회 조직위원장

1971년 서울 출생. '우리겨레하나되기운동본부',
'코리아포커스 통일부 기자' 등을 거치며 남북 관계와
관련된 일들을 주로 해 왔다.
DMZ 지역에 대한 전문 가이드로 학생과 노조
시민단체 등에 분단의 현장을 해설했다.

제4장 갑오농민전쟁

1절. 갑오농민전쟁의 성격과 정의

1. 갑오농민전쟁의 성격

　1894년 (갑오년) 부패한 봉건적 지배세력과 외래 침략세력을 반대하는 대규모 농민전쟁이 발발했는데, 이를 갑오농민전쟁이라고 부른다. 갑오농민전쟁의 주역은 농민군이다. 당시 농민군은 부패한 봉건 지배층의 횡포와 학정에 반대하여 투쟁에 나섰다. 당시 농민들에 대한 가렴주구는 헤아릴 수 없이 심했다. 농민군은 전세를 비롯한 기본세와 호역전(집집마다 부과되는 부역 대신 내는 돈)을 비롯한 잡세도 봉건적 기본법에 따라 징수할 것을 요구했으며, 이중삼중으로 얽어매고 있던 채무의 면제, 무명잡세 폐지를 강력하게 요구했다. 이러한 농민군의 요구는 농민들의 최소한의 투쟁강령이었다.

또 농민군은 악질관리들에 대한 처벌도 강하게 제기했다. 농민들은 악질관리에 대한 원한에 사무쳐 탐관오리들을 적발 숙청하며 권력을 남용해 매관매직을 일삼는 정부 관리들과 산림, 토지, 묘지가 있는 선산을 마음대로 빼앗아 자기 것으로 만드는 지방관, 중간 착취를 일삼는 전운사와 균전사의 처벌을 강력히 요구했다. 전봉준은 법정에서 매관매직을 일삼는 정부의 권신들과 8도의 탐관오리를 모두 숙청하려고 했다면서 투쟁의 목적과 정당성을 밝혔다.

농민군은 탐관오리의 숙청을 주장했을 뿐 아니라, 인재 본위로 관리를 등용해 세상을 구하고 백성들을 편안하게 하여 보국안민의 최고이상을 실현하려고 했다. 즉 농민군의 투쟁목표는 단순히 자신들의 경제적 요구 실현에 그치는 것이 아니라 봉건 정부의 부패한 정치방식을 바꾸려는 것이었으며, 이로써 반봉건적 성격을 띠고 있었다. 농민군은 봉건적 신분제도를 반대해 투쟁했다. 그들은 〈전주 화의〉 때 정부에 〈폐정개혁안〉을 제출했는데, 그 내용에는 노비 문서의 소각, 천민의 대우 개선, 청춘과부의 재가 허용, 관리 등용에서의 지방 및 문벌 차별 폐지가 포함되어 있다. 이것은 농민군이 봉건적 신분제도의 골간인 양반제도와 노비제도를 반대하고, 신분제도를 아예 철폐하려고 했다는 것을 보여준다. 농민군은 이처럼 반봉건적 요구를 제시하였을 뿐만 아니라 그 실현을 위하여 적극적으로 투쟁하였다. 전봉준은 체포된 이후에도 "탐욕스럽고 포악한 관리들을 없애고 그릇된 정치를 바로 잡는 것이 무엇이 잘못이며..... 백성의 고혈을 빨아먹는 자를 없애는 것이 무엇이 잘못이며, 사람으로서 사람을 매매하는 것과 국토를 농간질하여 사복을 채우는 자들을 치는 것이 무엇이 잘못이냐?"라고 절규하며, 농민군의 반봉건 투쟁의 정당성을 밝혔다.

농민군의 정당한 요구와 투쟁은 조선 사회에 큰 타격을 주었다. 농민들의 투쟁 기세에 봉건정부는 1894년 6월 13일, 10년 동안 제멋대로 늘어난 잡세를 모두 폐지하였으며, 16일에는 국가재산을 횡령한 관리는 처벌할 것, 공사채무를 가족이나 친척에게 물리는 일이 없도록 할 것, 30년이 지난 채무는 무효로 할 것, 지방관은 임지에서 땅과 산을 사지 못하며 묘지를 쓰지 말 것, 고을 아전은 신중하게 선발하고 규정에 따라 임명하여 뇌물을 받거나 법을 위반하였을 경우 도적 죄로 다스릴 것, 세금을 국가법에 따라 징수하는 등, 농민군의 요구를 받아들이지 않을 수 없었다. 이는 농민군이 제기한 요구를 그대로 반영한 것으로서 농민전쟁사에서 유례를 찾아보기 힘든 성과였다. 하지만 이러한 결정은 불행하게도 봉건 정부의 무능으로 실천되지 못했다.

갑오농민전쟁은 이처럼 봉건 악폐를 청산하고 사회적 진보를 위한 반봉건투쟁, 계급투쟁이었을 뿐 아니라, 외래 침략으로부터 나라의 독립을 고수하기 위한 '반외세 자주화' 투쟁이었다. 갑오농민전쟁은 반봉건투쟁으로 시작했으나, 청일전쟁을 계기로 일본의 침략적 행동이 강화되자 반일투쟁으로 발전했다. 이것은 당시 정세변화에 따른 합법칙적 발전과정이었다. 갑오농민전쟁이 진행되고 있었을 때 일본군은 불법적으로 조선에 들어왔다. 일본군이 조선에 들어와 무력간섭과 내정간섭을 노골화하자, 농민군은 일본 침략자를 반대하는 투쟁에 궐기하였다. 반일 반외세 구호는 1893년 2월 〈교조신원운동〉 때 중하층 농민 동학도들에 의해 이미 제기되었고, 또 3월 보은집회에서는 척양척왜의 구호로 나타났었다. 또 1894년 3월 고부 농민봉기 때에도 '왜의 박멸'을 주장했고, 5월 전주 화의 때에도 '왜와 관통하는 자는 엄벌에 처할 것'을 제기했다. 하지만 농민군이 일본 침략자들을 반대하여 들고일어나 직접 싸운 것은 일본 침략자들이 군대를 조선에 파견한 이후였다. 1894년 9월 농민군이 다시 궐기하면서 내세운 주된 투쟁대상은 일본 침략자였다. 전봉준은 공초에서 '일본군대와 서울에 있는 각국 사람들을 모두 내쫓을 생각이었는가?'는 질문에 '그렇지 않다.'라면서 '오직 일본군만 우리나라 영토를 침략하고 약탈하려는 것이기 때문에 죄를 물으려 한 것'이라고 답했다. 농민군이 반일투쟁의 기치를 든 것은 개별적 농민군 지휘자의 정세 판단이 아니라 당시 민중들의 염원을 반영한 것이었다. 당시 민중들의 일본에 대한 분노가 절절했기 때문에 전봉준 등이 반일투쟁을 호소하자 전라도, 충청도 각지에서 대중들이 궐기하여 투쟁에 나선 것이다. 전봉준이 체포되어 심문을 받을 때 '척양척왜의 구호를 든 것은 대원군의 부추김을 받았기 때문이 아닌가?'는 질문에 '그것은 온 나라 모든 사람의 뜻이다. 어찌 이것을 대원군 한 사람에 한하여 그 뜻이 있다고 하는가?'라고 반박했다.

갑오농민전쟁은 '반외세 반봉건투쟁'인 동시에 나라의 근대화를 지향한 거족적인 애국투쟁이었다. 농민군은 자신들의 생존을 위해 투쟁했을 뿐 아니라, 나라의 부강발전을 위해 외래 자본주의의 침략으로부터 나라와 민족의 자주권을 고수하고 근대적 문물제도의 도입을 요구했다. 농민군이 제기한 봉건적 신분제도의 폐지, 토지의 평균분작, 인권의 존중과 평등 문제는 중세 농민들이 들고 나왔던 대동 사회 건설 사상과는 구별된다. 봉건적 신분제도를 반대하는 지향은 중세에도 있었으나 1984년 갑신정변 후 나라의 근대화가 사회혁명의 중심과제로 제기되고 있던 당시의 역사적 환경에서는 종래와 구별되는 새로운 시대적 요구를 반영하지 않을 수 없었다. 예를 들어 농민군이 제기한 토지의 평균분작은 비록 봉건적 토지제도의 전반적 폐절을 전제로 한 것은 아니었으나, 국내 시장을 보호하고 민족경제를 보호하려는 부르주아지의 토지강령과 형식상 일치했다. 또 동학도들은 당시 전봉준이 '시국을 개혁하려는 선각자로서 신사상을 가지고 개혁심이 있는 자'들을 규합했다고 했는데, 이것은 전봉준의 사상이 근대적이었다는 것을 말해준다. 이러한 측면에서 갑오농민전쟁은 낡은 봉건제도를 타파하고 정치, 경제, 군사, 문화의 모든 부문에서 근대적 문물제도의 도입을 촉진시킨 힘있는 추동력으로 되었다. 특히 갑오개혁은 농민군의 근대화 요구를 반영한 것이라고 볼 수 있다. 일본이 집요하게 강요하던 내정간섭적인 '내정개혁안'을 물리치고 혁신관료들이 자주적으로 갑오개혁을 밀고 나갈 수 있었던 배경에는 갑오농민전쟁의 힘이 있었기 때문이었다.

이처럼 갑오농민전쟁은 중세 농민전쟁과 구별되는 새로운 투쟁 구호를 제기하고 농민들을 궐기시킨 근대 농민전쟁이었다. 중세 농민전쟁은 투쟁 구호에서 봉건제도의 철폐를 지향하지 못했으나 갑오농민전쟁은 노비제도 철폐를 비롯해 봉건적 신분제도 전반을 반대했고 토지 분작과 외세배격, 민족의 자주권과 나라의 근대적 발전 문제까지 투쟁 구호로 제기하고 투쟁하였다. 이것은 갑오농민전쟁이 중세 농민전쟁과 질적으로 구별되는 근대적 농민전쟁이었다는 것을 증명해준다. 또 갑오농민전쟁은 집강소와 같은 농민자치기관을 만들고 자기의 정치 경제적 요구를 내걸고 실천에 옮기려 했다는 점에서 중세 농민전쟁과 구별된다.

2. 갑오농민전쟁 명칭의 역사

갑오농민전쟁은 한반도를 중심으로 청나라와 일본이 개입된 국제적 사건으로 다양한 명칭으로 불리워지고 있다. 일본에서는 '갑오농민전쟁'으로 불리고 중국에서는 '동학당기의'로 불린다. 국내에서는 시대적 상황과 정치적 스펙트럼에 따라 다양하게 불리고 있다. 갑오농민전쟁이 일어났던 1894년 상황 속에서 갑오농민전쟁은 농민군 측에서는 동학교도를 뜻하는 '동도'라는 명칭과 의로서 일어난 병사인 '의병'이라는 뜻을 합쳐 '동도의병'이라고 불렸다. 반면에 조선 정부와 일본군 그리고 당시 지식인층은 한결같이 '비적', '비도'라고 불렀다. 이런 경향은 당시 개혁적 지식인층조차 비슷했다. 당시 대표적 사상가였던 황현선생조차 이들을 '동비(東匪)'라고 불렀다. 이런 경향은 일본 식민지 시대에 와서 조금씩 바뀌기 시작했다. 갑오농민전쟁을 역사적 사건으로 처음 다룬 박은식 선생은 『한국통사』에서 갑오농민전쟁을 '갑오동학지란'으로 불렀고, 개혁의 선두자였다고 평가했다. 이 당시 갑오농민전쟁에 대한 평가는 동학이라는 범주를 크게 넘지 못해 대부분 '동학란'이라고 표현했다. 반면 사회주의 계열의 역사학자들은 갑오농민전쟁을 혁명의 의미로 사용하기 시작했다. 대표적으로 1922년 모스크바에서 열린 〈극동 노력자 대회〉에서 "수세기에 걸친 침탈로부터 억압당해온 민중들이 연합해 일으킨 폭동"이라 언급하며 '농민 폭동'이라는 표현을 사용했다. 그리고 사회경제학자인 이청원은 『조선역사독본』에서 '갑오혁명'이라 부르고 농민전쟁에 계급투쟁적 의미를 부여해 중국의 태평천국운동과 같이 동학 천국으로 규정했다.

1945년 해방과 분단 이후 갑오농민전쟁은 남과 북에서 각각 다른 명칭으로 규정되기 시작했다. 북에서는 갑오농민전쟁의 성격을 '반봉건 반침략'으로 규정하고, 이청원의 논리를 진전시켜 1945년 초등학생용 문고판으로 『갑오농민전쟁』을 펴냈다. 이것이 해방 후 최초로 갑오농민전쟁과 관련된 출판물이었다. 북에서는 이후 농민전쟁이라는 기본 시각이 확립되었고, 그에 따라 갑오농민전쟁이라고 불렀다. 1981년 출판된 『조선전사』등에서 갑오농민전쟁, 1894년 농민전쟁으로 정착되었다.

남에서는 이에 비해 연구 자체도 미약했고, 개념 자체도 발전시키지 못해 '동학란'이란 명칭이 1960년까지 거의 고착화되었다. 5.16 군사쿠데타 이후 갑오농민전쟁에 대한 연구와 명칭논의가 활발하게 일어났는데, 박정희의 부친이 동학 접주였던 것과 연관이 있다. 그 때문에 전북 정읍에 박정희 정부 주도로 갑오동학혁명 기념탑이 세워졌다. 박정희는 우리나라의 혁명은 동학혁명과 5.16혁명 둘 뿐이라는 점을 강조하고 동학혁명을 추켜올리며 자신의 쿠데타를 미화하였다. 이러한 흐름에 편승해 학계에서도 갑오농민전쟁에 대한 연구를 발전시키기 시작하면서, 1970년대 이후 「동학농민봉기」 「동학운동」 「갑오동학혁명」 등의 명칭을 쓰기 시작했다. 이러한 흐름은 1980년대까지 이어졌다. 그러다가 1989년 「역사문제연구소」가 이러한 명칭에 대해 문제를 제기했다. 그 핵심은 '동학과 농민군에 대한 문제를 동학에만 국한시킨다'는 문제제기였다. 역사문제연구소의 토론에서는 '갑오농민전쟁', '동학농민전쟁', '1984년 농민전쟁' 등의 용어를 사용해야 한다는 주장을 제기했다. 이는 갑오농민전쟁의 성격을 동학이라는 측면과 농민전쟁이라는 성격을 절충하려는 첫 시도였다는 점에서 큰 의미가 있다. 즉 단순한 종교적 운동이 아닌 농민들이 주체가 되어 낡은 봉건체제를 개혁하려는 농민운동으로 보려는 시도였다. 이후 '갑오농민전쟁', '1894년 농민전쟁', '동학농민혁명' 등 다양한 명칭으로 불려지고 있다. 다만 이남 정부에서는 동학농민혁명 기념사업회의 명칭을 존중해 '동학농민혁명'이란 표현을 공식명칭으로 사용하기도 했고, 2004년 '동학농민혁명 참여자 등의 명예회복에 관한 특별법' 등을 발의하기도 했다. 다만 한국사 교과서와 각종 EBS 교재에 '동학농민운동'이라는 명칭을 사용하고 있기 때문에 정부에서도 이 명칭을 혼용하고 있다.

2절 . 동학과 농민전쟁의 연관성

동학이란 동방의 학문, 즉 조선의 학문이라는 뜻이다. 이것은 서학 즉 가톨릭교에 대치시켜 조선의 신앙과 철학임을 강조하기 위해 붙인 이름으로, 당시 우리 민족의 민족적 각성 정도가 반영되어 있다. 동학은 봉건 통치제도의 위기가 격화되고 봉건질서가 걷잡을 수 없이 무너져 가던 역사적 조건에서 '반봉건 반침략' 성격을 가진 새로운 종교로서 동학이 발생하였다. 1860년대에 민중들의 반봉건 반침략 분위기가 높아져 갔으며, 민족의 장래 운명을 우려한 일부 선각자들이 이러한 분위기에 고무되어 조선 사람은 외국에서 들여온 남의 교리를 믿으며 살 것이 아니라 자기의 사상과 학문을 가지고 살아야겠다는 자각을 갖고 조선의 학문을 부르짖게 되었다. 동학은 바로 이러한 시대적 요구를 반영해 1860년대에 발생하였다.

1. 동학 상층부의 움직임

동학의 기본사상은 최제우가 저술한 『용담가』(1860년), 『교훈가』(1861년), 『안심가』(1861년), 『몽중로소문답가』(1861년), 『론학문』(1861년), 『도수가』(1861년), 『권학가』(1861년), 『도덕가』(1862

년), 『홍비가』(1863년) 등에서 종교적인 형태로 정리되었는데, 그 내용은 반봉건적 반침략적인 교리로 되어 있다. 이 교리는 종교적 형식을 띠고 있으며, 농민들의 반봉건적 지향이 담겨 있다. 그 단적인 예가 '사회는 불가피하게 멸망하고야 말 필연성을 가진 사회'라고 규정했는데, 이는 봉건적 질서를 부정한 것이다. 또 동학의 '지상 천국설'도 피압박 민중의 반봉건적 지향이 담겨 있다고 봐야 할 것이다. 더 나가 미래사회에서는 피압박대중이 복을 누리게 되고 압박자들이 몰락할 것이라는 설교에는 봉건 지배층의 반대하는 농민대중의 이해관계가 명백히 표현되어 있었다.

이처럼 동학은 봉건 지배층의 악정과 외래 침략 세력에 의해 조성된 계급적, 민족적 위기에서 벗어나 보려는 민중의 염원을 반영하였기 때문에 처음부터 농민대중 속에 뿌리박을 수 있었고, 매우 빠르게 전파될 수 있었다. 최재우가 포교를 시작한 2년 후인 1862년에는 〈접주제〉를 두어 교도들을 조직에 묶어 세우기 시작했고, 1863년에 이르러 동학 발생지인 경상도 경주 같은 데서는 "동학 교리를 외우는 소리가 들려오지 않는 날이 없었으며, 장사하는 아낙네들과 나무하는 아이들 가운데서 교문을 외우지 않는 자들이 없다"고 할 정도로 널리 퍼졌으며, 경상도는 물론이고 충청도, 전라도, 경기도까지 영향을 미치게 되었다.

조선 정부는 동학이 확대되자, 1863년 12월 동학 창시자 최제우를 체포해 이듬해 3월 10일 학살하고 동학을 대대적으로 탄압했다. 하지만 동학은 쉽게 소멸되지 않았다. 반대로 최시형을 비롯한 동학 상층에 의해 교세가 더욱 확장되어갔다. 동학 상층은 교세 확장에서 포교가 갖는 중요성을 인식하고, 1883년 충청도 목천군 내리에 발행소를 설치하고, 동학 교리를 집대성한 『동경대전』과 『용담유사』를 발행하고 적극적인 포교활동을 벌렸다. 동학 상층은 "우리 도를 깨달을 사람은 호미를 들고 지게를 지고 다니는 사람들 속에서 많이 나오리라...... 부유한 사람과 귀한 사람과 글을 잘 아는 사람은 도를 통하기 어렵다"라고 하면서 가난한 농민들을 대상으로 포교 활동을 벌였으며 '빈부귀천', '적서차별'을 반대하는 구호를 들었다. 동학이 내포한 진보적이며 애국적인 사상과 동학 상층의 적극적인 포교 활동으로 1880년대 말에 이르러서는 경상도, 전라도, 황해도, 평안도, 강원도, 경기를 비롯한 넓은 지역에 퍼졌으며 동학교도는 수십만 명으로 확대되었다.

봉건 지배층의 탄압에도 불구하고 교세가 확장되자 동학 상층은 종전의 〈접주제〉를 더욱 확대하는 한편 포를 단위로 하는 새로운 동학 조직체계를 만들어냈다. 새로운 조직체계에 따라 동학교도들이 조직적으로 결속되어 큰 세력으로 성장했으며, 투쟁방식에서도 큰 변화가 생겼다. 1890년 이전에는 소극적인 저항에 그쳤으나, 1890년대 이후에는 강경 대응 자세로 맞서기 시작했다. 동학 상층은 민중들의 앙양된 반봉건투쟁에 편승해 동학의 창시자인 최제우의 억울한 죽음을 풀고, 그의 명예를 회복하는 방법으로 동학의 합법성을 쟁취하기 위한 〈교조신원운동〉을 시작했다. 교통이 편리한 전라도 삼례역을 동학교도의 집회 장소로 정하고, 1892년 10월 27일 삼례에 모일 것을 동학교도에게 통지했다.

11월 1일 수천 명의 군중이 삼례에 모여들었다. 동학 상층은 집회를 선포하고 전라감사 이경식에게 〈교조 신원〉과 〈동학에 대한 탄압을 금지시켜 달라〉는 청원서를 제출했다. 집회 군중의 투쟁 기세에 놀란 전라감사는 11월 9일 정부가 동학 금지를 구실로 감행하던 농민들의 재산 약탈행위를 금지하라는 공문을 각 고을에 내려보냈으며, 충청 감사도 전라도에서도 같은 내용의 공문을 각 고을에 내려보냈다. 동학 상층은 전라, 충청 감사가 집회 군중의 요구에 굴복하는 공문을 발표하자 집회의 해산을 선포했다. 하지만 정부는 동학교도가 집회를 해산하자 곧바로 약속을 뒤집어엎고 탄압을 더욱 강화했으며, 특히 고을 아전들과 토호들은 민중에게 죄를 뒤집어씌워 약탈을 자행했다. 그러자 동학교도들은 국왕에게 항의를 들이댈 기세를 보이면서 충청도 보은지방으로 모여들기 시작했다.

동학 하층이 대중적으로 진출하면서 계급적 각성이 높아지자,

겁을 먹은 동학 상층은 하층의 투쟁력에 기대 합법적 활동을 쟁취해 보려던 입장을 바꾸었다. 그리고 자기들끼리 〈상소단〉을 조직해 국왕에게 청원하는 방법으로 동학의 합법성을 보장받으려고 했다. 동학 상층은 1893년 3월, 40여 명으로 구성된 〈상소단〉을 서울에 파견하였다. 그러자 정부는 '해산하면 원하는 것을 해주겠다'면서 〈상소단〉을 해산시켜 놓고, 〈상소단〉이 해산되자 〈상소단〉 우두머리를 체포해 처형하고 동학 집회가 열리면 해당 지방관을 처벌하겠다는 강경책을 발표했으며 실제로 동학을 금하지 못했다는 이유로 한성판윤과 전라감사를 처벌했다.

2. 중하층 동학도들의 반봉건 반침략 투쟁

동학의 중하층은 대부분 농민으로, 교리보다는 동학에 의지해 생존권을 보장받으려고 동학에 들어갔다. 동학 상층이 주도한 종교적인 〈교조신원운동〉이나 소극적인 상소 투쟁은 중하층 동학도들의 생존권을 지킬 수 없었다. 그리하여 상층과 달리 생존권을 지키기 위해 독자적인 투쟁을 벌여나가기 시작했다. 그들의 독자적 투쟁은 서울 상소 투쟁이 실패로 끝난 1893년 2월 13일부터 시작됐다.

동학 상층의 〈상소단〉과 별도로 서울에 올라온 그들은 미국을 비롯한 외래 침략 세력들이 공사관, 교회당, 학교, 살림집 등을 세워놓고 주인행세를 하는 것을 보고 민족적으로 각성하기 시작했다. 그들은 외국인들이 둥지를 틀어 들어앉은 건물들의 담벼락에 격문을 써 붙이는 투쟁을 벌이기 시작했다. 3월 2일에 일본공사관 담벼락에 "일본사인들은 보아라"라는 제목의 격문을 써 붙였다. 그 격문에서 일본의 조선 침략 행동을 폭로한 다음에 "우리가 너희에게 잊지 못할 복수의 원한이 있거늘 너희들이 도리어 우리를 침노하니 죄는 용서할 수 없으며, 너희들의 운명은 머지않아 끝날 것이다…. 너희들의 생사와 위태로움과 편안함은 너희들 자신이 선택하라. 후회하지 말고 너희 나라로 급히 물러가라."라고 규탄했다.

서울주재 미국 공사는 공사관에 붙었던 격문을 가지고 조선 정부에 항의하는 한편 영국, 일본 공사들과 동학도들의 투쟁을 무력으로 진압할 흉계를 꾸몄다. 일본은 새로 군함을 인천에 끌어들이는 한편, 조선 정부에 민중들의 반외세 투쟁을 진압하고 자기들의 안전을 보장해 달라고 요구했다. 외세의 요구에 굴복한 조선 정부는 중하층 동학도를 비롯한 애국적 민중들의 투쟁을 탄압하기 시작했다. 그러자 중하층 동학도들은 새로운 투쟁을 벌이기 위해 서울을 떠나 충청도 보은으로 몰려들었다. 서울 상소 투쟁으로 위축되어 있던 동학 상층은 동학 하층의 투쟁 기세에 압도되어 1893년

3월 10일 다시 집회를 선포했다. 집회가 선포되자 보은에는 동학도뿐만 아니라 민중들까지 10일 동안에만 해도 2만여 명이 몰려들었다. 보은집회에는 동학도뿐만 아니라 각계각층의 애국적 민중들이 참가하였다. 이들은 동학 상층과 달리 반봉건 반침략적 투쟁 구호를 들고 완강하게 투쟁했다. 그들은 3월 10일 통문에서 다음과 같이 호소했다.

『지금 왜놈과 서양의 원수들이 깊이 들어와서 큰 난리에 이르렀는데 실로 오늘의 서울 형편을 자세히 보면 마치 이곳은 오랑캐의 소굴이다. 가만히 생각건대 임진의 원수와 병인의 수치를 어찌 참을 수 있고, 어찌 잊을 수 있단 말인가. 지금 우리 동방 삼천리 강토는 다 짐승의 발자취로 뒤덮이고 500여년의 왕조가 마침내 망할 징조를 보이니 인의예지와 효제충신이 지금 어디 있는가. 우리들은 비록 검박한 시골의 어리석은 백성이나… 우리들 수만 명은 힘을 합쳐 죽음을 맹세하고 왜놈과 서양 오랑캐들을 쓸어버리려 한다.』 (『보은관아통고』)

보은 집회참가자들은 통문을 돌려 「척왜양창의」라고 쓴 깃발을 내걸고 집회 장소에 돌을 쌓아 관군의 공격에 대처할 준비를 하면서 기세를 올렸다. 해산을 요구하는 관의 책동에 "이 모임은 약간의 무기도 휴대하지 않았으니, 곧 민회이다. 일찍이 여러 나라에 민회가 있어 조정의 법이 백성에게 유리하지 않은 것이 있다면 모여서 토의 결정한다고 들었다. 우리가 모인 것은 이와 같은데 어찌 비적의 무리라고 할 수 있겠는가"라고 당당히 주장하였다. "왜놈과 양놈들이 개나 양과 같다는 것은 우리 동방 삼천리에 비록 어린 아이라도 모를 수 없거늘…. 척왜척양하는 우리를 배척하며 그른 일이라 하니 개나 양에게 굴복하는 것은 옳은 일인가"라는 방문을 써 붙이면서 봉건 지배층의 매국 배족적 행동을 규탄했다.

집회 군중은 통문을 발표해 봉건 지배 세력의 부패상을 폭로하고 각 계층 군중을 투쟁으로 불러일으켰다. 이들의 완강한 투쟁 기세와 애국적 호소는 광범한 군중을 반외세 반봉건투쟁에 떨쳐나서도록 했다. 집회 군중의 수는 날마다 늘어나 3월 25일경에는 무려 7만여 명에 달했다. 집회 군중은 여러 날 동안 계속되는 폭우에도 불구하고 몽둥이를 준비하면서 탄압에 대항할 준비를 갖추어 나갔다. 보은집회 군중의 반외세 반봉건투쟁은 정부의 간교한 회유와 무력 탄압 반대 투쟁을 통해 더욱 고조되었다. 정부는 이른바 〈고종칙유문〉을 내려 집회 군중의 해산을 꾀하는 한편 군사적 탄압을 감행하는 길로 들어섰다. 고종은 3월 29일 통위영, 장위영의 1,400명의 군사로 토벌군을 꾸려 청주와 보은지방에 파견하는 폭거를 감행했다. 정부의 간교한 회유 기만책과 횡포한 탄압책은 집회 군중을 더욱 격분시켰다. 집회 군중은 어윤중이 3월 26일 집회 장소에 나타나 국왕의 칙유문을 읽고 해산을 명령하자, '창의하여 왜와 양을 치는 것이 무슨 큰 죄가 된다고 잡아 가두려고 하고 쓸어버리려고 하는가'라고 항의하면서 외래침략자로부터 나라를 지켜낼 생각이 없이 거꾸로 집회 군중을 탄압하는 봉건 지배층의 부패상과 매국 배족적 행동을 규탄하고 해산을 거부했다.

집회 군중은 해산명령에 정면으로 맞서 투쟁을 계속하는 한편 무력 탄압에 대처하여 경계와 방어대책을 세워나갔다. 3월 28일에는 수백 명의 군중이 장내 뒷산에 올라가 감시를 하였고, 700여 명의 군중은 장내에서 1.2km가량 떨어져 있는 장재에 정부군의 진압에 맞설 진을 쳤다. 투쟁대열도 계속 확대되었다. 3월 26일에는 수원, 용인 등에서 300여 명, 3월 27일에는 전라도 영광에서 100여 명, 3월 29일에는 상주, 선산 등지에서 100여 명, 30일에는 장수에서 130여 명, 영암, 무안, 순천, 인동, 지례 등지에서 260여 명의 군중이 집회의 참가를 금지한 정부의 명령을 물리치고 투쟁에 합세했다. 집회의 투쟁 기세가 더욱 높아가고 전국 각지 민중들의 지지가 높아가는데 질겁한 정부는 탄압 무력으로 배경으로 한 교활한 회유 기만책으로 집회를 해산시키려 했다. 어윤중은 3월 30일 고종이 내린 해산명령문을 읽고 3일 안으로 집회를 해산할 것을 명령했다. 그러나 집회 군중은 이러한 회유 기만책에 굴복하지 않았다. 그들은 외세침략자들의 소굴로 되어버린 서울과 나라의 재부가 놈들에게 약탈당하고 있는 당시 사회상을 폭로하고 온 나라의 군사와 힘을 합쳐 외래침략자들을 쳐물리치며 정부는 탐관오리를 비호하지 말고 강력히 처벌할 것을 요구하였다. 이와 함께 각지 농민들이 농사철임에도 불구하고 고향을 떠나 보은 장내에 모인 것은 봉건 지배층이 죄없이 사람들을 함부로 죽이고 민중들의 재물을 약탈하는데 참을 수 없었기 때문이라고 지적하고 "어찌 부모와 가정을 생각함이 없으랴마는 이미 논밭과 재산을 헐값으로 다 팔아버리고 죽음을 각오하고 왔다." 면서 자기들의 반봉건요구가 관철될 때까지 끝까지 싸울 기세를 표명하였다. 이처럼 집회 군중은 정부의 해산명령을 거부하고 그에 맞서 격렬한 투쟁을 벌였다.

그러나 동학 상층의 타협적 투항적 태도로 집회의 형세가 기울어지기 시작했다. 집회 군중의 투쟁 기세에 폭력투쟁까지 주장했던 서병학이란 자는 어윤중을 찾아가 집회 경위를 밀고하는가 하면, "호남지방에서 온 무리들은 눈여겨 살펴보지 않으면 비록 같은 것처럼 보이나 종류는 다르다. 통문이나 방문을 낸 것은 다 그들이 한 짓이다. 정형이 매우 수상하니 원컨대 공은 자세히 살펴서 처리하여 이 무리들과 혼동하지 말 것을 바란다."라고 하면서 정부의 탄압이 호남지방 민중들을 비롯한 집회 군중에게 쏠리게 하고 자기들은 탄압에서 벗어나려는 비열한 행동을 자행했다.

동학 상층의 투항적 행동은 이에 그치지 않았다. 최시형, 서병학 등 동학 상층은 정부군이 토벌하러 온다는 소식이 전해지자 4월 2일 밤을 이용해 달아나고 말았다. 동학 상층의 이러한 투항적 행동으로 집회가 파탄나게 되었다. 동학 하층 군중들은 상층이 자기들을 배반하고 도망치고 정부군이 야수적으로 탄압하자 4월 3일 집회를 해산하지 않을 수 없었다. 보은집회는 비록 해산되었지만, 중하층 동학도들과 애국적 민중들을 민족적으로 계급적으로 각성시키는데 큰 역할을 하였다.

3. 전봉준을 중심으로 한 정치세력 형성

갑오농민전쟁의 총 지휘자는 전봉준이었다. 따라서 전봉준과 떼어놓고 갑오농민전쟁을 말할 수 없다. 교조신원운동 실패 이후 상층의 태도에 환멸을 느끼고 민중의 지향과 요구를 반영한 투쟁 구호를 들고 광범한 농민대중을 조직하려는 새로운 정치세력이 출현했다. 그들은 전봉준, 김개남, 손화중, 김덕명 등 동학의 중하층을 대변한 정치세력이었다. 이들은 광범한 농민대중의 반외세 반봉건 입장을 대변해 나라를 근본적으로 개혁해 나갈 정치적 이상을 추구하였다.

전봉준은 일찍부터 기울어져 가는 나라를 구원하고, 외세의 침략으로 도탄에 빠진 백성들을 구원할 큰 뜻을 품고 있었다. 그는 당시 반외세 반봉건 사상을 대변하고 있었던 동학을 눈여겨보다, 1880년대 말경에 동학에 들어갔다. 그리고 그곳에서 자기의 정치적 지반을 구축해 나갔다. 동학 조직에서 그는 〈접주〉에 지나지 않았다. 〈접주〉는 동학의 말단에 속한다. 동학의 말단에 속해 있던 접주가 호남 일대의 농민군의 총지휘관으로 될 수 있었던 비결은 무엇이었을까? 그것은 그가 동학 상층의 종교적 운동과는 다른 것을 지향하는 새로운 정치세력을 구축하고, 그 속에서 주도적 역할을 했기 때문이다.

천도교의 간부이자 동학의 지도자였던 오지영(1868~1950)은 『동학사』에서 전봉준을 다음과 같이 평가했다.

『선생은 일찍이 시서백가어(시전, 서전과 여러 학자들이 지은 수많은 책의 글)을 안 본 것이 없고 많이 보았으나 마음에 항상 만족하지 못해 불우한 뜻을 품고 사방으로 두루 돌아다니다가 무자년간(1888년)에 손화중 선생을 만나 도에 참여해 세상일을 한번 하여 보고자 하여 북으로는 경성을 향하여 정국의 추향을 엿보았고 또 외세를 살펴본 바가 있었다.

… 선생은 항상 불평의 마음이 많아서 사람을 사귀어도 새로운 사상을 가지고 개혁심이 있는 자를 따랐다. 호남으로는 손화중, 김덕명, 최경선, 김개남 등과 상종이 많았고 호서로는 서장옥, 황하일 등과 교분이 두터웠다.… 선

생이 (대원군에게) 말하기를 사람이 누가 품은 바 없으리오마는 나의 뜻을 말하기 어렵다 하였다. 벼슬을 청하거나 소송을 청하는 것은 나의 뜻이 아니요, 어떤 뜻은 있으나 대감의 생각이 어떠하실는지 몰라 말을 못하고 있었나이다. 이에 대원군은 무슨 뜻이 있으면 있는 대로 다 말하라고 하였다. 선생은 나의 뜻은 나라를 위하여 인민을 위하여 한번 죽고자 하는 바라고 말하였다.」

(『동학사』, 영창서관, 1940년, 161~163p)

전봉준은 동학이라는 종교 지도자가 아니라 농민전쟁의 지도자였고, 그가 벌인 전쟁은 종교전쟁이 아니라 농민전쟁이었다. 전봉준 체포 이후 무슨 목적으로 봉기를 일으켰냐는 심문에 "세상일이 날로 잘못되어 갔기 때문에, 한번 일어나 세상을 건지려는 목적이었다."라고 답한 데서 드러난다. 또 고부 봉기 때 "동학 신자는 적고 원통해하는 백성들이 많았다." 3월부터 각지 동학 접주가 호응하여 전개한 본격적인 농민전쟁의 단계에서도 "이른바 접주는 모두 동학이었지만, 농민군은 충의지심이 있는 사람들이 많았다"(『전봉준 공초』)라고 답한 자료들을 통해서도 알 수 있다. 투쟁의 목표와 참가 인원, 지도자의 지향과 목표가 농민대중의 뜻과 지향, 요구와 이익을 실현하기 위한 계급투쟁, 혁명투쟁이었다는 것을 알 수 있다.

동학이 널리 퍼지자 동학을 이용해 반봉건투쟁을 조직하려는 시도는 전에도 있었다. 이필제는 1863년 동학에 들어갔고, 1869년 말 경상도 고령에서 동료들과 모임을 갖고 평양 농민봉기를 본받아 폭동을 일으킬 계획을 세웠고, 1870년 2월에는 진주, 통영을 점령하기 위한 새로운 농민봉기를 조직하려다 드러나 실패하고 말았다. 그는 실패에 굴하지 않고 1871년 3월 10일 경상도 울진, 영해, 영덕, 청하, 흥해, 경주, 영양, 상주, 문경 등 지역에서 동원된 농민군 500여 명과 함께 영해부를 공격해 무기를 빼앗고 부사를 처단하였지만 우세한 관군의 반격에 진압되고 말았다. 이후에도 이필제는 지속적인 투쟁을 계획하였고 1,000여명의 폭동군을 이끌고 1871년 8월 2일 문경 조령의 산속으로 들어갔는데, 이곳에서 관군의 역습을 받아 폭동계획은 실패로 돌아가고, 이필제 자신도 체포되어 서울로 압송 처형되고 말았다. 1871년 영해 문경 폭동은 동학과 농민운동을 결합하려는 지향이 있었다는 것을 보여주었다. 당시 농민대중이 자기의 정치적 대변자를 갖고 있지 못했던 조건에서 동학이 농민들의 반봉건 반외세 추동을 추동하는 데에 일정한 역할을 하고 있었음을 알 수 있다.

전봉준도 큰 뜻을 품고 동학에 들어갔으며, 동학 상층의 타협주의로 여러 차례의 투쟁이 실패로 돌아가자 전봉준은 동학 상층과는 별도로 호남을 중심으로 새로운 투쟁을 벌여나갔다. 그 대표적인 투쟁이 전라도 금구의 원평에서 있었던 농민들의 대중집회였다. 전봉준은 보은집회와 같은 시기에 금구에서 따로 집회를 조직했다. 당시 금구현 원평리는 전라도와 충청도를 연결하는 교통의 요충지였고 큰 장이 있었는데, 전봉준이 주도한 금구 집회의 참가 인원은 1만 명 정도였다. 조선 정부가 1893년 3월 21일 신임 전라 감사 김문현에게 호남의 금구에서 집회가 있었다고 하는데 먼저 그 소굴을 없애치우도록 하라는 지시를 내린 것으로 볼 때 매우 큰 규모로 집회가 진행되었다는 것을 알 수 있다. 전봉준을 중심으로 한 전라도 중하층 동학도와 농민들은 점차 큰 정치세력으로 성장해 독자적인 투쟁을 벌이기 시작했다. 전라도 고부에서 봉기를 일으켰던 전봉준이 탄압을 극복하고 전라도 일대의 농민대중을 총궐기시키고 농민전쟁의 총지휘자로 될 수 있었던 것은 그가 동학 조직을 이용해 농민들을 조직적으로 결집하여 투쟁을 통해 단련시켰기 때문이다. 전라도 일대에서는 한 점의 불꽃이 튀어도 삽시에 불길이 타 번질 수 있는 일촉즉발의 정세가 조성되었다.

3절 . 농민전쟁의 전개 과정

갑오농민전쟁의 양상은 호남에서 봉기하여 충청에서 끝맺은 것으로 알려져 있다. 호남과 충청지방 농민들의 투쟁에 대해서는 자세히 기록되어 있으나 기타 지역의 농민봉기에 대해서는 약술하거나 잘 알려지지 않았다. 갑오농민전쟁의 직접적 계기가 된 고부 군수 조병갑의 악행은 단순히 고부만의 문제가 아닌 조선 전체에서 일어나는 일이었고, 조선 농민 전체의 문제였다. 갑오농민전쟁은 충청, 전라, 경상 등의 3남 지방 농민들을 비롯해 황해도, 평안도 등 서북지역 농민들과 경기 강원 등의 농민들이 참여한 전국적인 농민전쟁이었다.

1. 갑오농민전쟁의 발발

1894년에 일어난 갑오농민전쟁은 고부 농민봉기를 계기로 일어났다. 고부 지방에서 농민봉기가 일어나게 된 직접적 원인은 고부 군수 조병갑의 가혹한 수탈이었다. 고부 군수 조병갑은 1893년 큰 가뭄로 고부 지역이 피해를 당하자, 북쪽 4개 면의 세금을 삭감해 주고 그 몫을 남쪽의 여러 면에 부과해 강제로 빼앗아냈으며, 북쪽 지역 농민들에게도 세금 삭감 대가로 국가 조세의 3배에 달하는 돈을 부과했다. 조병갑은 또 만석보를 수리한다는 명목으로 강제로 농민들을 동원해 새로 보를 쌓게 한 다음, 논 한 마지기에 흰쌀 2말, 나쁜 논 한 마지기에 흰쌀 1말의 물세를 받아 도합 700여 석을 빼앗아 가는 악행을 저질렀다.

조병갑을 비롯한 봉건 지배층의 약탈과 만행으로 쌓이고 쌓였던 민중들의 분노는 임계점에 도달했고, 민중봉기로 폭발했다. 1893년 11월과 12월 전봉준의 아버지 전창혁의 주도하에 수십 명의 농민이 고부 관청으로 몰려가 조병갑의 폭정에 항의하였다. 그러나 조병갑은 그들을 난민으로 몰아 전창혁을 체포하여 처형하는 만행을 저질렀다. 조병갑의 이러한 야수적 만행을 체험한 고부 농민들은 항의와 같은 소극적인 투쟁으로는 자기들의 목적을 달성할 수 없다는 것을 절감하고, 폭력투쟁으로 조병갑을 내쫓기 위한 새로운 투쟁을 준비했다. 이 투쟁 준비의 중심에 전봉준이 있었다.

만석보 전경

전봉준은 조병갑을 내쫓기 위한 싸움에 많은 농민을 끌어들이기 위해 정의서, 김도삼 등을 봉기의 지휘자로 선정하고 주변 동학

조직과 연계하여 민중들을 각성시켰다. 1894년 1월 10일 전봉준의 호소에 따라 군 안의 백성들은 그동안 참아왔던 울분을 폭발시키며 폭동에 떨쳐 나섰다. 이날 새벽 고부군 탑내면 마항리 동진강 기슭에 모인 수천 명의 봉기 군중은 전봉준의 지휘 아래 〈참대창〉으로 무장하고 고부 관청을 습격했다. 봉기 군중은 악질관리를 징벌하고 감옥 문을 열어 억울하게 갇혀 있던 민중들을 석방했다. 불법 약탈해 간 세곡을 몰수해 빈민들에게 나눠주고 만석보 밑에 새로 쌓았던 보를 파괴했다. 하지만 원래 목표했던 조병갑은 놓치고 말았다. 조병갑은 놓쳤지만, 일정한 목적을 달성한 봉기군은 승리의 신심을 안고 무기고를 열어 무장한 후 전봉준의 지휘 아래 원래의 집결 장소로 돌아갔다.

조병갑으로부터 고부 농민봉기를 받은 전라감사 김문현은 수십 명의 감영군을 말목장터에 파견해 전봉준을 비롯한 폭동지도부를 체포하려 했다. 전주 감영의 정석진은 군졸 50명을 데리고 고부로 가서 부하들을 잠복시키고 전봉준을 만나 해산하라고 요구했다. 그러나 그의 정체가 탄로되었고, 전봉준을 유인 체포하려던 계획은 실패로 돌아갔다. 사태의 심각성을 느낀 전라감사는 정부에 보고를 올렸고 정부는 조병갑을 파직시키고 새롭게 박원명을 후임으로 임명하고 이용태를 안핵사로 파견하였다. 교활한 봉건 지배층은 회유와 기만으로 농민들의 무장해제를 꾀한 다음에 군대를 동원해 무자비하게 진압하려고 했다. 안핵사 이용태보다 앞서 고부군에 나타난 신임 고부 군수 박원명은 고부 주민을 모아놓고 '나라에서 난을 일으킨 죄를 용서하고 생업에 돌아갈 것을 허락하였으니 지체하지 말고 집으로 돌아가며, 잘못된 정치에 대해서는 보고하라'라고 회유하였다. 신임군수의 꾀임에 넘어간 봉기자들은 투쟁을 중단하고 각기 집으로 돌아갔다.

농민봉기가 해산된 2월 말, 수백 명의 병졸을 거느리고 고부에 들어온 안핵사 이용태는 신임군수를 통해 고부 농민봉기 참가자를 색출해 내고 탄압하기 시작했다. 이용태는 체포된 사람들을 물고기처럼 한 줄로 꿰어 끌어갔고 무고한 농민들을 모두 동학당이라고 하면서 잡아들이고 집을 불태웠으며 본인이 없으면 식구들을 학살했다. 그들은 고부 봉기를 동학도의 반란으로 묘사하면서 무고한 백성들까지도 동학으로 몰아 탄압하고 약탈했다. 이처럼 탄압이 강화되자 전라도 일대의 농민들은 전봉준을 중심으로 새로운 투쟁을 준비했으며 점차 전라도 일대가 들끓기 시작했다.

2. 농민전쟁의 선포와 전주성 점령

착취와 압박을 반대하는 민중들의 투쟁은 압제자의 폭압이 강화될수록 더욱 조직화되고 완강해지는 것이 합법칙적 발전이다. 고부 농민폭동을 진압하기 위한 봉건 지배층의 폭압이 날로 강화됨에 따라 농민들은 다시 투쟁에 떨쳐 일어섰다. 농민들은 조직적이고 완강한 투쟁을 벌여나갔으며, 전국을 뒤흔든 대규모 농민전쟁으로 확대되었다. 금구(김제), 정읍, 부안, 무장(고창) 등지에서 농민들이 일어날 기세를 보였고, 적지 않은 지방에서 직접 투쟁에 합세했다. 고부 농민봉기가 좌절된 후에도 전라도 농민들의 기세는 조금도 수그러들지 않았다. 농민들의 투쟁 기세에 힘을 얻은 전봉준, 김개남, 손화중, 최경선 등은 '나라와 민중을 위해 일어날 때'라는 것을 절감하고 〈나라를 보호하고 백성을 편안케 하며 살인과 약탈을 하지 않으며 탐관오리만을 처벌할 것이다.〉라는 구호를 들고 전라도 농민들을 투쟁으로 불러일으켰다. 그 내용은 다음과 같았다.

『백성을 지키고 돌봐야 할 지방관은 백성을 다스리는 이치를 모르고 돈벌이를 본업으로 삼는다. 여기에 더해 전운영이 창설됨으로써 폐단이 극심하고 백성들이 도탄에 빠졌고 나라가 위태롭다. 우리는 비록 초야의 백성이지만 차마 나라의 위기를 앉아 보고만 있을 수 없다. 원컨대 각 읍의 여러 군자들은 한 목소리로 의를 떨쳐 일어나 나라를 해치는 적을 제거하여 위로는 나라를 보존하고 아래로는 백성들을 편안케 하자.』(『남유수록』갑오 2월 20일)

전봉준이 발표한 창의문은 보국안민(保國安民) 사상으로 일관되어 있었다. 전봉준의 창의문이 발표되자 각 지역 농민군이 궐기하기 시작하였다. 2월 하순부터 각 지역 농민군의 움직임이 빨라지기 시작했고, 김제, 부안, 태인, 영광, 법성포 등지에서 무기를 갖추고 고창의 당산으로 집결하기 시작했다. 무장에 모인 농민군은 4,000여 명이었다. 전봉준은 또 다시 격문을 발표해 봉건 지배층의 죄행을 폭로하고 투쟁 목적을 명확히 밝혔다.

『...위로는 대신으로부터 아래로는 고을 원에 이르기까지 국가의 위급함을 생각하지 않고 한낱 자신을 살찌우고 제 집의 이익에만 몰두해 벼슬에 나가는 것을 마치 재물이 생기는 길로 여기며 과거 보는 것을 시장에서 장사하는 것으로 생각하여 많은 돈과 뇌물이 국고로 들어가지 않고 개인의 창고를 채우고 있다. 국가의 채무는 늘어가는데 그것을 보충할 생각은 하지도 않고 교만하고 사치하며 음탕하게 노는데 거리낌 없었다. 8도가 죽음의 빛이요 어육이 되고 만백성이 도탄에 빠지게 되었지만 지방관들의 가혹한 학정은 더욱 그러함이 있으니 어찌 백성들이 곤궁하지 않을 수 있겠는가. 백성들은 국가의 근본으로서 근본이 위축되면 국가가 멸망하게 되는데 보국안민의 방법은 생각하지 않고 시골에 저택이나 지으며 오직 저 혼자 잘될 생각으로 벼슬자리만 엿보는 것이 어찌 정책이겠는가.... 지금 의의 깃발을 추켜들고 보국안민으로 죽음을 맹세하였다.』(『오하기문』 3월)

무장에 모인 수천 명의 농민들 속에서는 다음과 같은 동요가 불렸다.

「가보세 가보세 을미적 울미적 병신되면 못가보리」

여기에서 가보세는 갑오년 즉 1894년을, 을미는 을미년인 1895년을, 병신은 병신년인 1896년을 가리킨 것이었다. 이 동요는 '갑오년에 일을 성사시켜야지 우물쭈물하면서 1896년까지 지속시키면 종당에는 일이 실패해 목적을 이룰 수 없다.'는 뜻을 담고 있다.

4,000여 명의 농민군은 고부 관청을 습격하기 위해 고부로 향했다. 고부로 진격하던 도중 1,000여 명의 농민이 합세했다. 이들은 3월 30일 고부 관청에 들이닥쳐 안핵사 이용태와 그 하수인들을 몰아내고 고부를 장악했다. 농민군은 3일 동안 고부에 머물면서 악질관리를 처단하고 무기고를 열어 무장을 갖추었다. 3월 24일 전봉준은 고창, 무장, 흥덕, 정읍, 태인, 김제, 금구 등지에서 모여든 8,000명의 농민군을 이끌고 고부의 백산으로 이동했다. 이들이 백산으로 이동한 까닭은 이곳에 국가 창고가 있고, 4,000여 석의 쌀이 있었기 때문이었다. 백산에는 전봉준군 외에 손화중 (고창 1,500명, 무장 1,300명, 흥덕 700명, 정읍 1,500명), 김개남 (태인 1,300

명), 김덕명 (태인, 김제, 금구 2,000명)의 농민군이 모여들었다.

백산에 근거지를 정한 전봉준은 농민군 지휘부로 〈호남창의대장소〉를 설치한 다음 그 명의로 광범한 민중에게 투쟁을 호소하는 격문을 발표했다.

백산의 전경

『우리가 의를 들어 여기에 이른 것은 그 본의가 결코 다른 데 있지 않고 백성들을 도탄에서 건지고 국가를 반석 위에다 두려고 하는 것이다. 안으로는 악질관리의 머리를 베고 밖으로는 횡포한 강적의 무리를 구축하자 함이다. 양반과 부호들 앞에서 고통받은 민중들과 감사와 고을 원의 밑에 굴욕을 받는 아전들은 우리와 같이 원한이 깊은 자라 조금도 주저하지 말고 이 시각에 일어서라 만일 기회를 잃으면 후회하여도 돌이킬 수 없을 것이다. 호남창의대장

소 백산에서』(『동학사』영창서관,1940년, 112p)

　　격문에는 농민군의 투쟁 목적과 투쟁대상이 명백히 밝혀져 있으며 정의의 투쟁에 농민들은 물론 지방의 하층 관리들까지도 합류하자고 제기하고 있었다. 이 격문은 부패한 봉건 통치 밑에서 신음하는 농민들의 절절한 염원과 외래침략자를 증오하는 각계각층 민중의 애국심을 반영하고 있다. 격문을 발표하여 투쟁 목적을 밝힌 전봉준은 3월 25일에는 농민군의 행동강령을 발표했다. 행동강령에는 △사람을 함부로 죽이지 말고 가축을 도살하지 말 것, △효성과 충성을 다해 세상을 구원하고 백성들을 편하게 할 것, △왜놈과 서양 오랑캐를 몰아내고 나라의 정치를 바로잡을 것, △군사를 몰아 서울로 쳐들어가 특권 양반을 없애 치울 것 등이 들어 있었다. 이 행동강령은 그들의 투쟁 목적이 반침략 반봉건투쟁이라는 것을 잘 보여주었다. 또 농민군의 군사행동의 목표가 서울로 진격해 부패한 봉건 통치배들을 타도하는 데 있다는 것을 명백히 밝혔다. 농민군이 제기한 행동강령과 투쟁구호들은 농민들의 반봉건 사상이 크게 성장하였으며 농민운동이 새로운 단계로 발전하였다는 것을 보여주었다.

　　농민군이 백산에서 발표한 격문은 봉건 지배층과 외래침략자를 격멸하고 나라와 백성을 구원하기 위한 정의의 투쟁을 알리는 엄숙한 선언이었다. 백산에서 전쟁을 선포한 농민군은 3월 말, 전주를 향해 공격을 개시했다. 당시 일본 신문 발표 자료에는 4,900명으로 조직된 농민군의 한 대오의 무장 상태는 화승총이 2,000정이었으며, 기병이 100여 명이었고, 나머지는 죽창을 들고 있었다고 한다. 농민군은 정연한 군사체계를 갖고 질서정연한 행군대열을 유지하면서 전주로 진격했다. 농민군은 3월 28일 태인현 관아를 습격해 무기를 탈취하고, 4월 1일에는 전주에서 30리가량 떨어진 금구현 원평까지 진격했다.

농민군의 진격에 놀란 전라감사는 사태를 중앙정부에 지원을 요청하는 한편 각 고을에서 향병과 보부상을 긁어모아 방어태세를 갖추었다. 중앙정부는 4월 2일 전라병사였던 홍계훈을 호남과 호서의 〈양호초토사〉로 임명하고 장위영의 군사들을 이끌고 농민군을 진압하도록 했다. 중앙의 군사들이 6일 군산포에 상륙했다. 중앙에서 토벌군이 편성되어 전라도에 내려온다는 소식을 들은 전라감사는 힘을 얻고 우령관 이경호에게 감영군 700명, 향병 500명, 보부상 1,000명을 주어 농민군 진압에 투입했다.

4월 3일 전라 감영군이 금구에 나타났다. 농민군은 금구에서 일단 철수해 태인을 거쳐 4일에는 부안관청을 습격 점령했다. 이날 농민군은 영광과 법성포에 통문을 띄워 자기들의 투쟁 목적을 밝혔다. 농민군의 격문을 받은 법성포와 군산포 아전들은 그곳 농민들과 합세해 양곡 운반을 맡아보는 전운소들을 일제히 공격했다. 봉건 지배층은 옥구의 군산포, 영광의 법성포가 모두 농민군과 아전들의 공격을 받아 수송사업이 단절되었다고 비명을 질렀다. 같은 날 농민군은 각계각층 민중들에게 투쟁에 나설 것을 호소하는 격문을 띄웠다. 격문에서는 전운사 조필영과 균전사 김창석의 불법적인 수탈, 일본 상인들에 의한 쌀 가격의 상승, 지방관리들의 지나친 조세 징수 등을 폭로 규탄하고 전라도 일대의 폐정을 바로잡고 백성들을 죽음에서 건지기 위해 죽음을 맹세하고 무장을 들었다고 밝혔다. 통문의 영향을 받은 각계각층 민중들이 농민군에 가담함으로써 농민군 대오는 급격히 확대되었다.

농민군은 추격해 오는 전라도 감영군을 유인 섬멸하기 위해 4월 6일 부안을 떠나 고부로 다시 이동했으며, 남아 있던 일부 부대도 고부로 모여들었다. 이경호가 지휘하는 토벌군도 농민군을 추격하면서 고부로 밀려들었다. 농민군과 감영군과의 전투는 4월 6~7일 고부군 황토현에서 벌어졌다. 황토현 전투는 농민군의 대승으로 끝났다.

『적(농민군)은 거짓을 패한 것처럼 꾸며 황토현에 진을 쳤다. 관군은 일고 들어가 고개 아래쪽에 진을 쳤다……. 이때 이미 날이 어두워져 양쪽이 모두 군사를 점검하며 움직이지 않고 다만 군호를 알리는 포성만 들렸다. 밤이 깊어지자 적들의 진영은 조용해졌다. 포 소리도 들리지 않았다. 관군은 이상하여 소나무를 잘라 횃불을 만들고 장작을 쌓아 불을 지폈는데, 마치 대낮과 같았다. 그러나 막사 밖으로는 연기가 자욱하였고, 때마침 안개가 크게 껴서 사방을 분간할 수 없었다. 갑자기 콩 볶듯이 포성이 들리더니 포탄이 발밑에 떨어지자 관군은 삼대 쓰러지듯 엎어지고자빠졌다. 적은 삼면을 포위하고 서쪽 한 방향만 열어놓고 함성을 지르며 압박하자 관군은 일시에 무너졌다. 날은 이미 훤히 밝았고 안개도 걷혔으므로 검은 옷을 입은 사람들과 보부상으로 붉은 도장을 찍은 것을 등에 붙인 사람들만 끝까지 따라가서 이를 악물고 칼을 휘두르는 것이 마치도 개인 복수를 하듯이 하였다. 또 산 아래 넓은 들에는 봄갈이를 끝내고 물을 대놓았는데 아득히 넓었다. 패잔병들은 물을 보고 뛰어들었지만, 물이 깊고 진흙이 질척거려 허우적거리다가 내리치는 창, 칼에 맞아 피가 땅을 적시고 논을 붉게 물들였다. 애초 관군은 6,000명가량 되었는데 죽고 부상당한 숫자가 1,000여 명에 달했다.」(『오하기문』갑오년 4월 7일)

이 전투에서 농민군은 800여 명의 관군을 살상하고 600여 정의 무기를 노획하는 전과를 거두었다. 황토현 전투의 승리는 농민군을 일찌감치 소멸하고 농민군의 진출을 봉쇄하려던 조선 정부의 기도를 무너뜨렸으며, 농민군의 사기를 높여주고 무장을 강화하는 데 기여했다. 황토현 전투의 승리로 농민군의 사기는 하늘을 찌를 듯했다. 농민군은 중앙토벌군이 전주성에 들어왔다는 정보를 입수하자 정부군과의 조급한 정면 대결을 피하고 역량을 더욱 강화하며 전투경험을 쌓기 위해 당분간 전주 공격을 미루고 남진하는 방략을 취했다. 고부를 떠난 농민군은 7일 저녁 정읍을 습격했으며, 8일에는 흥덕, 무장을 점령했다. 무장은 손화중의 근거지로서 동학도와 농민들에 대한 지방관리의 박해가 심했던 곳이었다. 농민들은 관청을 습격하고 투옥되었던 40여 명의 동학도를 석방하고 관리들과 아전들을 잡아 징벌했다. 그리고 이곳에 주둔하면서 전봉준이 만든 창의문을 발표했다. 그 사이 수천 명에 불과했던 농민군 대오가 1만여 명으로 불어났다. 농민군은 13일에는 영광 습격 후 부대를 3개로 나누어 함평, 부안으로 진격하여, 이르는 곳마다 악질관리를 처단하고 무기를 빼앗아 무장을 갖추었다.

4월 19일 농민군은 홍계훈에게 편지를 보내 악질관리들의 죄행을 폭로했다. 홍계훈이 이끄는 정부군은 처음부터 사기가 엉망이었다. 정부군이 군산에서 전주로 이동하는 사이에 탈주자가 속출해 800명이었던 정부군이 470명으로 줄어들었다. 남아 있던 병졸들마저 사기가 떨어져 농민군과 맞설 생각을 하지 못했다. 홍계훈은 농민군에 위압되어 싸움도 해보지 않고 정부에 증원을 요청했다. 전라도 일대에 한정되었던 농민전쟁이 다른 지역으로 확대되자 지배층은 전라감사 김문원을 김학진으로 교체하고 전라 병사 김문영을 파면하고 전 판윤 이원회를 〈양호순변사〉로 임명해 강화병과 총제영군을 주어 파견했다. 전주성에 들어박혀 농민군의 활동을 속수무책으로 지켜 보고 있던 홍계훈은 증원병이 온다는 소식을 듣고 체면을 유지하기 위해 4월 18일에야 전주를 떠나 농민군을 추격하기 시작했다. 함평에 주둔하고 있던 농민군이 21일 장성 방향으로 떠났다는 정보를 입수한 홍계훈은 장위영 대관 이학승에게 300명의 군사와 대포를 주어 농민군을 추격하도록 했다. 4월 23일 정선 전투에서도 농민군은 희생을 무릅 쓰고 용감히 싸워 정부군을 격파하는 큰 승리를 거두었다. 장성 전투에서의 승리는 농민군이 기술적으로 우세한 적들을 능히 격파할 수 있을 정도로 장성 강화되었음을 보여주었으며, 반면에 정부군의 취약성을 여실히 보여주었다. 장성전투의 패전 소식을 들은 정부는 4월 27일 이원회를 〈양호순변사〉로 임명하는 동시에 약 1,000명의 군대와 야포 2문을 주어 전주에 파견했다.

장성 전투에서 승리한 농민군은 정부군이 영광으로 쫓겨가 사태를 수습하기에 정신이 없는 기회를 이용해 4월 24일 전주를 향해 북상했다. 갈재를 넘어 정읍, 태인을 지나 금구에 도착한 농민군은 투항을 설교하기 위해 파견된 선전관 이주호와 홍계훈의 종사관을 처단하고 4월 27일 전주성을 공격했다. 전주성은 2,000여호가 사는 성시로서 전라도 지방의 정치 군사적 중심지이며 봉건통치의 중요 거점의 하나였다. 농민군은 전주성을 점령하고 호남

지방에서 반동적 봉건 통치를 분쇄하여 이 지방을 장악한 다음 서울을 공격하려고 계획했다.

당시 전주성은 무방비 상태였다. 전주 감영의 군대는 농민군과의 대결에서 괴멸되었으며 홍계훈이 이끄는 정부군은 장성 전투에서 섬멸적 타격을 받고 패잔병들은 아직 금구에 있었으며, 이원회가 이끄는 정부군도 도착하지 못했으므로 정부군은 사실상 비어있는 것과 다름없었다. 또 전라감사 김문현은 이미 파면되었고 신임 감사 김학진은 아직 도착하지 않았으므로 전주 감영의 통치기능은 혼란 상태였다. 농민군은 이러한 약점을 파악하고 전주성을 공격했다. 전주성 공격이 시작되자 이전 감사 김문현, 전주판관 민영승은 성을 지켜보려고 군졸과 주민들을 강제 동원해 저항을 시도했다. 그러나 수천 명의 농민군이 성안으로 맹렬하게 밀고 들어오자 관리들과 군인들은 모조리 도망치고 말았다.

농민군의 전주성을 장악할 수 있었던 요인은 첫 번째, 농민군의 용감한 공격. 두 번째, 이미 여러 차례의 전투에서 농민군에 혼난 지배층이 감히 싸우려 하지 않은 점. 세 번째, 전주 감영군의 대부분이 홍계훈을 따라 전주성을 떠나 농민군 토벌에 동원되었기 때문이었다. 농민군은 이러한 기회를 이용해 불시에 성을 점령했다. 전주성 점령은 농민군이 작은 고을뿐 아니라 도 소재지도 점령할 수 있으며, 군사적으로 성장했다는 것을 보여주었다. 4월 말 전주성을 점령한 후 전봉준은 지휘처를 선하당에 정하고 성의 방비를 강화하는 한편 새로운 질서를 세우도록 했다. 농민군은 악질관리와 부호들을 징벌하고 재산을 몰수하여 빈민들을 구제했다. 전주성 점령을 통해 농민군은 장성 강화된 힘을 과시했으며 민중들의 반침략 반봉건 투쟁을 추동했다.

3. 농민전쟁의 전국적 확산

충청지방 농민군의 전개 과정

전라도 농민들이 봉기한 이후 충청도에서 최초로 봉기한 지역은 회덕과 진잠이었다. 이 지역은 전봉준과 뜻을 같이한 청주 출신 서장옥이 활동하던 지역으로 서장옥을 중심으로 봉기를 시작했다. 황토현에서 농민군이 승리했다는 소식이 전파되자 충청도의 회덕, 진잠, 공주, 청산, 옥천, 문의, 목천, 노성 등 여러 지역에서 농민 폭동이 일어났다. 그 후 전라도 농민군이 전주성을 함락했다는 소식이 전해지자, 충청도 농민군도 일어나 각 군현을 접수하기 시작했다. 수천 명의 충청도 농민들은 청산에 모여 행동을 개시하여 문의, 옥천, 회덕, 진잠, 청산, 보은, 목천 등지를 점령했다. 봉기 군중은 관아를 공격하여 토호 양반들의 전곡을 몰수하여 굶주린 백성을 구제함으로써 충청도의 중심지 공주 남부의 여러 지방은 중앙과의 연락이 단절되었다.

충청도의 경우 전라도의 전봉준, 김개남 등과 같은 중심적인 인물이 없었다. 서장옥이 있었지만, 그의 영향력이 크지 않아, 많은 지역이 최시형 계열의 소극적 동학교도들이 대부분이었다. 최시형 등의 동학 상층부의 소극적 방해 책동과 관군의 탄압은 충청도 농민군의 한계를 그대로 표출하여 쉽게 진압되었다.

충청도 서천의 경우 1876년 흉년에 최무주라는 부호가 곡식 100여 석을 풀어 백성을 구제해 줄 만큼 부유한 지주들이 존재했다. 반면에 금강과 서해안이 만나는 곳이므로 조운이 지나갔으며 그로 인한 수탈 또한 적지 않았다. 농민군이 처단을 요구했던 조영희가 명당자리를 차지하기 위해 조동석이라는 현지인의 선산을 빼앗아 자기의 아내이자 이완용의 누이인 우봉 이씨를 매장했던 곳으로 세도가에 대한 불만이 사무친 지역이기도 했다. 이곳은 1차 농민봉기 때에는 별다른 움직임을 보이지 않았다. 이는 서천이 행정구역상 충청도였고, 충청도 지역은 최시형의 지침을 충실히 따르는 세력이 많아서였다. 그러나 4월이 되면서 이러한 경향이 바뀌기 시작했고, 충청지역에서도 봉기의 기운이 일어나기 시작했다. 6월 하순 일본군이 경복궁을 점령하고 개화파가 군국기무처를 수립한 즈음부터 충청도 봉기가 본격화된 것이다. 농민들의 적극적인 참여 의사를 막기 어렵다고 판단한 최시형은 끝내 봉기를 허락하였다. 그러나 명분은 전라도와 달리 교조 최제우의 원한을 씻는다는 것이었다. 최시형계열의 참여가 확정되면서 충청지역의 농민전쟁은 급속도로 확대되었다. 2차 농민전쟁에서 충청지역은 전라도와 합세해 본격적으로 전쟁에 참여했다. 서천 농민군은 전투를 통해 서천읍성을 빼앗고 탐관오리들을 처벌하기 시작하였다. 그러나 정부군의 반격으로 인해 제대로 자신들의 의지를 펼칠 기회도 없이 해산당하는 비운을 맞이했다.

서천군 농민봉기의 특징을 보면 계속된 학정 속에서 농민들의 울분이 터져 나오기 시작했으며 전라도 농민봉기에 영향을 받으면서 성장했다. 그러나 서천 지역의 동학 조직은 최시형의 영향을 받아 다른 지역 농민군과는 달리, 양반과 일부 탐관오리들을 보호하는 움직임을 보여준다. 즉 농민전쟁 중 서천의 동학 접주였던 조영구는 농민들이 처단할 것을 요구한 조참판 조영암, 조도사, 조감찰, 김감찰, 한씨 종중 등을 보호하면서 농민군들의 의도와 다른 행태를 나타낸 것이다. 상층 동학교도들의 이중적 태도로 인해 서천 지역 농민전쟁은 다른 충청도 지역의 농민전쟁처럼 쉽게 무너질 수 밖에 없었다.

경상도 농민전쟁

경상도는 동학이 농민대중 속에 빨리 퍼짐에 따라 동학도들 속에서 이를 현실변혁의 수단으로 삼고 농민들의 봉기와 결합시켜 반봉건투쟁을 조직하려는 시도가 일찍이 이필제에 의해서 시도되었지만, 앞에서 살펴본 바와 같이 여러 이유로 좌절되고 말았다. 1871년 이필제가 주도한 영해, 문경폭동은 비록 실패하였으나, 동학과 농민운동의 결합이라는 첫 시도로서 역사적 의미가 컸다. 당시 농민대중이 자기의 정치 사상적 대변자를 갖고 있지 못했던 역사적 조건에서 동학이 농민들의 반봉건 반침략 투쟁을 주도하는 데 일정한 역할을 할 수 있다는 것을 보여주었다.

경상도 농민은 전라도 농민군이 전주성을 함락했다는 소식을 듣고 동학도들 중심으로 본격적인 세 규합에 들어갔는데 불과 한두 달 만에 상주, 예천, 선산, 김천, 성주, 하동, 진주 등지를 지배하는 강력한 세력으로 성장했다. 이들 지역 외에도 의성, 풍기, 안동, 봉화, 남해, 사천, 고성 등지에서도 동학 세력이 급속히 확대되었다. 동학 세력이 이렇게 급속히 확대될 수 있었던 요인으로는 전라도 농민군의 위세에 놀란 경상 감영이 이 지역의 세 규합을 강력하게 저지하지 못했기 때문이었다. 그러나 더 주된 요인은 이 지역의 농민들이 전라도 농민봉기에 고무되어 적체된 봉건적 모순을 일거에 해결할 수 있으리라는 기대로 앞다투어 동학에 입도하고 농민군을 결성했기 때문이다. 이것은 동학에 가입한 세력이 지식인이나 양반층이 아닌 압도적으로 많은 숫자가 하층 농민계급이라는 점에서도 뚜렷이 나타나고 있다.

그러나 다른 지역과 마찬가지로 동학 상층부는 농민군들의 독자적인 반봉건 투쟁을 최대한 금지하거나 억제하려 했다. 예천 일대에서 적극적인 포교 활동을 벌여 그 산하 교도가 7만명에 달했던 소야수 접주 최맹순의 경우가 대표적인 예이다. 최맹순은 예하 접주들에게 관아가 있는 읍내를 범하거나 양반을 공격하지 말라고 엄명하고 있었다. 그러나 그러한 통제는 쉽지 않았다. 반봉건 투쟁에 대한 요구가 날로 커지면서 전면적인 사회개혁에 소극적이던 동학 상층부의 권위가 먹히지 않았고, 새로 입도한 동학인의 경우 이러한 현상이 더욱 두드러졌다. 이에 동학의 교주인 최시형은 신입 농민군들의 반봉건투쟁을 억제하기 시작하였다. 경상도 역시 동학 상층부의 위선과 기만 속에서 그 한계가 노출된 것이다.

기타 지역 농민군의 합세

갑오농민전쟁은 전라도에서 시작해 삼남 지방을 중심으로 들불처럼 번져나갔지만, 공주 우금치 전투를 패배로 갑오농민전쟁이 끝난 것으로 알려져 있다. 그러나 삼남 지방 외에서도 대규모 농민 전쟁이 있었으며, 일부 지역에서는 우금치 전투 이후에도 투쟁을 계속하였다. 그 대표적인 사례가 황해도 지역의 농민전쟁이다. 황해도는 다른 지역과 달리 1894년 이후에도 농민군의 지휘자들이 잔존하면서 농민군 형태의 저항 투쟁을 지속적으로 펼쳐 나갔다.

강원도의 경우에도 다른 지역과 비슷하게 2차 농민봉기가 시작된 9월부터 활동이 본격화되었다. 하지만 강원도 지역은 2차 농민봉기가 본격화되기 이전인 8월 중순부터 활동이 시작되었으며, 9월 4일에는 강릉부를 점령했다. 이 시기는 전봉준이 2차 농민전쟁을 시작했던 9월 10일 이전이었다. 더구나 최시형 등 동학교단이 농민전쟁에 참여하기로 확정한 9월 하순보다는 훨씬 앞선 시기였다.

갑오농민전쟁을 분석할 때 일반적으로 1차 봉기를 반봉건으로 2차 봉기를 반침략 반외세로 규정해서 분석하는 틀을 가지고 있다. 그러나 강원도 농민군의 활동은 지역 지주들의 착취, 지방관리와 아전들의 탐학, 보부상들의 작폐, 삼정의 분란에 대한 대응 등 반봉건투쟁의 성격이 더 강했다. 이후 농민전쟁의 큰 흐름에 합류하는 과정에서 일본군의 토벌에 대항하면서 자연스럽게 일제침략자들에 대한 저항 의식이 만들어졌다.

강원도 농민군은 지역적으로 크게 두 개의 지역으로 구분할 수 있다. 강원도에서 처음으로 움직임을 보인 평창지역을 중심으로 정선, 영월, 강릉 등을 기반으로 저항했던 농민군 세력과 중부 내륙지역인 홍천을 중심으로 활동한 농민군 세력이다. 이들은 활동지역은 다르지만 동학과 농민군의 결합이라는 점, 주력계급이 하층 농민을 중심으로 광범하게 퍼지기 시작했다는 점에서는 비슷하다. 초기 활동은 두 지역이 모두 반봉건적 성향이 강하게 나타났지만 9월 하순을 기점으로 일제 침략 세력에 대한 저항이 중심적으로 나타난다.

강원도 농민군에 대해 정부에서는 반 농민군을 결합해서 농민군을 고립시키기 시작했다. 반농민군의 주요 세력은 지주와 봉건관료를 중심으로 구성되었으며, 이들은 행정체계를 이용해 농민군의 활동을 가로막고, 포수와 보부상을 동원해 토벌군을 조직해 농민군을 억압했다. 강원도 농민군은 지방 토벌군과 원주에서 파견된 순중군, 일본군에 의해 두 세력이 분리된 채 고립되어 싸움을 벌여야 했고 1894년 농민전쟁의 실패와 함께 사라졌지만 이후 강원도 지역의 반일, 의병투쟁과 민족해방운동의 토대로 작용했다.

황해도는 개항 이후 꾸준히 농민항쟁이 일어났던 지역이다. 1880년 장연, 1885년 토산, 1893년 재령과 황주 등에서 농민항쟁이 일어났고 특히 황주에서는 1894년 1월에도 다시 농민항쟁이 일어났다. 이 지역도 봉건적 폐단이 심했다. 황해도는 토지를 둘러싼 갈등이 심했는데 특히 궁방전이라 불리는 토지로 왕실에 하사한 토지들이 많았다. 이 궁방전이 해가 거듭날수록 늘어났고 이에 편승해 일반 토지가 편입되기도 하였다. 여기에 황해도 지역은 동학에 대한 탄압도 원인이 되었다. 황해도는 남부지역에 비해 늦게 동학이 퍼지긴 했으나 동학 자체에 대한 관의 통제가 심했다. 따라서 황해도는 내부적으로 봉건적 폐단에 대한 개혁과 함께 동학에 대한 신앙 허용을 요구하며 항쟁에 참여하였다. 일제 침략자들은 황해도의 쌀을 사들이면서 세금 없이 자기 나라로 가지고 갔고, 곡물의 수출을 금지하는 방곡령을 금지시켜 달라고 요구하면서 농민들의 원성을 샀다. 또 군수물자를 운반한다는 구실로 황해도 농민들을 강제노역에 동원했다. 이로 인해 농민들의 반발이 심했고, 전선가설에 불만을 갖는 사람들도 생겨났다. 설상가상으로 청일전쟁으로 전쟁의 피해를 많이 입었다. 특히 일본군이 전쟁 이후에도 계속 주둔하면서 농민군을 진압하자 황해도 지역 주민들의 일제에 대한 반감은 더욱 증폭되었다. 이러한 요인으로 황해도는 갑오농민전쟁이 뒤늦게 시작되었지만 다른 지역이 진압된 이후에도 끈질기게 전개되었다.

4. 전주화의 성립, 집강소 설치

전주화의

전주성이 함락된 4월 27일 정부는 〈삼남염찰사〉 엄세영에게 죄를 범한 지방관에 대해서는 선 처단 후 보고의 권한을 주어 파견했다. 장성 전투에서 패한 홍계훈 부대는 농민군의 뒤를 쫓아 영광, 고창, 정읍, 태인을 지나 전주성이 함락된 다음 날에야 전주 주변의 고지인 완산, 다가산, 사직단 일대에 진을 쳤다. 정부군은 성 안에 미친 듯이 총포 사격을 퍼부어 민중들의 집을 마구 파괴 소각하는 만행을 자행했다. 이에 격분한 농민군은 5월 1일 이들에 대한 공격을 벌였지만, 실패로 돌아갔다. 첫날 전투에서 실패한 농민군은 5월 3일 다시 공격을 벌였다. 농민군은 이날도 수적 우세에 기대 대낮에 완산에 있는 적진지를 향해 무모한 공격을 감행했다. 지형상 유리한 곳을 차지한 정부군은 근대적 무기를 이용해 집중적 화력으로 많은 농민군을 학살했다. 이날 전투에서 농민군은 우수한 지휘관이었던 김순명과 꼬마용사 이복룡을 잃고 패하고 말았다. 여러 차례의 공격에 실패한 농민군은 다른 농민군에 지원을 청하고, 그들이 올 때까지 무모한 공격을 피하고 성 방어에 힘썼다.

조선 정부는 홍계훈이 제기한 청나라에 원병을 요청하는 문제를 놓고 수일 동안 논의를 거듭하다가 전주성이 함락되었다는 소식을 듣자마자 반대의견을 묵살하고 원세개를 통해 청나라에 원병을 요청하는 사대매국적인 망국적 행동을 감행했다. 조선 봉건 정부의 요청을 받은 청나라는 일본 정부에 이를 통보하고 5월 4일 북양군벌을 조선에 파견했다. 수사제독 정영창, 태원진 총병 섭사성, 직예총독 엽지초가 거느린 청나라 침략군 1,500여명이 5월 5일부터 9일 사이에 충청도 아산에 상륙했다.

조선 정세를 염탐하던 조선 주재 일본공사관 서기관 스기무라는 본국 정부에 출병을 요청했다. 1890년대에 들어와 조선에서 청나라 세력을 몰아낼 전쟁 준비를 이미 끝낸 일본 군국주의자들은 조선에서 농민전쟁이 일어나자 참모본부 성원들을 비밀리에 조선에 보내, 정세를 탐지하게 하는 한편 침략군대를 파견할 준비를 서둘렀다. 일본은 청나라로부터 출병 통보를 받기 전인 4월 29일 일본군의 조선 출병을 결정하고 5월 2일에 대본영을 설치하여 히로시마의 제5사단에 동원령을 내리고 6일에는 일시 귀국한 일본 공사 오또리에게 450명의 특전대를 거느리고 인천항을 거쳐 서울에 침입하도록 했다. 이어서 오시마 소장이 이끄는 5,000여 명의 혼성여단이 인천, 서울 일대를 점령했다. 일본 군국주의자들은 청나라군대가 조선에 침입한다는 확실한 정보를 입수한 후 일본 거류민을 보호한다는 구실 아래 침략 무력을 대대적으로 조선에 파견했다. 그리하여 6월 초까지 인천, 부산을 비롯하여 조선에 침입한 일본 침략군 수는 총 1만여 명에 달했다. 일본 침략군의 인천 상륙에 놀란 조선 정부는 다음날 스기무라에게 일본군 출병에 정식 항의했으며 군대 출병 중지를 강력히 요구했다. 이에 대해 일본 정부는 거류민 보호라는 구실로 출병 정당성을 강변했으며, 또 천진 조약을 빙자하여 청나라군이 출병했기 때문에 일본군도 출병하게 되었다고 억지 주장을 했다.

뒤늦게 사태의 심각성을 깨달은 조선 정부는 농민군이 제기하는 요구 조건을 들어주는 타협의 방법으로 조성된 위기를 극복하려고 하였다. 정부는 김학진을 관찰사로 임명했고, 김학진은 삼례역에 머무르면서 관군과 동학군 측에 사람을 보내 화해를 제기했다. 농민군은 처음에는 정부에서 제기한 화의를 완강하게 거부했다. 그러나 외래 침략자들의 침략으로 인해 발생한 민족적 위기를 자각한 농민군들은 정부가 폐정개혁을 약속한 조건에서 화의를 맺기로 결심했다.

전봉준은 5월 3일 홍계훈에게 농민들의 요구가 담긴 요구 조건을 제기했다. 정부는 5월 5일 농민군에게 죄를 묻지 않으며 잘못된 정치를 개혁하겠으니 조목을 찍어 제기하면 반드시 실현할 것이라고 약속했다. 같은 날 홍계훈은 또 〈효유문〉을 보내 화의를 정식으로 제기하고 농민군의 신변안전을 약속했다. 봉건 지배층은 땅바닥에 떨어진 체면을 회복해 전라도 지방에 대한 통치를 복구하자면, 농민군을 흩어지게 해 전주를 되찾아야 하며, 그렇게 해야 각지 민중들에 대한 농민군의 거대한 영향력을 막을 수 있다고 타산하여 화의를 제기한 것이다. 〈양호순변사〉로 전주에 도착한 이원회도 전봉준에게 청일 양국 출병은 조청일 3국의 외교 문제에 분쟁을 초래할 것이므로 농민군 해산을 요구했다.

전봉준을 비롯한 농민군 지도부는 청나라와 일본의 침략군대가 한반도에 들어와 조성된 엄중한 정세를 놓고 고심했다. 그들은 조성된 엄중한 민족적 위기를 먼저 해결해야 한다고 보았다. 이를 위해서는 주동적으로 전주성을 내줌으로써 정부군과 화의를 맺어 청일 양국 출병의 명분을 없애야 한다고 판단했다. 이러한 판단으로 전주성을 내주기로 했다. 여기에는 군사 전략적 측면도 고려되었다. 농민군은 전주성을 방어하려고 치른 두 차례의 전투에서 상당한 피해를 보았다. 이러한 조건에서 농민군 주력부대가 전주성에 들어앉아 오랫동안 대치하게 되면 필연적으로 피동에 빠져 만회할 수 없는 상황으로 치달을 가능성이 농후했다. 이처럼 농민군 지도부는 엄중한 정세와 농민군 자체의 형편을 고려해 전주성을 내놓기로 했다.

농민군은 청일침략군의 침입으로 조성된 민족적 위기를 하루

빨리 타개하려는 애국적 입장에서 전주성 반환을 결심했으나, 봉건 지배층은 농민군을 일단 해산시킴으로써 숨돌릴 시간을 얻으려는 교활한 타산을 갖고 있었을 뿐이다. 어쨌든 양측의 목적과 의도는 상반되었으나 양측의 일시적 화의는 일단 성립됐다. 양측의 화의에 따라 전봉준은 5월 8일 전주성에서 스스로 철수했다.

정부 측이 화의의 조건으로 농민군의 요구 조건을 들어주기로 하였는데, 이에 따라 농민군이 정부에 접수한 폐정개혁안은 27개 조로 되어있었다. 하지만 지금 알려진 것은 14개 조뿐이다.

1) 전운소를 폐지할 것.
2) 단결을 방해하지 말 것.
3) 보부상인의 작폐를 금지시킬 것.
4) 도안의 환정은 이전 감사가 이미 받았으므로 민간에서 다시 징수하지 말 것.
5) 대동미를 바치기 전에는 각 포구에서 잠상의 쌀 매매를 금지시킬 것.
6) 동포전(군역 대신 받던 세금)은 매 집마다 봄, 가을 2냥씩으로 정할 것.
7) 탐관오리를 모두 철직시킬 것.
8) 매관매직을 일삼고 국권을 농락하는 자들을 모두 쫓아낼 것.
9) 고을의 원은 그 관할지에서 묘지를 쓸 수 없게 하며 또한 땅도 사지 못하게 할 것.
10) 전세를 규정대로 받을 것.
11) 집집에 부과하는 잡역을 줄일 것.

12) 포구의 어염세를 폐지할 것.

13) 보세와 중방전을 폐지할 것.

14) 각 고을의 원들이 민간소유의 산림에 와서 함부로 푯말을 꼽고 빼앗지 못하게 할 것.

농민군이 제기한 요구들은 당시 농민들의 절실한 이해관계를 구체적으로 반영한 것이었다. 폐정개혁안에는 민중을 억압하고 착취하던 악질관리를 직위 해제하며, 외세에 아부 굴종하면서 나라의 자주권을 농락한 부패한 봉건 관료를 축출하라고 요구하고 있다. 또 가혹한 조세제도 개혁을 촉구하고 있다. 이처럼 개혁안에는 당시 농민들의 사회정치적, 경제적 요구가 구체적으로 반영되어 있다. 농민군이 제기한 폐정개혁안은 〈양호순변사〉 이원회를 통해 정부에 전달되었으며, 정부는 교정청의 토의를 거쳐 정부 개혁안에 반영되었다. 전주 화의는 농민군이 거둔 또 하나의 승리였다. 농민군은 폭력으로 투쟁을 진압하려던 봉건정부의 책동을 제압하고 일시적이나마 자기들의 요구를 관철하는 쾌거를 이룩했다.

집강소 설치

전주 화의는 결코 농민군의 무장해제를 의미하지 않는다. 전주에서 나온 농민군은 각지로 흩어져 대오를 견결하게 유지했다. 전봉준 부대는 금구, 원평, 순창, 옥과에 주둔해 있었고, 김개남 부대는 남원에 본거지를 두고 그 세력을 유지했다. 또한 금구에는 김덕명, 무장에는 손화중과 최경선, 태인에는 김화여가 자리 잡고 있었다. 중앙군을 이끌고 내려왔던 이원회와 홍계훈은 5월 하순 부대를 이끌고 서울로 올라갔다. 농민군은 전주에서 스스로 철수한 이후 군사행동은 일시 중지했다. 하지만 봉건 정부와 합의된 폐정개혁안의 실시를 감독하고 구체화할 사명을 지닌 농민대표기관으로 집강소를 설치하고 폐정개혁을 실천에 옮기기 위한 투쟁을 힘차게 벌였다.

전봉준은 정부와 화의를 맺은 이후에도 농민군을 해산시키지 않고, 전라도 일대에서 자체 행정권을 행사했다. 관군을 군사적으로 제압하는 한편 백성들의 원한을 풀어주고 악질 양반 토호와 부자들의 재산을 빼앗아 농민들에게 나누어 주었다. 전라감사 김학진은 폐정을 개혁해 농민군 참가자를 박해하지 말 것과 요구사항을 관청에 제출하라는 내용의 〈효유문〉을 여러 차례 발표하여 자기 자신의 위기 상황에서 벗어나려 했다. 농민군의 총지휘자 전봉준을 감영으로 초청하여 전봉준에게 감사 집무실 〈선화당〉까지 내주고 자기는 부속건물 〈등청각〉을 쓰는 호의를 베풀었다. 당시 전주에 살면서 전봉준과 김학진의 회담 과정과 집강소 설치 등을 직접 목격한 정석모는 『갑오약력』에 이렇게 썼다.

『6월에 관찰사는 전봉준을 감영으로 초청했다. 이때 성을 지키는 군졸들은 각각 총과 창을 들고 좌우에 정렬했다. 전봉준은 삼베옷에 관을 쓰고 의젓하게 들어오는 데 조금도 꺼리는 것이 없었다. 관찰사는 관민 간에 서로 화해할 방책을 의논하고는 전봉준의 요구인 집강소를 각 군에 설치하는 것을 허락했다. 이에 동학교도들은 각 고을에 할거하여 집강소를 설치하고 서기, 성찰, 집사, 동몽 등의 직책을 두어 완전히 한 개 관청을 이루고 있었다. …소위 군수는 이름뿐이요, 행정을 할 수 없었을 뿐 아니라 심한 경우는 군수를 쫓아버리는 일까지 있었다. 서리들은 모두 동학에 들어가 겨우 이름과 목숨을 유지할 뿐이었다. 전봉준은 수천의 무리를 거느리고 금구, 원평에 주둔하면서 전라우도를 호령하고, 김개남도 수천의 무리를 거느리고 남원에 웅거하면서 전라좌도를 호령하였음, 김덕명, 손화중, 최경선 등은 각각 한 쪽을 차지했다.』

전봉준과 만나 폐정개혁을 받아들일 집강소 설치를 승인한 전라감사는 7월 초 관하 고을들에 공문을 띄워 농민군의 집강소와

협력해 폐정을 개혁할 것을 지시했다. 전라감사에게서 집강소 설치의 합법성을 부여받은 농민군은 전라도 지역의 통치체계가 마비된 유리한 기회를 이용해 집강소를 세우고 독자적인 정치개혁을 추진했다. 농민군의 집강소 설치는 순조로웠던 것만은 아니었으나, 지배층의 강한 반발을 무력화시키고 집강소 실치를 힘으로 쟁취해 냈다. 집강소는 해당 지역에서 관청과 나란히 존재했으나 실제적 지방행정권을 행사하면서 독자적 기능을 수행했다. 농민군은 집강소를 통해 지방 행정기구를 제압하면서 폐정을 개혁하기 위한 적극적인 활동을 벌였다.

집강소의 폐정개혁 활동

전봉준은 전라도 일대의 실권을 쥐고서 폐정을 개혁해 나갔다. 당시 전라도 일대의 농민군은 커다란 권한을 행사하고 있었다. 전라감영의 공문서도 전봉준의 결제를 받은 후에야 각 고을에 전달되었으며, 새로 임명된 관료도 전봉준의 통행증이 있어야만 부임지로 갈 수 있었다. 농민군이 집강소를 통해 벌인 개혁 활동은 12개 조의 폐정개혁안에 집약되어 있다.

1) 동학도와 정부사이에 숙혐을 씻어버리고 정사를 협력할 것.

2) 탐관오리는 그 죄목을 조사하여 하나하나 엄징할 것.

3) 횡포한 부호들은 엄징할 것.

4) 불량한 유림들과 양반들은 징습할 것.

5) 노비문서를 소각할 것.

6) 칠반천인(백정, 쟁인바치, 기생, 노비, 중, 무당, 광대)의 대우를 개선하며 백정들의 머리에 씌우는 평량갓을 벗겨줄 것.

7) 청춘과부는 재혼을 허락할 것.

8) 무명잡세는 다 폐지할 것.

9) 관리의 채용은 문벌을 타파하고 인재를 등용할 것.

10) 일본인과 내통하는 자는 엄중히 처벌할 것.

11) 국가에 대한 빚이나 개인에 대한 빚이나 이전에 진 빚은 다 무효로 할 것.

12) 토지는 평균으로 나누어 부칠 것.

농민군이 내세운 폐정개혁안에는 사회정치 및 경제 분야에서 당시 농민들의 지향과 염원이 반영되어 있었다. 사람들을 신분적으로 예속시키는 노비문서를 태워버렸으며, 농민들에게 불행과 고통을 들씌웠던 모든 채무관계를 없애버렸다. 집강소는 투쟁으로 지방봉건통치를 마비시키고 농민군이 세운 지방 자치기관이었으며, 농민들의 수중에 장악된 무력에 의해 담보되었다. 집강소를 통해 농민들의 개혁 활동은 농민들의 요구가 일시적으로나마 실현되었으며, 지방 민중들이 단합된 힘으로 싸우면 그 어떤 적들도 물리치고 자기들의 염원을 실현할 수 있다는 믿음을 주었다는 점에서 역사적 의의가 컸다. 또 봉건제도를 밑뿌리로부터 뒤흔들어 놓음으로써 근대화를 향한 민족운동 발전에 유리한 조건을 만들어 주었다는 점에서도 역사적 의의가 컸다. 하지만 폐정개혁 활동은 역사적 한계도 존재한다. 우선 집강소 활동에서 내부에 침투해온 지방 양반 유생들과 서리들의 암해 책동을 철저히 분쇄하지 못함으로써 집강소 활동에 엄중한 난관이 조성되었다. 농민군의 폐정개혁안 자체도 제한성이 있었다. 개혁안은 썩어빠진 봉건제도 자체를 완전히 부정하고 사회를 근대화할 데한 근본적인 정치적 요구를 제기하지 못했다. 또 봉건제도 혁파에서 근본 문제의 하나인 토지문제에서도 균등경작을 제기했을 뿐 봉건적 토지소유제도 자체를 철폐하고 농민에게 토지를 분배하는 문제를 제기하지 못했다.

4절. 일본침략자들을 반대한 농민군의 투쟁

1. 농민군의 재궐기

농민군이 전주 화의에 응한 것은 거류민 보호를 구실삼아 조선에 기어들어 온 일본군의 출병 구실을 없애기 위해서였다. 농민군은 출병 구실을 없애 일본군을 철수시켜 나라와 민족 앞에 조성된 민족적 위기를 극복하려는 대승적 견지에서 전주 화의에 응했던 것이다. 그러나 전주 화의 이후의 정세는 농민군의 기대와 다른 방향으로 전개되었다. 일본 침략자들은 전주 화의로 출병 구실이 없어지자, 엉뚱하게도 조선 정부에 내정개혁을 강요해 나섰다.

사실 그들은 내정개혁에는 전혀 관심이 없었으며, 오로지 청일전쟁을 일으킬 구실과 기회만을 호시탐탐 노리고 있었을 뿐이었다. 1894년 6월 10일 일본 외상 무쯔는 외무성 참사관 혼노 이찌로를 조선에 파견해 일본 공사 오또리에게 "청일간의 충돌을 촉발하는 것이 현재 가장 긴급한 것이니 이를 단행하기 위해서는 어떠한 수단도 가리지 말라"고 지시했다.

6월 21일 일본 침략자는 무력을 동원해 조선의 왕궁 (경복궁)까지 점령하는 야만적인 행동을 감행했다. 군대로 궁을 포위한 상황에서 총칼을 앞세워 정부 개조를 강요했고, 왕궁의 보물을 훔쳐내고, 조선군대의 무장까지 해제시켰다. 6월 23일에는 아산만 풍도 앞바다에서 청나라 수송선 고승호를 격침하고, 6월 27일에는 성환에 주둔하던 청나라군을 공격하였다. 선전포고도 없는 일방적 공격이었다. 일본은 7월 1일에야 정식으로 청나라에 선전포고를 하였다. 조선 땅에서 일본과 청나라가 전쟁을 벌이는 기이한 상황이었다. 일본 침략자들은 우리 땅에서 청나라와 전쟁을 벌여 우리 국토를 황폐화시키는 만행을 저질렀다. 또 전쟁 수행에 필요한 모든 인적 물적 자원을 조선 사람들로부터 약탈해 갔다.

이러한 일본의 만행에 대해 봉건 지배층들은 분노는커녕 일신의 안일만을 추구하면서 비굴하게 행동했다. 그들은 일본 침략자들에게 굴복하고, 그들의 요구대로 전주 화의를 뒤집고 농민군에 대한 탄압을 감행했다. 이렇게 나라를 팔아먹고 민족을 배신하는 죄행과 비열한 배신 행동에 대해 민중들은 격분했다. 농민군은 전주 화의 이후 발생한 사태들에 대한 실 체험을 통해 일본 침략자를 몰아내야 하며, 이와 더불어 일본에 아부 굴종하고 그들의 앞잡이 노릇을 하며, 민중을 탄압하는 국내 봉건 지배층을 소탕하지 않고서는 나라의 독립도 자신들의 사회경제적 요구도 실현할 수 없다는 것을 절실히 깨달았다. 그들은 이러한 자각에 기초해서 다시 구국 성전에 떨쳐 나서게 되었다.

봉건 지배층이 일본 침략자들에게 굴복해 나라를 팔아먹고 있을 때 농민군은 나라와 민족을 위해 죽기를 각오하고 투쟁에 떨쳐 나섰다. 전라도 각지에 주둔하고 있던 농민군은 일본 침략자들의 침략 행위가 확대되자, 다시 들고 일어날 태세를 보였다. 당시 일본 신문을 이에 대해 다음과 같이 보도했다.

『이미 양력 7월 30일(음력 6월 28일) 경에는 농민군이 폐정을 개혁할 목적으로 일어났으나 초토사와 화의를 맺고 잠시 무기를 놓고 있었지만, 일본은 대병을 파견해 우리나라를 집어삼키려고 한다. 조금이라도 나라를 걱정하는 사람들은 궁중의 일을 물을 겨를조차 없으므로 우리가 먼저 일어나 일본군대를 막아야 한다.』(『도쿄 마이니찌 신붕』일문, 1894년 8월 5일)

한편 전라감사 김학진은 일본군이 왕궁을 점령하였다는 소식을 듣고 군관 송사마를 남원에 있는 전봉준에게 사신으로 파견해 농민군과 협동해 국난을 타개하고, 전주를 지키려고 하였다. 다른 한편 조선에서 암약하고 있던 일본 밀정들도 저마다 전봉준을 찾아와 다시 봉기하라고 부추겼다. 일본 침략자들이 전봉준에게 정탐군을 파견해 다시 봉기할 것을 부추긴 것은 농민봉기를 이용해 조선 내정에 간섭할 구실을 얻고, 나아가 가장 큰 반일세력인 농민군을 완전히 소멸하기 위한 교활한 목적 때문이었다. 일본의 조선 침략으로 조성된 민족적 위기를 막기 위해 전주 화의를 맺고 전라도 일대에서 폐정개혁을 추진하던 전봉준은 일본의 침략 행동을 주시하면서 농민군에 경거망동하지 말고 그에 대처하기 위한 준비를 잘하도록 지시했다. 전봉준의 만류에도 불구하고 농민들은 여러 지역에서 산발적으로 봉기하기 시작했다. 봉기지역은 전라도를 벗어나 경상도, 충청도 지역으로 확대되었다. 봉기한 농민군이 일본인을 추방하고 일본군을 공격한다는 소문이 퍼지자 일본 공사 오토리는 외부대신 김윤식에게 두 나라 군대가 합동해 농민군을 진압할 것을 요구했다. 봉건 지배층은 일본 침략자와 결탁해 전주 화의의 약속을 배반하고, 농민군에 대한 탄압을 감행했다.

전라도 태인에서 정세를 지켜보던 전봉준은 8월 말 마침내 일본의 침략 행위에 반대하여 재봉기할 것을 결심하고 교통이 유리한 삼례로 떠났다. 전봉준은 자기의 봉기 목적에 대해 "그 후에 들은즉 너희 나라 군대가 처음부터 한마디 말도 없이 군대를 이끌고 서울에 기어들어 야밤에 왕궁을 까부수고, 국왕을 놀라게 했다고 하더라. 때문에 초야 백성들의 충군 애국 마음이 슬픔을 이기지 못해 의로운 군대를 조직해 일본인과 싸워 이 사실을 따져보려고 했다."(『전봉준 공초』 초초)라고 말했다. 전봉준이 재봉기할 것을 결심한 8월 말 이후 여러 지역에서 농민군이 일어나 무기를 갖추고 식량을 준비하면서 새로운 투쟁을 준비했다. 9월 초에 들어서면서 농민군의 봉기는 더욱 적극적으로 발전해 나갔다. 김개남은 남원을 점령하고 동헌에 지휘부를 정한 다음 부자들과 양반들에게서 무기와 식량을 거둬들이면서 싸움 준비를 갖추고 있었는데, 그 수만 해도 1만 명이 넘었다. 금구에서 봉기한 지휘자 김인배는 광양 순천지방의 농민군과 연합해 경상도 하동을 함락시켰다. 이에 뒤이어 화개, 남해, 곤양 등지에서 농민군이 봉기했다. 사천에서는 봉기군 수백 명이 동헌에 들어가 무기고를 파괴하고 무장했다. 강원도 지방에서 평창에서 농민군이 봉기한 데 이어 원주, 영월, 평창, 정선, 횡성, 홍천, 강릉, 양양 등지에서 농민군이 봉기했다.

금구를 지나 삼례에 도착한 전봉준은 9월 중순 동학 조직을 통해 각지 농민들에게 일본 침략자들 반대하는 싸움에 떨쳐 나설 것을 호소하는 격문을 발표했다. 전봉준의 격문에 호응해 전주, 고창, 태인, 남원, 금구, 무장, 영광, 정읍, 고부를 비롯해 여러 지역에서 농민군 부대들이 홍수처럼 삼례로 모여들었다. 이때 삼례에 모여든 농민군 수는 4,000명에 달했다. 전봉준이 삼례에서 지핀 투쟁의 불길은 충청도, 경상도, 황해도, 강원도 지역으로 확대되었다. 이 투쟁에는 애국적 양반, 유생, 군인들도 참가했다. 전봉준이 새로운 싸움을 준비하면서 거둔 가장 큰 성과는 동학 상층을 설득해 전라도와 충청도 농민군의 연합이 실현되었다는 것이었다. 사사건건 전봉준의 투쟁의 앞길을 가로막고 있었던 충청도 동학 지도부인 최시형은 조성된 정세와 농민들의 투쟁 기세에 편승해 마침내 전라도 농민군과 합세할 것을 승낙하였다. 최시형은 "인심이 곧 천심이라. 이는 곧 천운이 이루는 바이니, 너희들은 동학도를 이끌고 전봉준과 협력해 교조의 신원을 풀며 우리 도의 대원을 실현하라."는 통문을 발표했다.

구국항쟁의 불길은 전라도와 충청도 뿐 아니라, 대구, 함양, 거창, 해주, 재령, 안악, 장연, 평양 등지를 비롯해 경상도, 평안도 등 전국 거의 모든 지역을 휩쓸었다. 이 투쟁에는 농민들 뿐 아니라 각계각층 민중들이 망라되었으며 애국적 양반, 유생, 아전, 관군의 병사들도 참가했다. 오지영이 쓴 동학사에서는 당시의 상황에 대해 다음과 같이 기술하고 있다.

『이때 호남, 호서, 영남, 강원, 경기 등 각 도의 동학군은 대부분 모두 한 곳에 모이니, 은진, 노난을 중심으로 여산, 노성, 공주, 연산, 부여, 석성, 익산, 함열, 용안, 한산, 서천, 임천, 흥산 등 제 읍은 수백만의 동학군으로 인산인해를 이루었고, 깃발과 창칼은 수백리 산과 강을 뒤덮었고, 총소리와 나팔소리는 천지를 진동시켰다.』(『동학사』영창서판,1940년 140~141p)

전봉준이 지휘하는 전라도 농민군의 주동적인 노력으로 충청도 농민군과 연합이 이루어짐으로써 농민군의 역량은 더욱 강화되었다.

2. 제2차 봉기의 전개 과정

전봉준은 농민군 주력을 이끌고 논산으로 진출해 충청도 농민군과 연합해 일본군과 관군이 주둔하고 있는 공주를 점령한 다음 금강을 넘어 서울로 진격할 계획을 세웠다. 이 계획 수행을 위해 주력부대를 제외한 나머지 부대는 후방에 배치해 적들의 배후 공격을 막도록 했다. 북쪽으로는 김복용이 지휘하는 3,000명의 농민군으로 목천 세성산으로 진격해 일본군과 관군의 공격을 제압하도록 하였다. 또 최한규가 지휘하는 3,000명의 농민군은 공주의 유구방면에 진출해 공주성을 포위하고 적들의 지원을 차단하도록 했다. 남쪽에서는 김인배가 지휘하는 1만 명의 농민군으로 하여금 순천, 여주, 환개 등지에 주둔하면서 일본 침략군이 해안으로 상륙하는 것을 막도록 했다. 손화중과 최경선이 지휘하는 7,000명의 농민군은 광주와 나주 일대에서 적들의 배후 공격을 차단하도록 했다. 전주성을 차지한 김개남의 농민군 8,000명은 농민군 주력부대를 뒤따라 북상하면서 후원을 맡도록 했다.

삼례에서 일본 침략자를 몰아낼 목적으로 재봉기를 선포한 전봉준은 한 달이 지나서야 충청도 농민군과 연합하기 위해 논산으로 진격하였다. 충청도 농민군 역시 손병희의 지휘 아래 거의 같은 시기에 논산에 도착했으며 다른 한 부대는 회덕에서 청주 관군을 격파하고 논산에 도착했다. 당시 논산에 모인 농민군은 전라도 농민군 16만 7,000명, 충청도 농민군 6만명으로 도합 22만 7,000명에 달했다. 전봉준은 10월 12일 논산에서 일본 침략자를 반대하는 싸움에 떨쳐 나설 것을 호소하는 격문을 발표했다. 전봉준의 격문은 전 민족이 단결된 힘으로 일본의 조선 침략을 막자는 호소였다. 또한 "사실은 우리 조선 사람끼리 싸우자고 하는 것이 아니거늘 이렇게 핏줄이 같은 한 집안끼리 싸움하니 어찌 애닯지 않으리오"라고 하며 조선 사람끼리 싸우게 하려는 일본 침략자들의 모략을 파탄시키고 거족적인 구국항쟁을 벌이자고 호소하였다. 10월 16일 농민군은 충청 감사 박제순에게도 나라를 위한 싸움에서 마음을 합칠 것을 호소하는 격문을 보냈다. 농민군의 애국적 호소는 정부의 일부 하급 관리와 유생들을 구국 투쟁에 나서게 했다. 농민군의 애국적 호소에 자극받아 공주에서 수천명의 사람을 모아 농민군 탄압에 나섰던 이유상과 여산 부사 김윤식이 농민군에 합세했다. 논산에 집결한 농민군은 마침내 공주를 향해 진격을 개시해, 10월 23일에는 공주에서 30리 떨어진 경천을 점령했다.

한편 6월 21일 왕궁을 점령한 후 조선군대의 무장을 빼앗고 해산시켰던 일본 침략자는 부랴부랴 조선군대를 재조직하고 무기를 주어 농민군 탄압으로 내몰았다. 9월 21일 의정부는 농민군에 대한 무력 탄압을 위하여 호위 부장 신정희를 순무사로 임명했으며, 순무영을 설치하고 그에게 전라도, 충청도, 경상도, 강원도, 경기 황해도 지방의 농민군을 탄압하는 전권을 주었다. 양호순무영의 우 선봉 이두황은 4개 소대를 거느리고 9월 20일 서울을 출발해, 죽산 일대의 농민군을 진압한 다음 목천 세성산에서 농민군을 격파하고, 10월 27일 공주에 도착했다. 좌 선봉 이규태는 교도 중대와 통위영의 2개 중대를 거느리고 서울을 출발해 10월 24일 공주에 도착했다. 안성 군수로 임명받은 성하영은 3개 소대를 거느리고 10월 19일 공주에 도착했다. 그리하여 10월 27일 현대 중앙군만 해도 1,600여 명에 달했다.

일본 침략자들은 8월 16일 평양전투에서 청나라군대를 격파한 이후에는 농민군 토벌에 본격적으로 달라붙었다. 농민군이 다시 궐기해 서울로 올라온다는 소식이 전해지자 일본 침략자들은 공포에 휩싸였다. 오또리 공사를 대신해 새로 부임한 이노우에 공사는 농민군의 정황을 파악하고 농민군을 진압할 전문적인 부대를 파견해 줄 것을 일본 대본영에 요청했다. 이에 따라 일본에서 후비 보병 제19대대가 청나라와의 전쟁 와중에도 농민군 진압을 위한 특수임무를 부여받고 조선에 들어왔다. 침략 무력을 대대적으로 증강한 일본 침략자들은 논산에 집결한 농민군이 전투 행동을 시작하기 전에, 농민군의 주력을 괴멸시킬 것을 계획했다. 적들은 남부 지방의 농민군이 경기, 강원도의 농민군과 연합하는 것을 가로막는 동시에 삼남 지방의 농민군 주력을 진압하는 데 공격의 화살을 집중했다. 제19대대는 서울로부터 경상도 방향의 동부, 충청도 방향의 중부, 전라도 방향으로 나가는 서부 3개 방향으로 갈라져 전라도 일대의 농민군 탄압에 나섰다. 농민군 진압에는 일본군 19대대 외에 조선에 주둔하고 있었던 후비 보병 제6연대와 제10연대 등도 동원되었다. 일본 침략자들은 청일전쟁을 도발한 후 군수품 조달을 위해 문산-경성사이, 인천-평양 사이에 36개 정도의 병참 기지를 설치하고 매 기지에 주둔시켜 놓았던 1~2개 정도의 소대 역량도 농민군 진압에 투입했다. 일본 침략자는 전라도 순천 앞바다에 농민군이 바다를 이용해 진격하는 것을 막기 위해 2척의 군함까지 띄워 놓고 있었다. 농민군 앞에는 매우 엄혹한 시련이 닥쳐오고 있었다.

3. 우금치 전투의 실패

농민군과 진압군과의 첫 전투는 목천 세성산에서 있었다. 목천은 충청도로부터 경기로 들어가는 길목에 있어, 농민군 서울진격의 길목이었으며 동시에 일본군과 관군의 증원을 저지시키기 위해서도 매우 중요한 전략거점이었다. 목천 세성산에는 농민군의 전투를 보장하기 위해 파견된 3,000명의 농민군이 진을 치고 있었는데, 뒤이어 홍주, 예산, 덕산 지방에서 활동하던 농민군까지 모여들어 그 수가 1만 명에 달했다. 10월 21일 우선봉 이두황이 이끄는 토벌군과 일본 침략군 2개 소대가 세성산에 주둔하고 있던 농민군을 불시에 공격했다. 세성산은 지형상으로 볼 때 동, 남, 북 세면은 지세가 험하고 거의 절벽이었으며 서쪽 면만 경사가 밋밋하고 약간 트인 수림지대였다. 농민군은 전술상 착오를 범해 지세가 험한 삼면을 소홀히 하고 서쪽 일대에 대한 방어만 강화하고 있었다. 농민군의 약점을 간파한 적들은 동북과 동남쪽에서 농민군의 배후와 익측을 불시에 공격해 농민군을 북쪽으로 몰아낸 다음 섬멸하는 전술을 썼다. 불의의 공격을 받은 농민군은 적들의 공격을 막아내면서 북쪽 지대로 철수했다. 바로 이때 북쪽 암벽 사이에 매복해 있던 일본 침략군 기관총 집중사격이 농민군에게 가해졌고, 농민군은 수백 명의 사상자를 내고 패하고 말았다. 이 전투 패배로 농민군은 김복용을 비롯한 많은 지휘관을 잃었다.

세성산 전투에서 심대한 타격을 받았으나 전봉준은 공주공격을 포기하지 않았다. 당시 공주는 정치, 경제적으로 매우 중요한 요충지였으며 적들도 공주 방어를 중시하여 든든한 방어진을 펴고 있었다. 공주 정면의 요충지인 이인에는 성하영의 부대, 전라도 우측의 요충지인 주봉 및 주봉리 방면은 이기동 부대, 견준봉 부근은 백락관의 부대, 공주 배후의 수로 효포는 장영진의 부대, 공주 좌익의 요충지인 금학동은 오창성의 부대, 우금치는 일본 침략군이, 좌익의 승치는 구상조의 부대가 방어하고 있었다.

우금치 전적비

10월 23일 일본 침략군 100여 명과 서산 군수 성하영, 경리청 대관 윤영성이 이끄는 정부군은 농민군의 공주진격을 막기 위해 먼저 이인의 농민군 진지를 불시에 공격했다. 이때 농민군은 지형상 유리한 고지를 장악하고 적들에게 집중적인 총포 사격을 퍼부었다. 적들은 농민군 진지를 빼앗아 보려고 공격을 계속했으나 많

은 사상자를 내고 도망치고 말았다. 이 전투에서 농민군은 적 120여 명을 죽이고 300여 명에 부상을 입혔다.

전봉준이 지휘하는 농민군은 10월 23일 이인전투에서 적들의 거듭되는 공격을 좌절시키고 다음 날에는 공주 감영의 뒷산인 봉황산을 포위했다. 손병휘가 지휘하는 충청도 농민군은 무너미 고개를 넘어 효포로 진격하여 적들을 패주시켰다. 또 옥천, 영동의 농민군은 공주 동남쪽 30리 지점인 대교에서부터 적들을 공격했다. 그리하여 10월 24일 농민군은 공주에 대한 포위를 완성했다.

일본 침략자들은 공주에 대한 농민군의 진격을 저지시키기 위해 우금치, 금학동, 효포동, 탑교, 추봉 및 동쪽 산성에 방어선을 펴고, 10월 25일 농민군을 공격을 시도했다. 농민군은 적의 공격기도를 알고 10월 25일 정면과 좌우 3개 방향서 일제히 공주를 공격했다. 농민군은 성난 파도처럼 공주의 산과 들을 뒤덮으며 희생을 무릅쓰고 완강하고 공격했다. 적들은 유리한 지역을 차지하고 대포와 저격 무기로 집중사격을 퍼부으며 발악적으로 나왔다. 해질무렵까지 계속된 싸움에서 승부가 나지 않자 전봉준은 일단 싸움을 포기하고 농민군을 거느리고 원래의 출발지점인 경천점으로 후퇴했다. 전봉준은 공주에 대한 공격역량을 강화할 목적으로 김개남의 부대를 불러들이고 농민군의 전투사기를 높여주기 위한 여러 가지 조치를 취했다. 일본 침략군과 관군도 농민군 주력을 포위 섬멸하기 위해 11월 3일부터 무너미와 이인에 제1방어선을 구축하고 공주 일대에 제2방어선을 형성했다.

농민군의 2차 공주 공격 전투는 11월 8일부터 시작되었다. 이날 농민군은 무너미를 지키는 경리청 관하 중앙군을 격파하고 북상하여 이인에 둥지를 틀고 있던 적들을 소탕하고 공주로 진격했다. 제1 방어선이 무너지자 일본 침략군과 관군은 농민군의 공격을 막기 위해 금학동, 봉수대, 웅치, 우금치에 새로 방어선을 구축하고 아산의 내포 방향으로 출동 중이던 일본침략군을 급히 공주에 불러들였다. 11월 9일 농민군은 효포, 웅치, 우금치 등 3개 방향에서 다시 공주로 진격했다. 6~7일간에 걸친 적아 간의 공방전은 매우 치열했다. 농민군은 군사 기술적으로 뒤떨어졌으나 일본 침략자와 매국적 지배층에 대한 불타는 증오심을 안고 투쟁에 떨쳐나섰다. 당시 선봉장 이규태는 보고서에서 당시의 전투상황을 다음과 같이 전했다.

『아, 수만이나 되는 비도(농민군)들이 연속 40~50리 걸쳐 빙 둘러싸고 길이 있으면 쟁탈하고, 봉우리가 있으면 그를 점거하려고 동쪽에서 소리치고 서쪽을 치며 왼쪽에서 번쩍했다가 바른 쪽에서 훌쩍 나타나며, 깃발을 휘날리고 북을 울리며 생사를 무릎 쓰고 앞을 다투어 기어오르니 그들을 어떠한 의지와 담략으로 타이르라. 적정을 말하고 생각하면 뼈가 떨리고 마음이 서늘하다.」(『순무선봉진등록』갑오 11월 10)

　　농민군은 희생적으로 싸웠다. 하지만 시간이 지날수록 적들에게 밀리기 시작했다. 우금치 계선에서 싸우던 농민군 주력이 막대한 피해를 입고 전투력을 상실했으며, 웅치계선에 있던 농민군도 적들의 불의에 기습을 받고 큰 손실을 입었다. 11월 11일 전봉준은 조성된 정황을 놓고 볼 때 공주를 계속 공격하는 것은 불가능하다고 판단하고 중대 뒷산과 우와리 계선으로 후퇴했다. 11월 12일 전봉준은 봉건 지배층에 나라의 위기를 구원하기 위해 힘을 합쳐 일본 침략군을 몰아내자고 다시 호소했다. 일본 침략자에 투항 굴종한 봉건 지배층은 농민군의 애국적 호소를 외면하고 일본 침략자들과 결탁해 농민군에 대한 탄압의 도수를 높여갔다. 10월 14일 남원을 떠난 김개남 농민군은 전봉준 부대를 돕기 위해 전주, 삼례, 금산을 거쳐 11월 13일 청주를 공격했으나 실패했다. 여러 번의 전투에서 심대한 손실을 입은 전봉준은 농민군의 증원을 받을 수 없게 되자 공주공격을 포기하고 11월 15일 노성(충청도 논산)으로 후퇴했다. 농민군은 노성에서 대열을 수습하고 추격해 오는 적들을 섬멸하려고 했으나 다시 패하고 말았다. 노성에서도 패한 농민군은 논산 북쪽의 황하대에서 사면으로 달려드는 적들과 치열한 전투를 벌이고 전라도 지방으로 후퇴했다.

전라도 지방에 들어온 전봉준은 본거지인 전주에서 다시 농민군을 초모하여 부대를 수습했으며 김개남은 남원으로 가서 새로운 싸움을 준비했다. 새로 조직된 농민군은 수적으로는 보충되었으나 질적으로는 한심한 상태였다. 하지만 전봉준은 신심을 잃지 않고 마지막까지 적들과 싸움을 벌이려고 했다. 일본 침략군과 관군이 전주로 몰려들자 전봉준은 금구로 후퇴하여 결전을 준비했다. 그러나 농민군은 11월 25일 금구 전투에서, 11월 27일 태인 전투에서 패하고 말았다. 두 차례의 전투에서 전투를 계속하는 것은 농민군을 완전히 파멸로 몰아 넣은 것이라고 절감한 전봉준은 새로운 투쟁을 약속하고 부대를 해산했다. 농민군을 주동적으로 해산한 전봉준은 일부 인원을 데리고 태인에서 천원역을 거쳐 11월 29일 임암산으로 갔다가 순창으로 들어갔다.

공주 전투 후 전봉준의 농민군과 함께 논산, 전주, 금구, 태인까지 왔던 충청도 농민군은 태인 전투에서 패한 후 충청도 지방으로 들어가 투쟁을 계속 벌였다. 농민군은 12월 13일 청산(황간) 종곡에서 대구로부터 기어든 일본 침략군과 치열한 전투를 벌였다. 농민군은 골짜기를 낀 양쪽 봉우리의 유리한 지점을 차지하고 발악적으로 덤벼드는 적들을 유인해 양 익측에서 포위하고 용감히 싸웠다. 그 후 정주, 천안, 괴산, 음성으로 유동하면서 적들과 치열한 전투를 벌였으나 적들의 집요한 공격으로 심대한 타격을 받고 12월 24일 충주 전투 후 부대를 해산했다. 전봉준이 지휘하는 농민군 주력이 해산되고 적들의 탄압이 심하였지만 여러 지역에서 농민군의 투쟁은 1895년 초까지 전라도와 충청도를 비롯해 경상도, 경기도, 황해도 일대에서 계속되었다.

밀고자의 밀고로 체포된 후 서울로 압송되고 있는 전봉준

일본 침략군과 관군은 농민군이 해산된 다음에도 농민군 참가자 뿐 아니라 무고한 민중들까지 닥치는 대로 체포해 잔인한 방법으로 학살했다. 또 이르는 곳마다 재물을 약탈하고 부녀자들을 능욕하였으며 마을을 잿더미로 만들었다. 일본군의 야만적 탄압으로 농민군 지휘관들도 연이어 체포 처형되었다. 김개남은 12월 1일 태인에서 관군에 체포되어 다음 날 무참하게 살해됐다. 광주에 있던 손화중은 12월 1일 부대를 해산하고 고창으로 갔다가 체포되

었으며, 최경선은 12월 3일 체포되었다. 전라도 순창에서 새로운 투쟁을 준비하던 전봉준은 변절자의 밀고로 체포되었다. 전봉준은 체포되어서도 절개를 굽히지 않고 당당히 싸웠다. 전봉준은 1895년 3월 29일 손화중, 최경선, 성두환, 김덕명 등 농민군 지휘자들과 함께 사형을 당했다. 전봉준은 최후를 마치면서 다음과 같은 시를 남겼다.

때를 만나서는 천하도 내 뜻과 같더니, 운 다하니 영웅도 스스로 어쩔 수 없구나. 백성을 사랑하고 정의를 위한 길이 무슨 허물이랴. 나라위한 일편단심 그 누가 알리.

5절 . 갑오농민전쟁의 역사적 의의와 교훈

1. 갑오농민전쟁의 역사적 의의.

1) 일본 침략자와 국내 반민중적 반역사적 지배 계급에게 커다란 타격을 주고, 우리 민족과 민중들의 애국 애족의 정신과 민족자주정신을 널리 알렸다.

농민전쟁이 일어나자 삼남 일대의 봉건적 통치제도가 완전히 마비되고, 조선왕조는 전면적 붕괴 위기에 빠져들었다. 이는 일찍이 있어 보지 못한 일대 사건이었으며, 봉건 지배층에 만회할 수 없는 심대한 타격을 주었다. 농민군을 반대하는 전쟁에서 일본 침략자들도 비록 승리하기는 했지만 심대한 타격을 받았다. 군사 기술적 우세를 믿고 농민군을 단숨에 격파할 수 있다고 호언장담했지만 많은 병력을 동원하여 몇 달 동안이나 싸우지 않을 수 없었으며, 많은 병력과 무기를 잃었다. 이것은 일본에게 커다란 정치 군사적 타격으로 되었다.

농민전쟁이 진행되는 동안 농민군은 애국애족의 정신, 민족자주의식을 유감없이 발휘하였으나, 반민중적 지배층들은 농민의 애국애족의 정신, 민족자주의식을 외면하고, 우리나라를 침략하고 민중들을 학살하는 외세와 야합하는 반민족적, 반민중적 행위를 서슴없이 저질렀다. 농민군은 일제 침략자의 무력 간섭으로 민족적 위기가 높아졌을 때 서슴없이 전투를 멈추고 전주 화의를 맺어 침략의 명분을 제거해 버렸다. 반면에 반민중적 지배층은 일제와 야합해 농민전쟁을 탄압하는 만행을 저질렀다. 이처럼 봉건 지배층이 일제와 야합해 매국 배족 행위에 빠져들었을 때, 농민군은 애국애족의 정신으로 일관했다. 농민군이 2차 봉기에 나섰을 때 1차봉기 때보다 훨씬 많은 각계각층 민중들이 농민군의 투쟁에 합세했다. 농민군이 척양척왜의 기치를 들었을 때 농민뿐 아니라 애국적 군인들과 양심적인 관리, 유생들에 속하는 사람들까지도 농민전쟁에 참가했다. 이리하여 농민전쟁은 반침략 애국 세력을 한편으로 하고 국내의 매국적 세력과 일본 침략자들을 다른 한편으로 하는 두 세력 사이의 판가리싸움으로 되었으며 이 싸움에서 우리 민족은 반외세 민족자주의식을 힘있게 과시하였다.

2) 우리나라에서 봉건적 폐정을 개혁하고 근대화 운동을 힘있게 추동한 데 있었다.

전주 화의에서 농민군이 제기한 폐정개혁안은 우리나라 계급투쟁 역사에서 처음으로 제기된 문제들이었다. 농민군이 지방 자치기관인 집강소를 설치하고 봉건 관리들의 행정사업을 통제한 것은 우리나라 역사발전에서 거대한 의의를 가지는 사변이었다. 이것은 수천 년 동안 내려오던 봉건제도가 더는 지탱할 수 없으며 임종의 시기에 다다랐다는 역사적 확인이었다. 봉건 정부는 자체 동력이 미약함에도 근대적 개편을 서두를 수밖에 없었고 노비제도의 철폐, 국가체계의 근대적 개편, 봉건적 수탈체계의 정비 등 부르주아 개혁인 갑오개혁이 수행된 것도 갑오농민전쟁의 영향이 컸기 때문이었다.

3) 투쟁 과정을 통하여 민중들이 계급적으로 민족적으로 각성되고 단련되었다.

갑오농민전쟁은 실패했지만, 투쟁 과정을 통해 민중은 민족적 및 계급적 적들의 야수성과 그 본질을 더욱 똑똑히 알게 되었으며, 정치적으로 더욱 각성되었다. 농민전쟁은 또한 광범한 대중을 반일 투쟁으로 불러일으켰으며, 투쟁 과정에서 정치 사상적으로 단련시켜 반일 투쟁역량을 강화 발전시켰다. 적들의 야수적 탄압으로 수많은 농민군 지휘자들이 희생되었으나, 전쟁의 경험과 교훈을 쌓은 많은 지휘 성원들과 군중들은 새로운 투쟁을 준비하면서 활빈당을 비롯한 무장단체를 만들고 각종 형태의 반일 투쟁을 계승 발전시켜 나갔다. 19세기 말 20세기 초 거족적으로 전개된 반일의병투쟁은 이러한 투쟁의 축적 위에서 펼쳐질 수 있었다.

2. 갑오농민전쟁의 역사적 교훈

갑오농민전쟁은 농민군 자체의 사회계급적 제한성, 일본 침략자들과 그와 야합한 봉건지배층의 탄압 만행으로 실패를 면할 수 없었다. 갑오농민전쟁의 실패는 우리 역사에 심각한 교훈을 남겼다.

1) 일본군국주의야말로 우리 민족과 민중의 철천지 원수이며 일본군국주의자를 반대하여 단결 투쟁할 때에만 민족적 독립도 수호하며, 나라의 근대적 발전도 이룩할 수 있다는 것을 알려주었다. 갑오농민전쟁의 비참한 종말은 일본침략자야말로 농민군의 정의의 투쟁을 피바다 속에 잠기게 한 극악한 교살자이며, 조선 민족의 불구대천의 원수라는 것을 보여주었다.

갑오년의 역사는 일본 침략자에 대한 타협과 양보는 망국의 길이라는 것을 똑똑히 보여주었다. 조선왕조의 봉건 지배층들은 강화도 조약 이후 갑오년에 이르기까지 일본 침략자에게 타협과 양보만을 거듭해 왔다. 1878년 부산 세관 철폐 이후 부산, 인천, 원산항의 개항, 1882년 제물포 조약, 1884년 한성조약 등은 모두 일본 침략자들의 횡포한 도발과 군사적 위협에 굴복해 조작된 것들이었다. 농민전쟁이 폭발한 이후 일본이 거류민과 공사관 보호의 구실 밑에 대규모 무력을 조선에 끌어들이고 내정개혁을 강요하면서 왕궁을 점령할 때까지 봉건 지배층은 무력으로 저항할 생각은 하지 못한 채 외교적 교섭에만 매달렸다. 청일전쟁을 도발하고 평양전투에서 승리한 일본 침략군은 요동지방으로 전선이 이전되자 침략무력을 동원해 농민군을 야수적으로 탄압했다.

일본침략자의 무력 침공과 내정 간섭으로 갑오농민전쟁이 실패하고 이조 봉건 정부가 예속적 지위에 떨어지게 된 것은 전적으로 개항 이후 부패하고 무능한 지배층의 투항과 굴종 행위의 필연적 결과였다. 봉건 지배층은 일본이 군대를 이끌고 조선에 기어들어온 이후에도 그들의 침략 기도를 간파하지 못하고 무의미한 외교적 공담 만 되풀이하여, 왕궁을 점령당하고 국왕이 감금되는 민족적 수치를 당하였다. 만약 조선 정부가 뒤늦게나마 타협, 굴종, 투항 정책에서 벗어나 농민군과 연합해 일본 침략자들 몰아내고 개혁을 실시했더라면 역사는 새로운 방향으로 발전해 나갔을 것이다.

당시 농민군도 일본 침략자의 무력 침공은 경계하면서도 그에 적극적으로 대응하지는 못하였다. 농민군이 정부와 전주 화의를 맺은 것은 일본이 '거류민 보호'를 구실로 조선에 들어온 조건에서 침략의 구실을 제거하면 일본이 저들의 군대를 철수시키리라고 생각한 데 있었다. 일본이 내정개혁을 구실로 침략군대를 계속 주둔시키고 조선의 왕궁을 점령하고 조선 땅을 침략전쟁 마당으로 전변시켰을 때에도 즉시 일본을 반대하는 투쟁을 펼치지 못했다. 이것은 다 농민군 지휘자들이 일본의 침략적 본성을 똑바로 꿰뚫어 보지 못하고 그에 기대를 가진 데 있었다. 이처럼 갑오년의 역사적 사실은 침략자들에 대한 기대와 양보는 망국의 길이라는 것을 보여주었다.

2) 외세의존은 매국매족의 길이며 나아가서 망국의 길이다.

조선 봉건 정부의 외세의존정책의 사상적 근원은 사대주의에 있었고 사회정치적 근원은 조선 봉건 국가의 취약성과 그 정치적 위기 그리고 추악한 파벌싸움에 있었다. 조선 봉건 정부의 외세 의존정책은 19세기 후반에 들어오면서 더욱 두드러지게 나타났다. 조선 정부를 실질적으로 장악하고 있던 민비 일당은 자신들의 집권 유지를 위해 갑오년 이전에도 청나라군대를 끌어들였고 1882년 군인폭동과 1884년의 갑신정변을 철저히 붕괴시켰고, 청나라와 일본의 내정 간섭과 군사적 침략을 강화하게 함으로써 나라와 민족을 헤어날 수 없는 파국적 위기에 몰아넣었다. 이들은 1894년 4월 농민군이 전주성을 포위 공격하자 청나라 군대를 끌어들이는 매국적 행태를 보여줌으로써 조선에 대한 지배야욕을 불태웠던 일본 침략자들에게 침략의 구실을 제공하고 나라를 전란의 쑥대밭으로 만들어버렸다. 갑오농민전쟁은 외세에 의존하면 침략과 간섭을 초래하며 민중들의 정의와 투쟁마저 암살당하고 결국에 가서는 나라를 망하게 한다는 심각한 교훈을 남겼다.

3) 반민중, 반역사적 지배층들에 대해서는 추호의 환상도 가지지 말아야 한다.

갑오농민전쟁 시기 전봉준은 전주성을 함락한 이후 봉건 정부와 화의를 맺고 그에 기대를 가지고 농민군을 해산하였다. 그러나 봉건 정부는 청나라 침략 세력이 조선에서 밀려나고 일본 침략자들이 우세를 차지하자 외세와 결탁하여 농민군을 탄압하였다. 만약 농민군이 봉건 지배층에 대한 환상을 가지지 않고 전주성을 점령한 다음 투쟁을 중단함이 없이 정부군이 수세에 빠져있는 유리한 기회를 이용하여 서울에 대한 진공 계획을 실천에 옮겼다면 정부와 외세에 더 큰 타격을 주고 투쟁에서 승리할 수도 있었을 것이다. 역사적 교훈은 계급투쟁에서 지배계급에 대한 어떠한 환상도 가지지 말고 투쟁을 중단함이 없이 완강하게 밀고 나갈 때만이 승리할 수 있다는 것을 명확히 보여주었다.

제5장

일제의 조선 강점과
반일의병투쟁

김 강 필

남북역사문화교류협회 편집위원장

1967년 제주 출생. 대학과 대학원에서 컴퓨터학과를
전공했다. 1995년부터 컴퓨터프로그램 개발자로
일하면서 우리나라 역사와 문화에 관심을 가지고 틈틈이
역사 공부를 해오고 있다. 현재 빅데이터 분석가로
IT기업에 종사하면서 역문협 편집위원장을 맡아 우리
역사에 대한 올바른 인식 확산에 기여하고 있다.

제5장 일제의 조선강점과 반일의병투쟁

1절. 반일로 들끓는 한반도
: 1895~1896년 반일의병투쟁

1894년 일본, 조선에 대규모 무력 침공

〈강화도 조약〉 강제 체결 후 조선 침략의 기회를 노리고 있던 일본은 1894년 갑오농민전쟁이 일어나자 이를 절호의 기회로 삼고 일본 거류민 보호라는 명분을 내세워 조선에 대한 대규모 무력 침공을 감행했다. 일본 정부는 조선이 청나라에 공식적으로 원병을 요청하기 하루 전인 1894년 4월 29일 내각회의를 소집하고 조선에 대한 무력 간섭을 결정했다. 그로부터 며칠 뒤 청나라 군대가 출병하는 것과 때를 같이하여 일본은 5월 6일 새로 편성한 혼성여단 450명의 선발대를 인천에 상륙시켰고, 다음 날에는 서울로 쳐

들어왔다. 이후 일본은 군대를 계속 증파하여 5월 말에 이르러서는 근 1만여 명에 달하는 병력으로 조선에 대규모 무력 침공을 감행했다.

이것은 명백히 정한론으로 시작된 조선 침략 정책의 직접적 산물이자 동아시아에서 전면적 무력 침공의 길로 나가는 침략 야망의 발현이었다. 이것은 당시 우리나라의 자주권을 난폭하게 짓밟은 침략 행위이며, 범죄 행위였다. 그들은 무력 침공을 감행하면서 동시 출병을 규정한 이른바 〈천진조약〉과 거류민 보호를 구실로 들고 나왔으나 그것은 모두 저들의 침략을 합리화하기 위한 궤변에 불과하다.

일본은 1880년대 초부터 이른바 동양평화론을 떠들었으며 1893년에 이르러서는 그것을 집대성하여 〈대동합방론〉을 들고나왔다. 동양평화론은 일제가 악명높은 대동아공영권을 제창할 때까지 부르짖은 아시아침략 변호론이었으며 그 집대성인 대동합방론은 일본이 맹주가 되어 전 아시아를 합병하겠다는 침략론으로서 대동아공영권의 모체였다. 대동합방론의 조작자인 다루이는 "동아의 여러 나라가 일본을 맹주로 하는 대동아연맹을 결성해야 하며 일본의 지도 밑에서 전 아시아 민족이 일치단결하여 동맹군을 뭇고 백인들의 침략을 위협하여야 한다"라고 떠벌였다.

일본은 조선 점령의 구실을 마련하기 위해 1894년 5월 중순 조선 정부에 소위 내정개혁안이라는 것을 강요했다. 조선 정부는 이를 내정 간섭으로 규정하여 거절함은 물론 일본군의 철수를 강력히 요구했다. 하지만 일본군 혼성여단 주력부대는 5월 19일 조선정부가 정식으로 내정 간섭을 거부한다는 것을 통지하자 바로 인천에서 서울로 침입해 들어와 남산의 왜성대에 6문의 포대를 설치했다. 그리고 6월 21일 새벽, 일본군 11연대 1대대는 경복궁을 불의에 습격하여 점령하고 고종과 민비를 감금한 후 조선의 군대를 강제로 해산시키고 6월 23(양력 7월 25일)일에는 청일전쟁을 일으켰다.

갑오농민군에 의한 반일 투쟁 기운의 고양

1894년 일본군의 한반도 무력 침공과 그들의 갑오농민군을 비롯한 민중에 대한 무력 진압은 당시 사람들 속에서 반일의 기운을 급상승시켰고 일본 침략 세력에 맞서 싸우는 것이 하나의 긴급한 과제로 제기되지 않을 수 없게 했다. 이런 정세 속에서 갑오농민군이 치켜든 〈척왜〉의 구호는 사람들 속에서 반일애국사상을 드높이는 데 큰 역할을 했다. 갑오농민전쟁 지도자 전봉준은 "각국 사람들은 통상만을 하였는데 일본 사람은 군대를 이끌고 한성에 머물러있으니 이것은 우리나라의 국토를 침략하자는 것"이라고 하면서 일본의 조선 침략 의도를 폭로하고 반일 투쟁의 의지를 다져나갔다. 또한 갑오 농민군은 1894년 10월 12일 논산에서 국문으로 발표한 호소문에서 "척왜하여 조선으로 하여금 왜국이 되지 않게 하자."라고 호소했다. 이는 당시 일본군의 무력 침공으로 초래된 국가적 위기를 타개하기 위해 무엇이 급선무인지를 올바르게 판단하고 제기한 애국적 구호였다.

갑오농민군은 애초에 폭정을 일삼은 관리들과 양반지배층 그리고 조선 정부에 대해 투쟁의 화살을 겨누었다. 그러나 일본군의 무력 침공이 감행된 위급한 시기가 닥치자 농민군은 이와 같은 반봉건 투쟁만을 계속 벌리고 있을 수는 없었다. 그래서 농민군은 투쟁의 방향을 반봉건투쟁에서 반일무장항쟁으로 빠르게 전환해나갔다. 농민군의 이런 투쟁 방향 전환은 당시 각계층 속에서 민족적 각성을 높여주었고 사람들을 일본 침략군을 반대하는 투쟁으로 이끌었으며 마침내 전국을 반일 투쟁의 분위기로 들끓게 했다. 이는 갑오농민군이 반봉건투쟁 과정에서 거둔 전과에 머무르지 않고 일본군의 침략에 맞서 대담하게 투쟁 방향을 바꿔 반일 투쟁으로 넘어감으로써 대중적인 반일 투쟁 기운을 고양시키는 데서 중요한 역할을 했다는 것을 실증해 주는 것이다.

드디어 각계층 민중들은 갑오농민군을 따라 일본을 반대하는 투쟁에 궐기했다. 이에 대해 전봉준은 "… 일본이 개화를 운운하면서 … 군대를 이끌고 한성에 들어와 야밤중에 왕궁을 습격하고 국왕을 위협했다. 그러므로 초야의 사족과 백성들이 충군 애국의 마음으로 비분 강개하여 의병을 모아 일본과 싸웠다."[1] 라고 말했다. 의병! 그렇다. 전봉준은 일본의 무력침공에 반대해 투쟁에 나선 정의의 군대라는 의미에서 농민군을 의병이라고 불렀던 것이다.

갑오농민군의 적극적인 반일 투쟁은 각계층 사람들을 격동시켜 반일 투쟁역량의 성장을 가져왔다. 이렇게 자라나는 반일 투쟁역량에는 무엇보다 갑오농민전쟁에 참가했다가 일제와 관군의 탄압을 피해 각지에 흩어진 농민전쟁 참가자들을 꼽을 수 있다. 그들은 정부의 눈을 피해 숨어 살지 않으면 안 되었다. 이들은 충청도와 전라도 곳곳에서 소규모 무장대를 조직하고 산간 지대에 의거해 반봉건 반침략 무장투쟁을 계속 벌여나갔다. 이에 대해서는 당시 봉건 지배층에서 "지금 한두 명의 괴수(갑오농민군 지도자)가 이미 국법에 의해 처단된 만큼 나머지 무리들은 응당 마음을 돌려 투항하고 양민으로 되어야 하겠으나 농민봉기는 아직도 그치지 않고

....

1. 〈전봉준공초 초초〉 을미(1895)년 2월 9일

계속 퍼져가고 있으니 온 나라의 근심거리이다." [2] 라고 비명을 질러대는 것을 통해서도 알 수 있다. 이렇게 일제 침략자들과 봉건 지배층의 야만적인 탄압에도 불구하고 각지의 농민전쟁 참가자들이 반침략 반봉건투쟁을 계속 벌여나감으로써 우리나라 반일 투쟁 역량의 기본 축을 형성해 나갔다.

또한 당시 갑오농민전쟁에 참가하지 않았던 경상도, 강원도, 경기도, 황해도, 평안도, 함경도 지방에서도 농민무장대가 조직되어 일제 침략군과 봉건 지배층에 반대하는 투쟁에 적극 나섬으로써 반일 투쟁역량이 보다 강화되어 나갔다. 특히 황해도지방의 농민무장대는 갑오농민군의 투쟁에 자극되어 일제 침략군이 청나라군대와 평양에서 싸움을 벌이던 시기를 전후해 활동하기 시작했다. 옹진 등지에서 활동하던 농민무장대는 1894년 9월 말부터 11월경까지 일제 침략군과 봉건 지배층을 반대하는 치열한 투쟁을 전개했다. 배천 등지에서 활동하던 농민무장대는 1894년 11월 7일 배천읍을 습격해 악질관리들을 처단하고 민중 탄압과 약탈에 이용하던 문서들을 모조리 불태워버렸다. 황해도 농민무장대의 활동은 이외에도 해주, 연안, 재령, 송화, 장연, 수안, 문화, 평산, 신천, 안악, 은률, 풍천, 봉산 등지에서도 일어났다. 이처럼 갑오농민전쟁

....

2. 〈고종실록〉 권33 32년 2월 5일

의 영향 아래 전국 곳곳에서 농민무장대의 반침략 반봉건투쟁이 계속적으로 일어남으로써 반일투쟁역량이 한층 더 강화되어 나갔다.

　　반일 투쟁역량은 봉건 지배층 내부의 애국적인 계층들 특히 봉건 유생들 속에서도 자라나고 있었다. 봉건 지배계급에 속했던 유생들은 평상시 봉건제도와 질서를 유지하는 것이 자기들의 계급적 이해관계에 부합되었기 때문에 농민들을 비롯한 민중들의 반봉건투쟁에 대해 반대했으며 때로는 그에 대한 탄압에 나섰다. 그러나 그들은 제국주의 열강의 침략이 강화되자 민중들의 앙양된 투쟁 기세에 힘을 얻고 민중들과 함께 외세를 반대하는 투쟁에 따라나섰다. 봉건 유생들은 일본군이 감행한 왕궁점령사건을 계기로 반침략 투쟁에 참가하게 되었다. 이는 이 사건을 조선의 자주권에 대한 침해이며 침략 행위로 간주했기 때문이다. 당시 유생의 대표적인 인물인 유인석은 일본군의 왕궁점령사건을 놓고 "마침내 갑오년 6월 20일 밤에 이르러 우리 조선 삼천리 강토가 없어진 셈이다."[3] 라고 절규했다. 왕궁점령사건이 일어난 지 한 달이 지난 1894년 7월 하순 유생 서상철에 의해 경상도 안동지방에서 반일의병대를 조직하기 위한 시도가 있었다. 안동지방은 일본군이 부산에서 서울로 침입하는 주요 통과지점의 하나였기 때문에, 일본인

....

3. 〈의암집〉 권1 격고팔도열읍

의 행패가 극심했던 지역이었다. 반일의병대를 조직하려던 서상철의 시도는 상주의 대봉에 둥지를 틀고 있던 일본군의 탄압으로 실패하고 말았다. 그러나 그것은 일본군의 조선 왕궁점령사건을 계기로 일어난 첫 반일의병대 조직 시도였다는데 그 의미가 있으며 이후 반일의병투쟁을 추동하는 데 일조하였다. 이외에도 1894년 반일의병투쟁을 위한 유생들의 움직임은 비록 실천에 옮겨지지는 못했지만, 지평, 철원 등지에서도 나타났다.

이와같이 갑오농민군을 비롯해 각지의 농민무장대와 봉건 유생에 이르기까지 각계각층 속에서 반일투쟁역량의 급격한 성장은 19세기 말 1895에서 1896년에 우리나라에서 반일의병투쟁이 일어날 수 있는 주요한 요인으로 되었다. 이제 반일의병투쟁은 갑오농민전쟁 후 전국각지에서 분산적으로 활동하고 있던 농민무장대들이 애국적인 유생들에 의해 조직화됨으로써 반일의병대 활동으로 본격화되기 시작했다.

첫 반일의병대의 조직과 그 활동

첫 반일의병대는 1895년 7월 평안도 상원에서 조직되었다. 일본은 청일전쟁 이후 청나라와 러시아 세력을 견제하며 조선에 대한 침략을 더욱 강화하기 위해 평안도지방에 일본군을 계속 주둔시켜 놓고 주인행세를 하면서 평양 주변 조선인들의 재산을 마구 약탈하는 등의 만행을 서슴없이 감행하고 있었다. 이 때문에 이 지방 민중들 속에서는 그 어느 때보다도 반일 감정이 높았으며 마침내 그들은 손에 무장을 들고 반일 투쟁에 나서게 되었다. 평안도 상원 유생 김원교는 1895년 7월 22일 의병을 조직하고 의병장이 되었다. 조직 당시 의병대는 187명으로 각 계층 민중들과 유생들로 이뤄졌다. 김원교의 지휘에 따라 상원 반일의병대는 조직되자 바로 상원읍을 습격하여 관청을 파괴하고 악질관리들과 친일 앞잡이를 처단한 다음 무기와 식량 등을 몰수하고 상원 동남쪽 산속으로 들어갔다. 여기서 대오를 정비한 의병대는 해주를 거쳐 한반도 서북부 일대로 진격해오는 일본군의 길목을 막기 위해 7월 26일 황해도 장수산으로 이동했다. 이때 의병대는 600여 명으로 급격히 늘어났다. 장수산 일대에서 격전을 벌인 상원 반일의병대는 낭림산줄기를 따라 덕천지방으로 자리를 옮겨 이곳을 중심으로 인접한 맹산 일대로 활동무대를 넓혀가면서 9월 중순까지 일제와 봉건 지배층을 반대해 투쟁을 계속 이어나갔다.

평안도 상원 반일의병대의 활동과 거의 같은 시기에 경상도 안동지방에서도 반일의병투쟁이 일어났다. 경상도 안동의 반일의병대는 농민전쟁에 참가한 농민군들을 중심으로 조직되었으며 일찍이 한성에서 높은 벼슬자리에 있다가 이곳에 와있던 관료 출신 서식이 지휘했다. 안동 반일의병대는 격문에서 "일본이 자기 멋대로 우리나라를 침범하고 있는 것은 부당하다."라고 규탄하면서 "일본 군대를 쫓아버리자."라고 호소했다. 안동 반일의병대는 조직된 후 규모를 늘려가면서 일제와 친일 앞잡이를 반대하는 투쟁을 벌여나갔다. 이외에도 충청도를 비롯한 여러 곳에서 반일의병투쟁이 벌어져 일제를 공포 속에 몰아넣었다.

1895년 7월 평안도 상원과 경상도 안동 등지의 반일의병대는 일제와 그 앞잡이들을 반대하여 투쟁함으로써 우리나라 반일의병투쟁의 발단을 열어놓은 것으로 1894년 농민전쟁이 실패한 후에도 우리 민족의 기개와 애국의 넋이 살아있다는 것을 다시 한번 보여주었으며 일제와 그 앞잡이들에게 큰 타격을 주었다.

일제에 의한 자주권의 유린, 명성황후 학살과 단발령

1895년 하반기에 들어 일본의 우리나라 자주권에 대한 유린행위는 더욱 악랄하게 일어났다. 그것이 바로 명성황후 살해사건과 단발령이다. 일본은 러시아와 독일, 프랑스 등의 이른바 3국 간섭으로 청나라의 영토인 요동 반도의 점유권을 잃어버린데다가 조선 정부 내에서 친러파가 러시아를 등에 업고 자신들의 조선 침략에 제동을 걸자 몹시 당황해하고 있었다. 일본은 이에 대한 해결책으로 러시아에 사대하는 친러파의 대표 격인 명성황후를 학살하는 살인 만행을 감행하는 데서 찾았다.

　명성황후는 원래 일본에 사대 굴종하여 1876년부터 조선 침략의 길을 열어주었고 그 후에도 일본이 조선 침략을 강화할 수 있도록 매국적 정책을 추진해 왔다. 근 20여 년 동안 일본에 아부 굴종해 오던 명성황후는 1894년 일본의 조선에 대한 무력 침공으로 자신의 지배권이 실질적으로 위협받게 되자 러시아를 등에 업고 자신의 지배권을 유지하려고 했다. 결국 명성황후는 강력한 국력을 시위하며 국왕과 자기를 친절하게 대해주는 러시아에 깊은 관심을 돌리게 되었다. 고종도 명성황후의 말을 듣고 러시아 쪽으로 기울어지기 시작했다.

　이 시기에 일본은 무력을 동원하여 철도와 통신선 부설권은 물론 광산채굴권과 개항지 증설, 거류지들의 확장을 비롯한 각종 이권을 강탈해가고 있었다. 이에 조선 정부의 관리들과 민중들은 일본에 적대적인 감정을 가지지 않을 수 없었다. 일본 사람이라는 말만 들어도 몸서리를 치면서 침을 뱉고 돌아서는 사람들의 수가 점점 늘어나고 있었다. 러시아 쪽으로 기울어진 명성황후는 고종을 부추겨 국왕의 이름으로 훈련대를 해산해버리려고 시도하였다. 그것은 훈련대가 대원군과 일본군 관계자와 친밀했기 때문이었다. 일본인이 관여하는 부대가 존재한다는 것 자체가 진저리날 정도로 싫었다.

상황이 이렇게 흘러가자 일제는 러시아에 사대 투항하기 시작한 명성황후를 학살하기로 했다. 1895년 8월 20일 이른 새벽 일본공사 미우라의 지휘에 따라 일본수비대 후비 보병 18대대 450명, 일본 외무성 경찰대, 일본 민간인 깡패들과 특무 등 530여 명과 훈련대 200여 명으로 조직된 살인강도단이 경복궁의 광화문으로 들이닥쳤다. 이들은 황궁을 지키고 있던 시위대와의 총격전 끝에 시위대 연대장을 사살하고 황제의 거처지를 포위하고 황제에게 황후를 내놓으라고 협박하고는 그를 감금했다. 그리고 황후의 침전으로 뛰어들어 궁녀들을 닥치는 대로 난도질하였다. 쓰러져있는 궁녀들 속에서 명성황후를 발견한 일제 살인마들은 숨이 채 지지 않은 황후를 장작더미 위에 올려놓고 석유를 뿌린 다음 불태워버렸다. 이들은 이마저도 성차지 않았는지 타다 남은 황후의 유골마저 연못에 집어 던지는 만행을 저질렀다. 명성황후 학살 만행은 조선 침략을 위해 미쳐 날뛰는 일제의 야만적 본성과 살인마의 포악성을 낱낱이 드러내놓았다.

명성황후를 살해하는 일본살인강도단

명성황후를 학살한 후 살인 강도단의 두목 미우라는 공포에 떨고 있던 고종 앞에 나타나 조선 봉건 정부의 내각에서 친러파를 축출하고 일제가 제기하는 친일파들을 관리로 임명하며 국왕은 각국 공사가 면담을 요구하더라도 그에 절대로 응하지 말아야 한다고 협박했다. 일제는 내외의 여론을 봉쇄하고 조선에 대한 흉악한 정치적 목적을 달성하려고 했으나 명성황후 학살사건은 백일하에 폭로되었으며 조선 민중들의 강력한 항의와 국제여론의 규탄을 불러일으켰다. 이에 일본 정부는 미우라를 비롯한 40여 명을 본국으로 소환하여 형식상 재판을 진행했다가 증거불충분으로 모두 무죄 석방해 버렸다.

명성황후살해사건의 주범 미우라

명성황후 살해사건은 아주 난폭한 우리나라의 자주권 유린행위였다. 명성황후는 수구파 정권의 대표자로 민족을 배신한 사대매국 행위로 이름 높았으며, 민중들을 탄압 수탈하는데 앞장섰던 인물이었다. 그러나 조선 봉건국가의 왕권이 그대로 존재하고 있는 조건에서 명성황후에 대한 일제의 학살 만행은 독립 국가의 자주권을 난폭하게 짓밟는 포악무도한 침략적 만행이라 하지 않을 수 없다. 이 사건은 충의 충군 사상이 강했던 유생들에게 커다란 충격을 주었으며, 그들 속에 반일 감정와 민족적 격분을 불러일으켰다.

한편 일제는 '척왜'의 구호를 들고 나섰던 갑오농민군을 비롯한 애국적 민중에 대한 피비린내 나는 학살 만행을 감행했다. 전라도, 충청도, 경상도, 경기도, 황해도 등지에서 농민군과 그밖에 애국적 민중들을 무려 30만에서 40만 명이나 무참히 학살하였다. 일제는 계속하여 농민군의 부대장 김개남을 1894년 12월 9일 전주에서 학살하고, 뒤이어 농민군 총대장 전봉준과 부대장 손화중을 비롯한 농민군 지도자들을 12월 10일에 체포한 다음 1895년 3월 29일 모두 학살하는 만행을 감행했다. 이와 같은 일제의 살인마와 같은 만행은 민족적 존엄과 관련한 심각한 문제로 민중들의 분노를 일으켰다. 애국적 민중들은 갑오농민전쟁에서 봉건 지배층과 일제 침략자에게 심대한 타격을 주고 개혁안을 채택하여 지방자치까지 실시하였으나 일제 침략군의 침입으로 나라의 근대적 발전을 위한 그들의 투쟁이 묵살당하는 것을 똑똑히 목격하였다. 이리하여 봉건 유생과 민중들은 그들이 처한 사회적 처지의 차이에도 불구하고 함께 손잡고 반일 투쟁에 나서게 되었다.

이렇게 민중들의 반일 투쟁 기세가 높아가고 있을 때, 민족적 격분을 불러일으키는 '단발령 사태'가 터졌다. 일제는 조선에서 살인마와 같은 만행을 계속 감행하는 한편 내정에 깊숙이 간섭하면서 1895년 11월 12일 친일 내각으로 하여금 단발령을 공포하게 하고, 앞잡이들을 내세워 강압적으로 단발령을 집행해 나갔다. 그들은 하룻밤 사이에 단발령을 집행해야 한다고 하면서 사람들을 잡아다가 머리카락을 베어버리는 소동을 일으켰다. 이것은 조선 사람의 민족적 감정을 훼손시켰으며 특히 유생들의 격분을 폭발시켰다. 신체와 머리카락은 부모에게서 받은 귀중한 것이기 때문에 그것을 상하지 않게 하는 것이 효도의 시작이라는 봉건 유교 사상이 골수에 박힌 유생들에게 있어서 단발령은 용납할 수 없는 일이었으며 조선 민중의 민족적 풍습에 대한 난폭한 유린행위였다. 따라서 단발령은 전민족적 분노를 불러일으키는 주요한 계기로 작용하였다.

평안도 상원과 경상도 안동 등 지방에서 반일의병투쟁이 시작된 후 일제와 친일 앞잡이들이 이와같이 나라의 자주권을 난폭하게 짓밟자 반일 의병투쟁이 더 적극적으로 일어나지 않을 수 없었다.

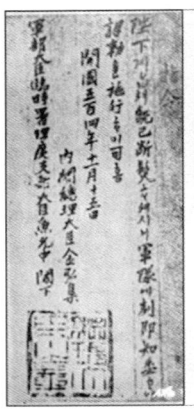 

단발령 공문   단발령이 내려지자 상투를 자르는 모습

서울과 개항지에 대한 반일의병대의 공격

당시 민중들의 앙양된 반일 투쟁 기세를 이끈 세력은 애국적이며 반일적인 유생들이었다. 애국적 유생 유인석은 1895년 11월에 충청도 제천에서 반일의병을 일으켰다. 그는 1896년 2월 9일에 「격고팔도읍열」 즉 "팔도의 의병에 호소한다."라는 격문을 발표하여 전국의 민중들에게 반일 투쟁을 호소하였다. 유인석의 애국적 호소에 호응하여 각지에서 민중들이 의병투쟁에 나섰다. 충청도에서는 이강년, 전라도에서는 기우만이 지휘한 의병을 비롯하여 8도의 여러 고을에서 의병투쟁이 연이어 일어났다. 당시 반일의병

부대들은 농민들을 비롯한 민중들로 구성되었고 그 지도부는 대체로 애국적 유생들이었다. 그리고 의병들이 가지고 싸운 무기는 화승총과 창, 칼, 몽둥이였다. 그러나 의병들은 나라를 사랑하는 애국정신과 함께 민족의 자주권을 난폭하게 짓밟은 일제 침략자들과 그에 굴종하는 매국노들에 대한 적개심으로 하여 관군은 물론 신식무기로 무장한 우세한 일제 침략군과도 두려움 없이 맞서 용감히 싸웠다.

1896년 2월에 들어서면서 춘천, 경기지방에서 활동하고 있던 의병부대들은 서로 소통하면서 한성(서울)을 사면으로 포위하였다. 여기에 한성 주변의 민중들까지 합세해 적들을 궁지에 몰아넣었다. 강릉에서 활동하던 의병들도 원산을 비롯한 주요 도시에 대한 진공 준비를 다그치면서 격문을 발표해 함흥과 그 이북 지역 민중들을 반일 의병투쟁에 참여시켜냈다. 반일 의병부대들은 주요 도시와 전국 도처에서 일제 침략자와 친일매국역적을 처단하였다. 당시 가장 치열하게 벌어진 전투의 하나는 유인석이 거느린 의병부대가 벌인 충주성 전투였다. 당시 충주는 충청도 지방의 정치 군사 중심지로서 200여 명의 일본군을 비롯해 경군과 지방군이 각각 400명씩 있었다. 유인석 의병부대는 1896년 2월 16일에 충청도 행정중심지인 충주성을 포위 공격하여 일제 침략자들을 물리치고 충주성을 점령했다. 충주성을 완전히 장악한 의병들은 그 후 성안의 민중들과 합세해 일제 침략군에 맞서 용감하게 싸웠다. 이때 부대를 능숙하게 지휘한 평민 출신의 의병장 김백선은 낮에는 성 밖으로 나가 적들을 유인하여 치고 밤이면 적들의 숙영지를 기습하여 적들에게 심대한 타격을 주었다. 그러나 3월 중순에 접어들면서 일본 침략군의 대규모 공세가 감행되자 의병들은 주동적으로 이곳에서 철수하였다. 충주성 전투는 일본 침략자에 커다란 타격을 주고 각지 의병투쟁을 크게 고무하였다.

이 시기 반일 의병부대 간의 연계와 지원도 강화되었다. 1896년 3월 당시 남한산성에서 활동하던 양근, 광주 의병들이 적들에게 포위되게 되자, 안성과 춘천 의병들이 달려왔다. 그들은 서로 긴밀히 연계해 정부군과 치열한 격전을 벌였다. 이를 통해 적들에게 커다란 타격을 주고 한성에 둥지를 틀고 있던 일본 침략자에게 커다란 공포를 주었다. 안동과 예천 일대의 의병들은 3월 26일에 대봉의 일본 침략군 수비대를 습격하고 29일에는 여러 의병부대들이 연합해 일본 침략군에게 커다란 타격을 주었다.

의병투쟁이 가장 치열했던 경기, 강원도, 경상도를 비롯한 이 지역의 봉건통치질서는 마비상태에 빠지게 되었고 일본 침략자들은 극도의 불안과 공포에 떨게 되었다.

반일의병투쟁의 중단

19세기 말의 반일의병투쟁은 1896년 4월 말 이후에 하강 국면으로 접어들었다. 이 시기 의병투쟁을 지휘하던 봉건 유생들이 국왕의 거짓과 기만에 속아 투쟁을 포기하기 시작했다. 당시 국왕은 아관파천을 계기로 "난적은 소탕되고 나라의 원수를 갚았다."라고 하면서, 의병대를 해산하라는 조칙을 연이어 내리고, 선유사를 파견해 회유했다. 이에 속은 적지 않은 의병장들은 일본 침략자들과 친일 주구들이 설치고 있는 것을 뻔히 보면서도 의병대를 자진 해산했다. 특히 유생출신 의병장 유인석이 중국 동북 지방으로 망명해 버림으로써 유인석의 일거일동을 주시하던 유생 출신 반일의병장들 중 상당수가 의병투쟁을 중단했다.

또한 1895년에서 1896년 반일의병투쟁이 중단된 까닭은 이외에도 반일의병장들의 파벌싸움, 계급적 제한성, 군사지휘능력의 부족에도 원인이 있었다. 반일의병장들의 파벌싸움은 각지에서 의병대가 처음 조직될 때부터 벌어졌다. 그들은 당초부터 의병장 자리를 서로 차지하려고 패싸움을 벌이기 시작했다. 제천 반일의병대에서 이필희 등이 반일의병대를 조직하고, 그를 정비 강화하기 위해 단양 지방에 이르렀을 때 지휘권을 탐낸 이범직은 일부 의병을 이끌고 개별 행동을 벌여 조직 정비에 큰 혼란을 조성하였다.

유생출신 의병 지휘층의 계급적 제한성도 의병투쟁 중단의 원인으로 되었다. 반일의병대의 상층을 이루고 있었던 유생들은 엄격한 봉건적 신분 질서에 대한 굳어진 관념으로부터 광범한 인민대중의 힘을 믿지 않고 의병투쟁의 성과 여부가 양반지배계급의 행동 여하에 달려있다고 생각했다. 이러한 데로부터 의병부대의 무궁무진한 힘을 발휘할 수 없도록 했고 의병대오의 통일단결과 전투력을 약화시켰다. 그 대표적 사례가 김백선 처형사건이었다. 평민 출신인 김백선은 제천 반일의병대를 조직할 당시 핵심적 역할을 한 사람이었으며, 의병대의 선봉장이기도 했다. 그는 전투 때마다 큰 공을 세워 의병들의 큰 신임과 지지를 받았다. 그런데 의병장 유인석은 그가 평시에 양반을 존중하지 않는다고 못마땅해했으며, 김백선이 가흥 전투 때 증원부대를 보내주지 않은 중군장 안승우에게 대들었다고 그를 사형에 처해버렸다. 의병 지휘층의 이러한 계급적 제한성은 의병대열을 약화시켰을 뿐아니라 그 발전을 가로막고 결국 해산의 길로 접어들게 했다.

봉건 유생들의 계급적 제한성과 함께 그들의 군사지휘능력의 부족도 의병투쟁 중단의 원인으로 되었다. 반일의병대는 일본침략자에 대한 불타는 적대심과 조국에 대한 열렬한 사랑의 감정으로 충만되어 있었다. 비록 무장장비 면에서는 일본군에 비해 뒤떨어졌지만 정신적 면에서는 비할 바 없이 월등했다. 그러므로 적의 군사기술적 우월성을 정치사상적 우월성으로 극복하게될 경우 승리할 수 있었다. 이를 위해서는 뛰어난 전략 전술적 지휘 능력이 요구되었다. 그러나 이러한 지휘 능력을 갖추지 못했다. 그들은 전법적용에서 전략 전술적 우위를 보장하지 못했다.

이러한 요인들로 1895~1896년 반일의병투쟁은 실패로 끝났다. 의병투쟁은 실패로 끝났지만 그 역사적 의의는 컸다. 갑오농민전쟁 이후 조선을 독점적 식민지로 만들려던 일본 침략세력에게 커다란 타격을 주었으며, 우리 민족의 확고한 의지와 애국적 기개를 널리 시위하였다. 또한 반일의병투쟁에 참가하였던 기층 민중들은 의병지휘부가 의병부대를 해산한 후에도 여러 가지 형태로 반침략 반봉건 투쟁을 벌여나갔다. 그 대표적인 사례는 영학당과 활빈당의 투쟁이다.

영학당 무장대는 1899년 5월에 전라도 홍덕, 고부, 무장 등지에서 일어났던 농민봉기 참가자들이 주력을 이루고 있었다. 그들은 〈보국안민〉의 기치를 들고 각지에서 관청을 습격하여 악질관리들을 처단하고 감옥에 갇혀있는 민중들을 구출하고 봉건 지배층이 파견한 토벌군과 맞서 싸웠다. 또한 도처에서 일본침략군과 친일 앞잡이들을 처단하였다.

활빈당무장대는 1900년 초에 충청도의 강경포, 은진, 전라도의 익산, 고산 등 한반도 중부 일대에서 농민무장대들이 활빈당이라는 이름을 달고 투쟁한 데서부터 시작되었다. 당시 활빈당무장대의 투쟁목적은 제국주의자들의 침략과 약탈, 봉건 지배층의 가혹한 수탈을 반대하고 가난한 사람들을 구원하자는 것이었다. 활빈당무장대는 민중들의 지지를 받으면서 도처에서 적들을 가차 없이 징벌하면서 비교적 오랫동안 싸움을 벌여 나갔다.

2절. 다시 든 총 : 1904년~1905년 반일의병투쟁

러일전쟁과 일제에 의한 고문정치 실시

러일전쟁은 러일 두 자본주의 열강 사이의 식민지 및 세력권 쟁탈을 위한 침략전쟁이었다. 일본과 러시아는 저마다 자기들에게는 침략적 목적이 없고 다만 극동에서의 평화를 위해 전쟁에 나선 듯이 하지만 사실은 두 나라 모두 한반도와 중국 동북 지방을 빼앗으려는 약탈적이며 침략적인 목적에서 전쟁에 나섰다. 이 전쟁은 또한 극동에서 세력권확장을 위한 러시아, 프랑스, 독일, 미국, 영국, 일본과 같은 자본주의 열강의 대립과 모순의 폭발이었다. 일제는 미국과 영국의 적극적인 지지와 협조를 받았다. 그리고 러시아는 프랑스와 독일의 지지를 받았다. 이 시기 러시아가 프랑스와 독일의 재정적 및 외교적 지원을 받아 조선과 만주에 급속히 진출함으로써 미국과 영국은 이 지역에서 자기의 지위를 강화하는데 위협을 받게 되었다. 이리하여 일제는 미국과 영국의 아시아침략 돌격대로서, 러시아는 프랑스와 독일의 대표자로서 전쟁에 나서게 되었다.

러일전쟁 전야 조선 정부는 전쟁에 말려들지 않기 위해 중립을 선포하는 방법으로 전쟁형세를 타개하려고 하였다. 고종황제는 엄정중립을 선포함으로써 일제의 조약체결 요구를 묵살하고 러시아의 간섭과 압력도 끝내려고 하였다. 조선 정부의 엄정중립은 종래의 세력균형 정책에 기초하고 있었다. 조선 정부 내부의 반일 세력인 이용익, 현상건은 비밀리에 프랑스인 교사 마테즈와 벨기에인데 베레유와 협력해서 한일의정서 조인 예정 전날인 1904년 1월 21일 청나라에서 조선의 중립선언을 발표함으로써 조선의 엄정중립을 세상에 공개하였다. 그리고 조선 정부의 외부대신은 러시아, 일본, 오스트리아, 영국, 독일, 이탈리아, 청나라, 미국, 프랑스 외무상들에게 러일전쟁에 대한 엄정중립을 통고하였다. 조선 정부의 중립 선포는 당시 국제법에 따른 정당한 행동이었다. 1899년 4월 헤이그 국제회의에서 채택된 「개전에 관한 조약」에서는 「제3국 간의 교전 또는 교전의 위기에 즈음하여 중립을 표명하는 것은 독립국의 고유한 권리」라고 규정하고 있다. 이처럼 러일전쟁에 대한 조선 정부의 중립 선포는 독립 국가로서 합법적인 권리행사인 동시에 정당한 행동이었다.

러시아는 조선 정부가 엄정중립을 선포하자 곧 조일 비밀조약 체결을 파탄시키려는 입장으로부터 조선의 중립을 인정한다는 공식성명을 발표하였다. 일제는 조선의 엄정중립을 결사적으로 반대하였다. 그것은 조선의 엄정중립이 일제의 조선 침략에 장애를 조성하는 결과를 가져올 수 있었기 때문이었다. 일제는 조선을 예속시킴으로써만 침략적인 러일전쟁 수행에서 후방의 안전을 보장할 수 있었을 뿐아니라 장차 조선에 대한 독점적 지배권을 확립하기 위한 기초를 마련할 수 있었다. 조선 주재 일본 공사 하야시 곤스께는 조선 중립에 관한 전문을 받은 다음 날에 조선에 대한 일본의 보호통치에 관한 조약을 체결하도록 압력을 가하였다. 이리하여 아무러한 기초도 없이 발표된 조선의 중립선언은 러일 두 침략 세력의 파렴치한 행동과 미국의 방해책동으로 점차 유명무실한 것으로 되어갔다. 일제는 조선의 중립선언을 무시하고 끝내 1904년 2

월 초 인천과 여순항에 정박하고 있던 러시아함대를 불의에 공격하였으며 2월 10일에는 러시아에 선전 포고를 함으로써 러일전쟁을 도발하였다. 그리고 2월 23일에는 보호의 간판 밑에 조선을 군사적으로 강점하기 위한 법적 담보를 마련한 침략문서인 한일의정서를 날조하였다. 이와 함께 일제는 1904년 6월 「제국의 대 조선방침」이라는 것을 꾸며내고 이에 기초해 1904년 8월 22일 「한일협정서」를 강제로 체결했다. 일제는 한일협정서를 통해 조선 정부의 각 부에 일본인 고문을 박아넣었다. 외교고문에는 일본 외무성 고문이었던 미국인 스티븐스를 들어 앉혔다. 이로써 일제는 고문이라는 간판을 달고 조선 정부의 일제의 내정과 외정을 직접 간섭하고 좌우했다.

일제의 조선강점을 승인한 미육군장관 태프트   일본수상 카스라

일제의 조선 침략은 미국과의 공모 밑에 그의 적극적인 지지와 부추김을 받으면서 감행되었다. 미국의 일본 봐주기는 러일 강화회의가 열리던 1905년 하반기부터 급격히 강화

되었다. 미국 육군장관 태프트는 1905년 러일 강화회의가 열리게 되자, 7월 29일 일본으로 건너가 일본 수상 카스라와 비밀회담을 열었다. 이 비밀회담에서 미국은 일제의 조선 강점을 인정해 주고, 그 댓가로 일제에게서 필리핀에 대한 미국의 식민통치를 인정받았다. 미국이 우리 민족을 일본에 팔아넘긴 이 비밀협약이 바로 「카스라-태프트 협정」이다. 영국도 1905년 8월 제2차 영일동맹을 맺고 일제의 조선 강점을 지지해주었다. 그 후 미국의 중재로 1905년 9월 5일에 러일전쟁을 종결시킨 포츠머스강화조약이 체결되었다. 이 조약에 의해 일제는 장기간에 걸쳐 조선 침략의 경쟁자였던 러시아를 최종적으로 조선에서 몰아내고 독점적 지배권을 확립할 수 있는 대외적 담보를 마련하게 되었다.

다시 총을 든 반일의병대, 그리고 그들의 투쟁

20세기 초 일제의 강화되는 침략책동으로 나라의 독립과 민족의 자주권은 실로 위험한 처지에 빠져 들어갔다. 당시 이와 같은 조선의 처지에 대해 황성신문은 "마치 끓는 물 속의 고기와 같으며 불타는 대들보에 앉아있는 새와 같은 처지에 있다."라고 표현했다. 사태가 이러함에도 불구하고 부패 무능한 조선의 봉건 지배층은 이를 극복하기 위한 대책을 세우는 것은 고사하고 일제에 아부 굴종하는 사대 매국 행위를 자행했다. 조선의 친일 봉건 관리들은 민중들로부터 쌀, 담배, 술과 돈을 약탈해 일본군 전선 위문을 다녔다. 또한 그들은 각 지방의 친일 관리들을 북진하는 일본군 접대관에 임명하고, 일본군을 환영하게 하는 범죄행위도 저질렀다.

그러나 민중들은 또다시 궐기하여 반일의병대를 조직하고 반일 투쟁을 전개해 나갔다. 이때 반일의병대를 조직하고 지도한 계층은 평민 출신 인물들과 유생들 두 부류였다. 평민 출신 의병 지도자들은 1895~1896년에는 아직 정치적으로 미숙해 반일의병대를 조직하고 지휘하는 일에 나서지 못했다. 하지만 그 후 투쟁에서 경험을 쌓으며 민족의식과 계급의식에 눈을 떴고, 20세기 초에는 반일의병대의 지도자로 나설 수 있게 되었다. 당시 각지 반일의병대가 조직된 현황은 아래와 같다.[4]

- 1904년~1905년 반일의병대 조직 현황

	명칭 또는 지역	조직된 시기와 조직자
1	강원도 홍천의병대	1904년 초 홍씨 성을 가지 평민출신자

....

4. 반일의병대 조직자들이 알려지지 않은 것은 그들 대부분이 평민출신이었던 것과 관련된다. 당시 의병투쟁에 대해 기록했던 사람들은 봉건유교사상이 농후했다. 때문에 의병대 조직자가 유생인 경우는 이름을 밝혀가며 과시했으나 평민출신인 경우는 그 이름조차 밝히지 않는 경우가 흔했다.

제 5 장 일제의 조선강점과 반일의병투쟁

2	경기도 여주의병대	1904년 초
3	경기도 지평의병대	1904년 초
4	평안도 의병대	1904년 12월 류인석이 태천에서 조직
5	전라도 장성의병대	1904년 12월 기우만
6	함경도 노랑포수의병대	1905년 7월 부령에서 노랑포수[5] 황병길
7	충청도 죽산의병대	1905년 4월
8	충청도 공주, 서산, 충주, 청양, 보은, 단양	1905년 4월
9	충청도 제천반일의병대	1905년 7월 원용팔
10	경상도 순흥, 영천, 풍기, 봉화, 예안	1905년

이 시기 각지에서 다시 조직된 반일의병대는 주로 러일전쟁에서 일본군의 전쟁 수행을 위한 군사 행동과 철도부설 등의 침탈행위를 저지 파탄시키는 활동들을 벌였다. 이는 일본이 조선 침략을 강화하기 위해 경쟁자인 러시아와 전쟁을 벌이고 있는 상황에서 일본의 군사적 행동을 파탄시키는 투쟁은 곧 일본의 조선 침략 행위를 저지 파탄시키는 적극적인 활동이었기 때문이다.

당시 일본침략자들은 서울에 일본군 병력을 집중 배치하고, 자기들의 군사적 요충지로 만들어 버렸다. 그 결과 서울에서 일본군

....

5. 노랑포수란 산짐승사냥에 종사하던 함경도 부령지방 포수들에게 붙인 별명. 산짐승사냥에 유리하게 옷을 떡갈나무로 물들여 입었다. 누렇게 보인다하여 노랑포수라 했다. 이들 중심으로 조직된 반일의병대를 노랑포수의병대라고 불렀다.

의 약탈 만행이 어느 지역보다 극심했다. 그 자들은 군용지 수용과 군량미 조달을 위해 주둔지역 주변 민가의 주택과 토지, 농산물을 마구 강탈해갔다. 이러한 일본군의 만행이 서울 외곽의 경기도와 충청도 일대에 알려지면서 반일무장투쟁 또한 적극적으로 일어났다. 우선 경기도 여주의병대가 1904년 봄에 서울 부근의 일본군 군사 활동 지점에 대한 습격 투쟁을 벌였다. 뒤이어 경기도 지평의병대도 활동을 개시했다.

반일의병대는 1904년 4월 25일 충청도 경부철도회사 하리파 출소를 습격, 27일 밤에는 경인선 오류동 부근에서 일본침략자를 처단했으며 5월 10일에는 경인선 부천 소사에서 투쟁을 전개했다. 반일 의병들은 일제의 삼엄한 경계와 경비망을 뚫고 서울 인근까지 진출했다. 1904년 7월 24일 서울 교외에서 조선 군인들과 빈민들이 일본군을 기습해 사격을 가했으며 일본인거류지를 습격했다.

이와 같이 서울 인근에서 반일의병투쟁이 벌어진 데 이어 평안남북도지방에서는 1904년 12월 유인석의 지휘로 반일의병대가 조직되었다. 평안도 지방은 러일전쟁의 와중에 러시아군대와 일본군대의 무력이 집중된 곳이었다. 때문에 이 지방 사람들은 두 제국주의자들의 약탈 만행에 큰 피해를 당하고 있었다. 특히 일본군은 퇴각하는 러시아군대를 좇으며 평안도 지방 도처에서 살인 만행을 감행했다. 뿐만아니라 일제는 서울—의주 사이의 철도 공사와 일본군의 군용도로를 닦는데 수많은 조선인을 강제 동원했다. 여기에 조선 정부는 1904년 3월 28일 의주군수 구완희를 북진하는 일본군 접대관으로 임명하고 일본군의 군수물자 조달에 적극 협조하도록 했다. 또한 평안도의 선천, 정주, 구성, 곽산, 박천, 가산, 태천 등지에서 친일앞잡이들로「진보회 지부」[6] 라는 친일단체를 만들게 하고 일본군의 군사 활동을 비롯한 침략 만행을 지원하게 했다.

평안도 민중들은 이를 두고만 볼 수 없어 일본의 군사활동을 파탄시키고 나라를 위기에서 구원하기 위한 반일 투쟁에 나서게 되었다. 이들은 갑오농민군과 같이 보국안민, 창생구제를 위해 투쟁한다는 뜻에서 자신들을「동학도」,「동도」로 자칭하고 각지에서 반침략반봉건투쟁에 나서기 위한 맹세 회합을 가졌다. 1904년 9~10월 사이에 태천, 성천, 강동, 양덕, 삼등, 순천, 영유, 영원, 덕천, 희천 지방에서 맹세모임이 있었으며 성천에 모인 군중들은 깃발을 들고 곡산 지방으로 시위행진까지 했다. 1904년 10월 말 희천에서도 1천여 명이 운집해 반침략 반봉건 투쟁 기세를 높이고 있었다. 바야흐로 평안도 일대는 반침략 반봉건 애국 세력과 일본 침략 세력을 비롯한 친일 매국 세력 사이에 첨예한 대립 지대로 되면서 반일의병활동이 폭발했다. 이때 1896년 중국 요동 지방으로

....

6. 일진회의 전신

갔다가 1900년 다시 국내로 들어와 활동하고 있던 유인석은 평안남북도 30여 개 군에 유교 단체로 위장한 「종유계」를 조직하고 반일의병투쟁을 준비해 나갔다. 여기에는 농민뿐 아니라 진위대 군인들과 지방관리들까지 호응했으며, 1904년 12월 말 태천을 중심으로 개천, 구성, 박천, 용천, 곽산, 철산, 삭주, 순천, 자산, 중화, 강동, 용강 등지의 사람들로 반일의병대가 조직되었다. 의병대는 총대장에 태천의 유인석으로 하고 그 밑에 각 지방의병대장을 두는 형태로 구성되었다.

평안도 반일의병대는 일본이 가설한 군용전신선을 끊어버리는 투쟁을 벌여 평양 주변의 적 통신 연락을 마비시켰다. 또한 일본의 군사 활동을 지원하는 친일 단체 일진회 회원들을 공격하는 투쟁도 활발히 전개했다. 일본 침략 세력은 조선의 친일 단체 일진회 회원들을 침략전쟁 수행의 앞잡이로 이용했다. 이미 전에 친일 앞잡이로 변신한 송병준, 이용구 등은 일본 침략 세력의 손발이 되어 여러 지방을 돌아다니면서 일본의 침략전쟁에 적극 협력해 나섰다. 일진회의 이러한 매국 배족 행위에 격분한 평안도 반일의병대는 평안도 일대에서 뿐아니라 서울에까지 진출해 일진회 회원들을 처단하기 위한 대담한 투쟁을 전개했다. 유인석 휘하의 서상무는 1904년 12월 충주로 달려가 의병격문을 전달하고 400~500명의 의병을 모집해 서울로 집결시켰다. 그들은 12월 24일 조선 순검, 군인들과 연계를 맺고 일진회 청사로 쳐들어가 일본 헌병대와 대담한 육박전을 벌이기도 했다. 평안도 반일의병대의 일진회 청사 습격 전투는 일진회가 매국 배족적 친일 앞잡이 단체라는 것을 폭로하고 일진회와 일본 침략 세력에 심대한 타격을 주었다. 또한 이에 고무된 각지의 의병들 역시 일진회 회원 처단 투쟁에 나섰다.

전라도 지방에서도 반일의병대가 조직되어 일본 침략 세력은 물론 일진회 회원들을 처단하는 투쟁을 전개했다. 1895~1896년 반일의병투쟁 당시 의병장으로 활동하다 은신해있던 기우만이 다시 앞장에 섰다. 그는 유교조직인 종유회를 여러 곳에 조직하고 유교학습을 내걸고 사람들을 모이게 했다. 기우만은 1904년 12월 장성을 중심으로 반일의병대를 조직하고 일본인들과 일진회 회원들을 반대하는 투쟁을 선포했다. 이 영향이 충청도 공주 지방에까지 퍼져 이 일대에서도 유생들이 중심이 되어 유회[7]를 조직한 다음 의병들을 동원하여 일진회를 공격하고 많은 일진회 회원들을 처단했다. 평안도, 전라도 지방에서 의병들이 벌인 반일의병투쟁 특히 친일 앞잡이 일진회 회원 처단 투쟁은 전국각지에 큰 영향을 주어 전국적으로 반일진회투쟁이 강력하게 벌어졌다.

....

7. 유생들의 조직

1905년 7월에는 함경도 지방에서 노랑포수반일의병대가 활동했다. 이 지역에서 반일의병대가 활동하게 된 것은 다른 지역에서 일어난 반일의병 활동의 영향과 함께 이곳이 일본군의 중요 군사 활동 지역이기도 했기 때문이다. 일본은 러일전쟁 시기 함경도 지방에서 러시아군대를 밀어내기 위해 1개 사단 병력을 이곳에 집중시켰다. 조선을 놓고 서로 강점하려는 두 제국주의 열강들의 싸움이 1905년 7월 2일 함경북도 부령 지방에서 벌어지게 되었다. 일본은 러시아군대와의 전투를 위해 부령 지방에 연 11만4천5백여 명에 달하는 조산 사람을 강제 동원해 성진항의 군수물자를 전투지역에까지 운반시켰다. 이곳 사람들은 일본군에 강제로 끌려가 노역에 시달렸을 뿐 아니라 농산물을 비롯한 많은 재산을 강탈당했다. 이에 이곳 사람들은 1904년 3월 21~22일 사이에 봉기를 일으켜 일본인들과 외국선교사들을 반대하는 투쟁을 벌였다. 1905년 7월 부령 지방에서는 평민들로 구성된 노랑포수 반일의병대가 활동을 개시했다. 황병길 등이 지휘하는 100여 명 가량의 이 반일의병대는 봉건지배층으로부터 억압착취당하던 관포[8] 와 사포[9] 들이었으며 그들은 함흥에서 반일봉기에 나선 군중들과 합세했다. 노랑포수의병대는 1905년 7월 23일 함경북도 부령군 백사봉

....

8. 지방관리 관할하의 산짐승사냥을 하던 포수
9. 사사로이 산짐승사냥에 종사하던 포수

인근 호안동 골짜기에서 일본군을 격퇴했다. 그리고 닷새 뒤인 7월 28일에 일본군을 신틀바위에서, 8월초에는 회령군 옥성동에서 또다시 소탕했다. 이처럼 일본군의 중요 군사 활동 지점들에서 투쟁을 벌인 반일의병대들은 일본의 침략 전쟁 수행과 조선침략책동에 큰 타격을 안겼다. 함경도 부령과 회령 지방에서 활동하던 의병들은 일본군의 토벌이 강화되자 이후 다시 투쟁을 벌일 계획으로 두만강을 건너 연해주 지방으로 들어갔다.

다시 재개된 반일의병투쟁은 시일이 경과함에 따라 일본군의 군사활동지대를 벗어나 더 넓은 지역으로 확산되어 갔다. 강원도를 비롯해 충청도, 경상도 지방에서도 반일의병투쟁이 일어났고 그 투쟁내용도 심화되어 갔다. 충청도 죽산지구에서는 반일의병들의 투쟁이 벌어지자 일본 헌병 오가와의 지휘로 의병 토벌에 나섰으나 실패했다. 1905년 5월 24일 죽산군 원일면 순당리에서 300여 명의 반일의병은 일본 토벌대들을 포위하고 집중사격을 가해 모조리 소탕했다. 1905년 7월 강원도 원주에서는 유인석의 영향하에 있던 원용팔이 조직한 의병대들이 활동했다. 1905년 8월 원용팔은 100여 명으로 조직된 반일의병대를 이끌고 충청북도 영춘군과 단양군에 이르러 이 일대에 있는 포수들을 받아들이고 조직을 확대해나갔다. 그리고 각지에 격문을 보내 사람들에게 반일투쟁에 나설 것을 호소했으며 9월에는 전신선을 끊고 친일 관리를 처단하는 투쟁을 벌였다. 원주반일의병대는 의병장 원용팔이 체포된 이후에도 각지에서 투쟁을 계속 벌여나갔다. 충청도 공주, 서산, 해미, 홍주, 충주, 청양, 보은 등지에서도 반일의병대가 일본의 통신 기관들을 파괴하는 투쟁을 벌였다. 일본은 러일전쟁 후 전쟁기간 가설했던 전신선을 더욱 넓은 지역으로 늘여나갔으며 침략을 위한 문건 전달을 위한 우편사업을 강화하고 있었다. 이에 각지의 의병들은 전신선 끊기와 우편물 탈취, 우편배달부 처단 등의 투쟁을 벌여나갔던 것이다. 이 밖에도 1905년 10월 16일 충청북도 단양 지방의 의병 200여명은 경상북도 순흥읍을, 17일에는 의병 300여명이 경상북도 영천읍을 습격해 우편소를 파괴하고 주사, 서기를 처단했다. 경상북도 풍기, 봉화, 여안, 안동을 비롯해 강원도 평창, 영월, 정선, 강릉, 횡성, 홍천 등지에서도 우편물들을 탈취하고 일본인 우편배달부를 처단하는 투쟁을 벌여 일본 침략 세력에게 큰 타격을 주었다.

이와 같이 1904년 일본군이 제일 먼저 침입한 경기도에서 반일의병대가 다시 조직된 이후 뒤를 이어 평안남북도와 강원도, 함경남북도, 충청남북도, 경상남북도 등지에서 반일의병대가 조직되어 일본 침략 세력과 그 앞잡이 일진회를 반대하는 투쟁을 활발히 벌였다. 의병들로부터 계속 타격을 받게 된 일본 침략 세력은 러일전쟁이 끝나자마자 만주에 출병시켰던 일본군을 1905년 10월 말부터 그대로 우리나라에 끌어들인 후 수비대라는 명분으로 서울과 13도 주요 도시에 배치하고 반일의병투쟁을 말살하려고 획책했다. 그러나 일본 침략 세력들의 그 어떤 탄압도 반일 항전에 나선 의병들의 투쟁을 결코 가로막을 수 없었다.

3절. 도시를 점령하라! : 1905~1906년 반일의병투쟁

일본의 을사조약 날조와 통감부 설치

다시 일어나기 시작한 반일의병투쟁은 1905년 11월 일본의 을사조약 날조로 새로운 국면을 맞이하게 되었다. 1905년 여름 일본은 러일전쟁에서 승리하자 이전부터 계획한 대로 우리나라에 대한 식민지 지배 실현에 본격적으로 착수했다. 1905년 7월 29일 일본은 미국과 그 악명높은 카츠라-테프트 밀약을 체결해 미국으로부터 일본의 조선에 대한 식민지 지배를 용인받았으며 이어 제2차 영일동맹 체결로 영국으로부터도 일본의 조선 강점 지지 약속을 받아냈다. 또한 1905년 9월 러시아와 포츠머스 강화조약을 맺고 러시아로 하여금 조선에 대한 일본의 보호권을 인정케 했다. 이렇게 미국과 영국, 러시아 등으로부터 조선을 보호국으로 만들 수 있는 국제적 환경을 마련한 일본은 미국의 전적인 지지와 부추김 아래 조선을 보호국화하기 위한 본격적인 실행단계에 들어갔다.[10]

을사조약을 강요하기 위해 서울에 들어온 이토와 하세가와

....

10. 〈포츠머스강화조약〉 체결 후인 9월 8일 일본 외상 고무라가 일본이 조선을 보호국으로 만드는 것에 대한 의견을 묻는 요청에 미 국무장관 루트는 다음과 같이 말하며 적극 지지했다. "… 이것은 러시아의 침략을 막기 위한 당연한 결과라고 인정하며 또한 한국의 안녕 및 동양의 평화를 위해서도 최상책이라 생각한다. 때문에 일본이 이것을 단행해도 미국의 여론은 조금도 이에 반대하는 일이 없을 것이다." 다음 날 미국 대통령 루즈벨트 역시 다음과 같이 말하며 일본이 시급히 조선을 보호국으로 만들 것을 부추겼다. "… 자신(루즈벨트)은 평화조약(러일강화조약)의 결과 이렇게 될 것을 예견한 바이며 또한 장래의 화근을 완전히 없애기 위해서는 이외에 다른 대책이 없다고 생각한다. 일본이 그런 대책을 취하는데 반대하지 않는다는데 대해 나를 충분히 믿어도 좋다."
이어서 고무라가 조선에 대한 보호권 실시에 만일 조선이 응하지 않을 경우 일본이 불가피하게 일방적으로 보호권 설정을 선언할 것임을 이해해달라고 요청하자 이에 대해서도 루즈벨트는 무조건 지지한다고 약속했다.

일본은 1905년 10월 27일 우리나라를 일본의 보호국으로 한다는 「한국보호권확립실행에 관한 내각회의 결정」을 채택했다. 그리고 일본군을 동원해 조선에 대한 실제적인 식민지 지배를 목적으로 하는 보호조약 체결을 조선 정부에 강제하며 고종황제와 대신들이 조약체결을 거절할 경우 한국에 대한 보호권 확립을 일방적으로 선언한다는 계획까지 작성했다.

이러한 침략계획에 따라 11월 10일 당시 일본 추밀원 의장이었던 이토 히로부미는 서울에 들어와 조선 주재 일본 공사 하야시와 함께 고종황제를 찾아가 위협과 공갈, 허위와 기만으로 가득 찬 일본왕의 칙서를 내놓으며 조약체결을 강요했다. 이와 동시에 일본군 무력이 서울 일대에 집결하기 시작했다. 이로써 서울은 사실상 일본군의 점령하에 놓이게 되었다. 그러나 고종황제는 조약체결에 응하지 않았다. 이에 이토는 11월 15일 다시 고종을 찾아가 보호조약 초안[11]을 내놓으며 그대로 받아들일 것을 강요했다.

....

11. 보호조약 초안의 내용은 다음과 같다.
　1. 황제 아래 전국 통치를 위해 일본인 통감을 임명할 것
　2. 각 개항장에 일본인 행정관을 임명할 것
　3. 한국 외교 사무를 일본 도쿄에 이전할 것
　4. 한국 정부는 일본의 승낙 없이 어떠한 협정도 타국과 체결할 수 없다.
　〈코리아 데일리뉴스〉 1905년 11월 17일자

↑ 외성대에서 포로 위협사격을 하는 일본군

← 서대문거리에 기관총을 걸어놓고 위협하는 일본군

조약 명칭도 고종서명도 국새날인도 없이
외부대신 도장을 훔쳐다 찍어 조작한 을사조약 원문

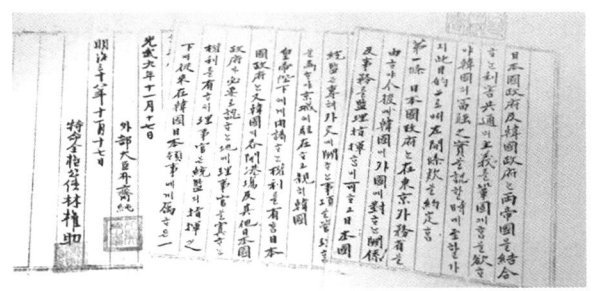

고종으로부터 보호조약의 승인을 받아내지 못하자 이토는 11월 17일 이미 서울에 집결해 있던 일본군 보병, 기병, 헌병 등을 동원해 경복궁 주변 일대와 서울 시내 곳곳에 배치하고 공포 분위기를 조성하면서 내각 대신회의에서 대신들에게 조약체결을 강요했다. 이토는 내각 대신들 한 명씩 지명해 찬성 여부를 묻고 8명 중 5

명이 찬성했으니 조약이 합의되었다고 하면서 외부대신 도장을 강탈해 조약문에 찍게 하고는 조약이 체결되었다고 선포해버렸다. 하지만 이 조약은 애당초 고종황제의 사전승인을 받지 못한 것이었고 국새 날인도 받지 못한 완전한 날조로 아무런 법적 효력도 가질 수 없는 허위문서였다. 이렇게 치욕적인 을사조약은 날조되게 되었다. 이 조약에 따르면 일본 정부는 도쿄에 있는 외무부를 통해 조선에 대한 외교관계와 사무를 관리 지휘하며, 조선 정부는 일본 정부의 중계 없이는 국제적으로 어떤 조약이나 약속도 할 수 없으며, 일본정부는 조선에 통감을 두어 전적으로 외교에 관한 사항을 관리한다는 것이다. 그야말로 일본이 조선의 외교권을 완전히 빼앗고 우리나라에 대한 통감통치를 실시함으로써 조선의 국권을 강탈한 침략적이며 예속적인 조약이었다. 일본은 1905년 12월 20일 통감부 및 이사청 관제를 만들어낸 후, 1906년 2월 1일 서울에 통감부를 설치하고 통감을 파견해 통감통치를 실시했다. 일본이 파견한 통감은 입법, 사법, 행정, 군사통수권을 비롯해 모든 권한을 가진 조선의 실질적인 최고통치자였다. 또한 일본은 우리나라의 중요 지방에 통감의 손발이 되어 움직이는 이사관을 파견해 지방 곳곳에까지 식민 지배의 마수가 뻗치도록 했다. 그야말로 한반도는 망국의 위기와 함께 식민 지배의 깊은 늪으로 빨려 들어가고 있었다.

조선통감부

분노의 폭발

일본은 조선 민중의 반발이 두려웠던지 을사조약 강제 날조를 극비에 붙였고 조선의 모든 출판 원고에 대한 사전검열 통제를 강화하고 있었다. 그럼에도 불구하고 황성신문 기자들은 이에 굴하지 않고 을사조약의 날조를 폭로하는 논설을 발표했다. 황성신문 주필 장지연이 을사조약 날조를 폭로 규탄하는 논설 『시일야방성대곡』을 11월 20일에 발표했다. 이로써 일본의 을사조약 날조와 조선 지배층의 매국 행위가 세상에 널리 알려지게 되었다. 을사조약을 강압적으로 날조한 구체적 내막이 드러나자, 일본은 논설이 발표된 날 헌병과 경찰 등 폭력기구들을 동원해 황성신문을 폐간시키고, 논설집필자이며 사장이었던 장지연을 부당하게 체포 구금했다. 이에 다른 여러 신문이 일본의 황성신문 탄압을 규탄하며 황성신문의 논설내용을 크게 보도하였다. 이것이 도화선이 되어 민중의 분노가 폭발했다.

전국 방방곡곡에서는 '매국조약 폐기하라!', '왜적을 몰아내라!', '5적을 처단하라!'는 구호가 세차게 울려 나왔다. 서울시민들은 거리로 나와 격분에 찬 눈물을 흘리며 일본과 나라를 팔아먹은 매국노들을 규탄하는 목소리를 높였다. 각 학교 학생들은 일제히 동맹휴학을 하고 서울의 상인들은 모두 철시를 단행했다.[12] 관리들과 유생들도 일본과 이완용을 비롯한 친일매국역적의 죄행을 단죄하는 투쟁을 전개했다. 의정 조병세를 비롯한 일부 관리들은 이완용 등 을사 5적을 처단하고 매국적인 을사조약을 무효로 선포할

....

12. 〈속음청사〉 권12 광무 9년 11월 30일

것을 요구하는 상소를 올렸다. 관리들의 상소 투쟁이 벌어지자 일본 헌병들이 상소한 관리들을 체포 구금하며 탄압을 가했다.[13] 상소 투쟁의 길이 가로막히자 일부 관리들은 망국적 조약을 강요당한 민족적 수치와 울분을 참을 수 없어 자결로써 일본의 침략에 항거하기도 했다. 시종무관 민영환, 의정 조병세, 참정 홍만식 등이 그러했다. 이렇게 자결로써 항거하는 사실들이 알려지면서 이들을 따라 연쇄적으로 시위대 군인 김봉학을 비롯해 인력거꾼들 속에서도 자결하는 이들이 속출했다.

민족적 위기를 맞아 당시 조선의 청년들은 보다 대담한 투쟁을 전개했다. 청년 원태우[14]는 을사조약 날조 후 열차로 수원을 지나던 이토에게 돌을 던져 중상을 입혔고 다른 한 청년집단은 매국노 이완용의 집에 불을 질렀다. 1905년 12월 초 대구시민들은 차관을 미끼로 징세권을 빼앗은 일본인들이 세금납부를 독촉하자 납세거부운동을 벌이며 세금납부를 강요하는 일본인들을 처단해 버렸다. 이에 서울에 있던 일본 헌병 300명을 투입해 진압하려 했으나 대구시민들은 이에 굴하지 않고 완강한 투쟁을 전개해 나갔다. 그리

....

13. 〈매천야록〉 권4 광무 9년 10월
14. 일본 헌병이 사건 직후 작성한 보고서에는 김태근으로 기록되어 있으나 호적에는 원태우로 올라있음

고 서울과 지방의 여러 도시에서는 연일 조약 파기와 을사5적 처단을 요구하는 군중 집회와 시위 투쟁들이 일어났다.

도시를 점령하라!

을사조약의 날조로 폭발한 조선 민중의 민족적 분노와 항거는 마침내 전국 각지에서 반일의병대가 새롭게 조직되어 보다 높은 수준의 반일투쟁으로 발전해 나갔다. 이때 각지에서 조직된 반일의병대들의 현황은 아래와 같다.

<을사조약 날조 후 조직된 반일의병대>

명칭 또는 지역	조직된 시기와 의병장	비고
경상북도 영천반일의병대	1905년 말 정용기	
경상북도 경주반일의병대	1905년 말 유시연	1896년 반일의병 참가
강원도 홍천반일의병대	1905년 말 박장호	
강원도 울진반일의병대	1905년 말 김현구	
평안북도 용천반일의병대	1905년 12월 중순 김두섭	
경상북도 안동반일의병대	1906년 1월 김도현	
강원도 양구반일의병대	1906년 봄 최도환	
경상북도 영양반일의병대	1906년 1월 김순현	
경상북도 진보반일의병대	1906년 이하현	
경상북도 영해반일의병대	1906년 4월 신돌석	1896년 반일의병 참가
전라북도 태인반일의병대	1906년 2월 최익현	퇴직 관리

충청북도 정산반일의병대	1906년 5월 민종식	유생
전라남도 광양반일의병대	1906년 말 백락구	
전라북도 창평반일의병대	1907년 1월 고광순	임진왜란 때 의병장 고경명의 후손
전라도 영광반일의병대	1907년 초 이대국	
충청북도 황간반일의병대	1906년 말 노응규	1896년 반일의병 참가

20세기에 들어와 조직된 반일의병대 구성에서는 평민 의병장들이 늘어났다. 또한 노동자와 청년 지식인이 의병투쟁에 참가했다. 1906년 강릉에서는 학교의 교원 정해관이 학생 200여 명과 함께 일진회 사무실을 파괴하고 의병투쟁에 나서기도 했다. 또한 1906년 12월 충청도 충주에서는 금광의 덕대[15]와 수많은 금광 노동자들이 그 일대에서 활동하고 있던 반일의병대에 참가하기도 했다.

이 시기 의병들의 주요 공격 목표는 각 지방의 주요 도시들을 점령하는 것이었다. 의병들이 도시 점령을 목표로 한 것은 나름의 이유가 있었다. 그것은 이 시기 일본이 각 지방의 도시들에 대대적으로 침투해 들어오기 시작했기 때문이다. 일본은 을사조약 날조 후 1906년 1월 서울에 통감부를 설치하고 통감의 지휘하에 서울,

....

15. 덕대란 민간 광산 주인과 계약을 맺어 채굴권을 가지고 광산 운영을 맡은 사람

인천, 마산, 목포, 군산, 진남포, 평양 및 대구 등 20개소에 거류민단을 만들고 일본인들을 대거 침투시켰다. 이로써 1906년 3월 조선에 침투한 일본인들의 수가 6만 1,900여 명이었다면 그 6개월 뒤인 9월에는 8만 700여 명으로 늘어났다. 사실상 일본이 조선의 각 지방 주요 도시들을 강점한 것이나 다름없었다. 당시 의병들의 도시 공격은 일본인들이 지방의 주요 도시들을 강점한 후 도시 곳곳에 수비대와 경찰대를 배치하고 경비를 강화하고 있었기 때문에 매우 어려운 일이었다.

당시 일본인들이 침투한 주요 도시의 하나였던 충청남도 홍주[16]는 예산, 청양, 보령, 서산, 당진 등지와 연결되는 교통의 요충지이자 도경찰부에 해당하는 경무서가 있었고 진위대 분견대도 있었던 충청도의 중요 도시였다. 1905년부터 홍주 주변 일대에서 반일투쟁을 전개해오던 여러 의병대는 정산 반일의병대라는 단일한 조직으로 통합되고 확대되어 1906년 5월 중순 1만여 명 규모에 이르렀다. 이 과정에 조직을 개편하고 정연한 지휘체계를 세워나갔다. 의병대는 의병장 아래 의병장을 보좌하는 중군을 두었고, 중군 아래에 참모와 군사가 있었다. 참모는 의병장과 중군의 의사결정에 따라 구체적인 작전계획을 세웠고 군사는 의병들을 관리하고 통솔

....
16. 지금의 충청남도 홍성군 홍성읍

하는 역할을 담당했다. 참모와 군사 밑에는 선봉장, 후봉장, 유격장 등을 두어 조직을 관리하고 전투를 지휘했다. 이외에 의병을 모집하고 군수품을 보장하는 소모장과 식사를 보장하는 향관 등을 두었다. 이러한 지휘체계는 19세기 말 반일의병대의 지휘체계와 같았다. 다만 20세기 들어와 의병장을 보좌하는 중군을 새로 둔 것에 차이가 있다.

정산 반일의병대는 정산, 서천, 비인, 남포 등을 습격해 이곳에 있던 많은 총포와 화약, 탄약 등을 노획했고, 민간에 있는 화승총과 화약 등도 수집했으며, 일본군이 감춰뒀던 대포까지 찾아내 활용했다. 이리하여 의병대에는 대포 80문, 소총 600정가량 있었으며 이외에 창 등이 500여 개나 있었다. 이것은 당시 다른 지방 의병대에서는 무기를 갖지 못한 의병들이 많았던 사정에 비해 볼 때 비교적 많은 무기를 가지고 전투에 임했다고 볼 수 있다. 전투 준비를 마친 정산 반일의병대는 1906년 5월 19일 홍주시가와 성을 공격했다. 반일의병대의 맹렬한 공격에 일본 수비대와 경찰, 강제로 내몰린 진위대들은 북쪽 덕산지방으로 달아나버렸다. 이리하여 반일의병대가 홍주를 완전히 장악했다.[17] 반일의병들은 홍주를 장악함으로써 사기는 더욱 높아지고 전투력도 한층 더 강화되었다. 홍주가 해방되었다는 소식이 전해지자 홍주 북쪽 예산, 서산, 해

....

17. 〈조선폭도토벌지〉 조선주차군사령부, 1913년, 18페이지

미, 덕산 지방에서 의병들이 모여와 의병 규모는 더욱 확대 강화되었다.

5월 25일 홍주성을 다시 빼앗으려는 일본의 공격이 시작되었다. 조선 침략의 우두머리 통감 이토와 일본군 사령관 하세가와가 직접 홍주 의병에 대한 토벌 작전을 지휘했다. 이제 홍주성으로 신식무기로 중무장한 400여 명의 일본군과 안동과 청주의 진위대 병력 200여 명을 망라한 600여 명의 토벌대가 몰려들었다. 일본군을 비롯한 토벌대가 5월 30일부터 홍주성을 포위하고 포사격을 퍼부으면서 집중적인 공격을 가했으나 높은 지대를 이용한 의병부대의 반격에 일시 퇴각하지 않을 수 없었다. 일본군은 5월 31일 새벽 맹렬한 포사격으로 북쪽 성문을 파괴하고 성안으로 진입했다. 의병들은 성안으로 쳐들어온 토벌대들을 향해 맹렬히 사격을 퍼부었으며 탄약이 떨어지자 육박전으로 맞섰다. 이것은 당시 반일의병투쟁에서 보기 드문 격전이었다.

그러나 의병들은 홍주성을 끝까지 지킬 수 없었다. 그 원인은 여러 가지 있겠으나 크게 3가지로 요약될 수 있다. 첫째, 의병장 민종식을 비롯한 의병대의 지도부는 군사 지식이 밝은 사람들이 아니었다. 우세한 역량으로 포위 공격해오는 적에 대해 방어하는 데만 급급했을 뿐 다양한 전법을 구사하면서 정황을 유리하게 처리하는 능력이 없었다. 둘째, 토벌대의 공격이 심해지자 유생 출신 의병들 속에서는 동요하는 자들이 속출했다. 봉건 지배계급의 나약함을 드러낸 것이었다. 특히 의병부대를 지휘하던 의병장 민종식이 도망쳐버렸고 지도부들도 일본군에 투항해버림으로써 의병들의 투쟁 기세는 급격히 저하되었으며 의병대는 뿔뿔이 흩어지고 말았다. 셋째, 토벌대와 의병대 사이에 군사적 역량에서 차이가 심했다. 홍주성의 의병들이 당시 반일의병부대들 중에는 비교적 무기를 잘 갖추었다고 해도 신식무기로 무장한 정규무력인 일본군에 끝까지 맞서 싸울만한 역량에까지 이르지는 못했다. 그러므로 토벌대를 일시적으로 물리칠 수는 있었으나 장기적으로 한 지역을 지켜내기에는 역부족이었다.

전라도 태인 지방 반일의병대는 최익현의 지도에 따라 1906년 초부터 투쟁을 준비했다. 최익현은 원래 서울에 올라가 궁궐 앞에서 상소 투쟁을 벌이려고 했으나 그것이 뜻대로 되지 않자 1906년 2월 전라북도 태인 지방에 와서 그의 제자 임병찬과 함께 반일의병을 조직했다. 태인 반일의병대는 5월 23일 태인에서 일본의 침략적 죄행을 폭로 규탄하는 글을 써서 일본 정부에 보냈다. 최익현은 글에서 일본정부의 죄행을 16개 조항으로 나누어 폭로 규탄했다. 일본의 조선 침략을 정치적 경제적 측면에서 폭로 규탄하고 일본 정부를 상대로 직접 정치적 공세를 펼친 최익현의 글은 일본 정부를 심히 당황하게 했다. 그리고 일본의 침략적 죄행을 구체적으로 폭로함으로써 사람들을 더욱 각성시키고 반일투쟁에 떨쳐나서게 했다. 최익현은 태인 지방에서 의병대를 정비한 후 6월 5일에는 정읍을, 6월 7일에는 순창을 공격하여 무기를 빼앗아 의병들을 무장시켰다. 이때 각 고을에서 포수들이 집단으로 반일의병대에 참가해 의병대의 수는 근 500여 명에 달했다. 태인 반일의병대의 활동에 당황한 일제 침략자들은 의병대를 토벌하기 위해 경찰대를 출동시켰으나 의병들에게 격파당하고 말았다. 의병대들은 계속해서 투쟁 기세를 늦추지 않고 6월 8일에는 순창과 가까운 담양과 동복 지방을 공격해 그곳을 점령했다. 의병의 수는 급격히 늘어나 900명이나 되었다. 태인 반일의병대는 그들이 진격하는 곳마다 일제 침략자들과 그 앞잡이들을 처단하는 한편 일제의 침략기관들을 파괴하고 무기와 식량, 돈을 빼앗았다. 이리하여 일제가 순창을 중심으로 그 주변 지역에 꾸려놓았던 통치체계는 파괴되고 도시는 의병들의 수중에 장악되었다. 반일의병대의 공격으로 일시 수세에 빠졌던 일제침략군들은 남원과 전주, 광주 등지에 있던 토벌대와 진위대까지 모조리 긁어모아 순창을 3면으로 포위하고 불의에 공격을 감행하였다. 태인 반일의병대는 불리한 전투 정황 속에서도 마지막 한 사람까지 용감하게 싸웠다. 이 전투에서 최익현은 일본침략군에 체포되어 쓰시마로 끌려갔으나 그는 "결코 적의 물과 낟알을 먹지 않겠다."고 하면서 단식투쟁을 벌이던 끝에 순국하였다.

순창전투가 있은 후 전라남도에서 기우만, 백락구, 고광순이 조직한 의병대들이 1906년 11월에서 12월 사이에 구례, 광양, 장성, 남원을 비롯한 여러 군들을 습격하여 일제의 침략 기관들을 모조리 파괴하는 활동을 벌였다. 1907년 2월에는 양한규가 지휘하는 의병대가 남원을 공격했고 4월에는 이광선이 지휘한 의병대가 능주를 공격했다.

산으로!

또한 이 시기 경상도와 강원도 접경지역에서도 여러 의병대가 조직되어 태백산줄기를 타고 맹렬한 투쟁을 벌였다. 의병들이 산악 지대에 의거해 활동하기 시작한 것은 도시를 중심으로 활동해서는 오랫동안 투쟁을 계속할 수 없다는 것을 깨달은 데 있었다. 경상도와 강원도 접경지역에서 활동한 의병대들은 김순현, 신돌석, 정용기를 비롯한 농민봉기 참가자들이 지휘했는데, 1906년 초부터 1907년 사이에 일월산, 태백산에 거점을 정하고 영양, 영해, 울진, 강릉, 삼척, 영덕, 안덕, 진보, 청송, 의성을 포괄하는 넓은 지역을 장악했다. 그리고 일제의 헌병 분견소, 군청 같은 통치기관을 습격하여 일본 침략자들과 친일 매국노들을 처단했고 철도, 교량, 우편취급소, 세무소, 광산을 비롯한 중요기관, 시설들을 파괴하였다. 신돌석이 지휘한 의병대는 태백산줄기의 산악지대를 이용하면서 적들과 싸웠으며 때로는 해안가에 나타나 활동하기도 했다. 그리하여 일제 토벌대로 하여금 의병들을 어떻게 토벌해야 하는지 갈피를 잡을 수 없게 만들어 놓고 중요 도시들을 공격했다. 신돌석 반일의병대는 영양을 중심으로 북쪽으로는 평해, 울진, 강릉, 삼척 등지를, 남쪽으로는 영덕, 영해, 진보, 청송, 의성 등지를 공격해 이 일대에 쳐들어온 일제 침략자들과 그 앞잡이들을 소탕하고 일제의 침략적 통치기관들을 파괴했으며 일제가 약탈한 재물을 몰수해 사람들에게 나누어주었다.

일제 침략자들은 의병들의 활동을 저지시키기 위해 안동 진위대는 물론 대구, 경주의 진위대까지 동원해 130여 명의 토벌 역량으로 대항했으나 700여 명의 의병들에게 분쇄되고 말았다. 계속해서 일제 침략자들은 주변 도로들을 차단하고 역량을 더욱 집중해 토벌을 강화했다. 이에 반일의병대들은 홍주, 순창 지방 의병들의 활동에서 얻은 교훈에 기초하여 자기들이 장악한 도시를 방어하는

데 급급하지 않고 산악 지대에 의거해 있다가 야밤에 도시를 습격해 적들을 소멸하는 야간 습격전을 계속 전개해 나갔다. 이와 같이 의병들이 새로운 전법을 쓰면서 민첩하게 활동했기 때문에 일제 침략자들은 악랄한 토벌을 감행했음에도 불구하고 도리어 의병들로부터 커다란 타격을 받게 되었다.

신돌석 등이 지휘하는 반일의병대가 산악에 의거해 적에게 심대한 타격을 주고 있다는 소식이 알려지면서 경주 지방의 반일의병대를 비롯해 여러 지방 의병대가 그에 호응해 나섰다. 유시연은 신돌석과 연계를 가지고 1906년 초에 약 100여 명으로 된 반일의병대를 경주 지방의 산속에서 조직했다. 그리고 경주를 중심으로 그와 인접한 지역에서는 물론 진보, 영덕, 평해에까지 진출해 투쟁을 벌였다. 충청북도 황간 지방에서도 반일의병대가 조직되어 산악지대를 거점으로 삼고 활동했다. 을사조약 날조 후 울분을 참지 못해 하던 노응규는 산악지대에 의거해 투쟁을 벌이기 위해 1906년 가을 충청도와 경상도, 전라도 등의 분기점에 위치한 산악지대인 황간 일대를 거점으로 정했다. 그는 의병대의 전투력을 강화하기 위해 무기 수집 사업을 활발히 벌이는 한편 무기의 성능을 높이기 위해 무기를 개조도 하면서 의병들의 훈련을 강화했다. 의병대의 역량이 강화되자 일본군 군용시설을 파괴하는 투쟁을 벌였고 이 일대 일본 침략군의 척후병들을 기습 섬멸했다. 그러나 이 의병대도 1907년 츠에 이르러 해산되었다.

변화 발전하는 반일의병대

1896년에 중단되었던 반일의병투쟁은 1904년 일제의 무력 침공을 계기로 8년 만에 또다시 일어나 줄기차게 전개되었다. 이 시기 새로운 변화발전의 길에 들어선 반일의병투쟁은 19세기 말 반일의병투쟁의 특징을 그대로 물려받은 공통된 측면을 가지고 있었다. 그것은 반열의병투쟁을 이끌었던 중심적인 기치는 반일애국이었고 투쟁에 나선 주된 계층은 농민들이었으며 투쟁형식에서도 무장 활동이라는 공통성을 가지고 있었다. 그러면서도 1904년에서 1907년 사이에 벌어진 반일의병투쟁에서는 일련의 변화 발전된 모습을 보이기도 했다.

첫째, 각계각층 군중이 반일의병투쟁에 참가함으로써 반일의병대의 폭이 훨씬 넓어졌다. 각가 다른 계층이 의병대에 참가함으로써, 그 구성이 달라지기 시작했다. 의병대의 지도부가 종래와 달리 유생의 범위를 벗어나 신돌석, 김순현 등 평민 출신 의병장이 등장했다. 당시 최익현의 패전 이후 유생들은 투지를 잃었고 거병할 엄두를 내지 못했다. 또한 당시 상황을 보면 양반 지배층 출신

의병장은 군사지휘능력이 부족해, 의병 투쟁을 보다 능숙하게 지휘할 수 있는 결단성과 지략을 갖춘 반일의병장의 출현을 목마르게 기다리고 있었다. 이러한 요구를 반영해 새로운 지도부로서 평민출신의 반일의병장들이 출현했고, 의병투쟁에서 평민출신 의병장의 역할이 보다 강화되고 유생출신 의병지휘자들의 역할이 상대적으로 축소됐다. 또한 의병대의 기본 구성원에서도 변화가 일어났다. 1906년 충청도 충주에서 금광 덕대와 노동자들이, 강원도 강릉군에서 학교 학생들이 반일의병대에 참가하기 시작한 이후 여러 계층 출신들이 더욱더 많이 반일의병투쟁에 참여했다. 이리하여 기본 구성을 이룬 농민이외에 아직 적은 수이기는 하나 노동자, 청년학생, 지식인, 광산의 물주 등 새로운 계층의 사람들도 의병대에서 일정한 비율을 차지하게 되었다.

둘째, 의병들이 산악지대에 의거해 싸우는 새로운 투쟁 방법을 적용하면서 반일의병투쟁을 강화 발전시켜 나갔다. 1904년 반일의병투쟁이 다시 일어날 때 반일의병들은 일제의 군사활동 거점들에 대한 기습을 여러 차례 했고, 1906년에는 큰 도시들을 공격해 장악했으며 일제 침략자들과 그 앞잡이들의 간담을 서늘케 했다. 그러나 홍주, 순창 지방 의병들은 점령한 도시에 대한 방어에 급급하던 나머지 많은 희생을 내고 결국 물러서게 되었다. 때문에 반일의병대들은 기존의 전법으로는 투쟁을 더 계속할 수 없었고 적아간 역량 관계를 고려해 적을 격파할 수 있는 새로운 전법을 쓰는데로 넘어가야 했다. 그리하여 경상도와 강원도 접경 일대의 반일의병들은 산악지대에 의거해 민활한 기동전을 벌여 일제의 토벌대들을 수세에 빠트려 큰 타격을 줄 수 있었다.

이와같이 변화발전하는 반일의병대들의 맹렬한 활동에 의해 여러 지방에서 일제 침략자들은 치안을 제대로 유지할 수 없게 되었고 그들의 억압과 약탈 정책은 가는 곳마다 타격을 받게 되었다. 이처럼 망국적인 을사조약의 허위날조를 계기로 반일의병투쟁이 새로운 앙양기에 들어서자 이에 고무된 각지의 민중들은 앞다투어 의병투쟁에 떨쳐나섰다.

4절 . 전민족적 항거로 발전한 반일의병투쟁
: 1907년~1909년 반일의병투쟁

일제의 정미7조약의 날조와 차관정치 실시

1907년은 우리 민족사에서 참으로 비통한 한해라고 할 수 있다. 이준 열사가 헤이그에서 자결한 것도 이해였고, 고종의 퇴위와 조선군대의 강제해산이 강행된 것도 이해였으며, 정미7조약이 날조된 것도 이해였다.

을사조약 날조 이후 일제에게 마지막으로 남은 과제는 조선의

내정권을 틀어쥘 수 있는 법적 장치를 마련하는 것이었다. 내정권은 국가의 내정에 속하는 정치, 경제, 군사, 문화적인 모든 조치를 취하고 그와 관련한 문제를 처리할 권리로써 이것을 빼앗긴 나라는 사실상 국가라고 인정할 수 없는 것이다. 당시 일제는 저들의 국권 강탈에 항거하고 있던 고종황제를 자리에서 내쫓은 다음 새로운 침략적 조약을 강제하여 조선에 대한 정치적 지배권을 장악하려고 꾀했다. 제2차 만국평화회의에서 을사조약의 불법 무효성과 일제의 조선에 대한 식민지 지배의 부당성을 폭로한 헤이그밀사사건이 발생하자, 그를 절호의 기회로 삼은 일제는 1907년 7월 내각회의를 열고 「한국처리방침」이라는 조선 침략에 관한 결정을 채택했다. 그 주된 내용은 조선국왕의 권한을 제한하고 그에 대한 통제를 더욱 강화하며, 국왕 고종을 퇴위시키고 황태자 이척을 국왕자리에 앉히는 것이었다.

일제는 고종을 왕의 자리에서 정식 내쫓고 순종을 황위에 앉힌 다음 7월 24일 당시 통감이었던 이토 히로부미와 이완용을 내세워 정미7조약을 날조했다. 정미7조약은 군대해산, 사법권 위임, 관리임용권 위임, 경찰권 위임등의 내용으로 이루어져 있었다. 일제는 정미7조약을 통해 일제의 통감으로 하여금 입법, 행정, 사법과 관리임명에 이르기까지 조선 정부의 내정권을 완전히 박탈했다. 그리고 일제는 정미7조약의 내용을 강제 집행하기 위해 일본인들을 조선 정부의 중앙 및 지방관청 [18] 의 각 부의 차관으로 들어앉혔다. 비록 차관이 형식상으로는 조선인 장관 다음 자리이기는 했으나 실제적으로는 각 부의 권한을 틀어쥐고 정미7조약의 내용을 집행하게 되었다. 일제는 차관정치를 강행하기 위해 차관의 수를 계속 늘여 나갔다. 그래서 1909년 1월 1일 현재 기준 조선 정부의 중앙 관청에 들어앉은 차관의 수는 총 2,180명이나 되었다.

을사조약을 날조한 다음 일제가 감행한 이른바 보호정치가 조선 정부의 대외적 기능을 말살하고 기타 내정에 대해 간섭하는 방식으로 조선을 장악한 것이었다면, 정미7조약 날조 이후 일제가 감행한 차관정치는 일본인들이 조선 정부와 지방기관에 들어가 내정권을 직접 장악하고 조선에 대한 강제 점령 정책을 추진시킨 것이다. 차관정치로 조선 정부의 기능은 유명무실해지고 나라의 자주권은 더욱더 난폭하게 유린당하게 되었다. 이리하여 전 민족이 분노에 휩싸였으며 전국에서 반일투쟁의 기세가 더욱 높아져 갔다.

조선 군대 강제해산

....

18. 도감영

1907년 당시 조선군대는 각 지방에 배치되었던 진위대까지 합하여 그 수는 8천여 명에 지나지 않았다. 일제가 얼마 되지 않는 조선군대를 강제 해산시키려고 한 것은 그가 미약하나마 민족적인 반일항쟁 역량으로 될 수 있다고 보았기 때문이다. 당시 조선군대의 지휘관을 제외한 병사들의 대부분은 농민을 비롯한 평민 출신의 청장년이었다. 그러므로 민족적 모순이 첨예화되고 반일투쟁이 치열하게 벌어지게 될 경우 이들이 민족적으로 각성되어 총부리를 일제에 돌리게 될 것은 명백하였다.

  1907년 7월 29일 침략의 원흉 이토 히로부미는 「극비전보 105호」에서 조선군대 해산 지령을 하달했으며, 사전누설을 막기 위해 일체 비밀에 붙이도록 지시했다. 이토는 군사비를 절약하기 위해 취하는 조치인 듯한 인상을 주려고 소위 군대 정리라는 명분을 내세웠으며 7월 31일 밤 조선군대 강제해산을 내용으로 한 황제의 조칙[19]을 날조해 이완용에게 넘겨주면서 그것을 황제의 명의로 선포하게 했다. 그리고는 조선 주둔 일본군 사령관 하세가와로 하여금 조선군대 해산 날짜를 8월 1일로 정하고 1차로 서울에 있는 시위 보병 5개 대대, 기병대, 포병대, 교정대대를, 2차로 지방에 있는 진위대 8개 대대를, 3차로 헌병대, 여단 사령부, 연성학교, 치

....

19. 명령

중대, 홍릉수비대, 군악대를 해산시키도록 계획을 짰다.

    1907년 8월 1일 서울 시내는 일본군의 삼엄한 경계에 들어갔으며 하세가와는 아침 8시 서울주둔 조선군대의 부대장 및 구분대장 회의를 소집하고, 부대 해산을 통고하고는 장교들로 하여금 도수 훈련을 한다고 병사들을 모이게 하고 해산식장인 훈련원으로 무장없이 데려오도록 하였다.

    그러나 훈련원에 빈손으로 모인 조선군대는 절반 정도였으며 나머지는 이미 일제의 간계를 간파하고 해산식장에 가지 않았다. 이후 보병 제1연대 1대대장이었던 박성환의 항거 자결을 계기로 군인들의 반일감정은 무장 항쟁으로 이어졌으며 그들은 치열한 시가전 끝에 일본군 100여 명을 살상하고 적들의 포위를 뚫고 탈출하여 반일의병대에 합류했다. 이날 일제의 간계에 넘어가 항쟁 대열에 참가하지 못한 남아있던 군인도 격분하여 일제가 주는 은사금을 내던지며 저항했으나 적수공권의 삼엄한 포위망 속에 갇힌 채 속수무책으로 해산당하고 말았다. 이렇게 1907년 9월 3일까지 일제는 서울에 주둔한 4천 명의 조선 중앙군은 물론 지방의 진위대 5천 명도 해산시켰으며 군권을 완전히 장악하고는 조선을 저들의 완전한 식민지로 만들었다.

서울시민들과 군인들의 반일항쟁

　1907년 7월 18일 이른 새벽, 왕궁을 주시하고 있던 서울시민들은 일제가 고종을 강제 퇴위시킨 소식에 일제히 시위 투쟁에 떨쳐 나섰다. 7월 18일 밤 2천여 명의 시위군중이 종로에 모여 일제의 침략 책동을 폭로 규탄하면서 농성 투쟁과 시위 투쟁을 전개했다. 일부 시위군중은 친일 앞잡이 조직인 일진회의 기관지 「국민신문사」를 습격 파괴했다. 19일 이른 아침, 서울의 모든 상가가 문을 닫고 상인들도 투쟁에 나섰다. 곧이어 수만 명의 서울시민이 종로에서 대규모 군중 집회를 열었다. 7월 19일 오후, 시위 보병 제1연대 제3대대 병사 100여 명이 병영을 뛰쳐나와 서울시민들의 투쟁대열에 합류했다. 병사들의 한 조는 종로파출소를 습격 파괴하고 다른 한 조는 시위 진압에 나선 경관들에 사격을 가했다. 이에

시위군중의 사기는 드높아졌고 포덕문[20] 으로부터 왕궁쪽을 향해 진격하면서 투쟁의 기세를 더욱 높였다. 시위 투쟁에 나선 서울시민들은 7월 20일 왕궁을 포위하고 있던 일진회 소속 친일파를 습격하여 수십 명을 처단하고, 매국역적 이완용의 집을 불태워버렸으며, 친일 앞잡이 권중현의 집도 습격 파괴했다. 또한 서울시민들은 침략의 원흉 이토를 습격하고 일제의 경찰지서들을 습격 파괴하고 일제 순경과 충격전을 벌였다. 반일시위투쟁이 점차 격렬해지자 일제침략자들은 시위 진압을 위해 서울주둔 일본군 제51연대 제3대대에 시위대열의 앞길인 경운궁을 점령하도록 했고, 일본군 제17연대 1개 중대로 하여금 남산 왜성대에 6문의 포를 설치하고 사격 준비를 갖추게 했으며, 평양수비대 보병부대까지 서울에 집결시키도록 했다. 또한 기관총으로 중무장한 일본군 무력이 조선군대를 장악하고 용산에 있는 무기고를 점령하여 조선군대의 있을 수 있는 저항을 제압하고 나섰다. 이렇게 되자 서울시민들의 반일항쟁은 일제의 탄압으로 더 이상 확산되어 나가지는 못했다.

이러한 환경 속에서 1907년 8월 1일 일본군에 의한 조선군대의 강제해산 조치가 취해지자 시위대 제1연대 1대대와 제2연대 1대대, 2대대 군인들은 대대장 박성환과 오의선의 자결을 도화선으로

....

20. 덕수궁 앞에 있는 문

하여 본격적인 무장 항쟁으로 넘어갔다. 무장 항쟁에 나선 군인들은 남대문과 서소문에서 일본군과 치열한 전투를 벌여 일본군 가지하라 대위 이하 200여 명을 섬멸하고 적의 방어선을 돌파했다. 무장 항쟁을 일으킨 시위대 군인들이 시내로 진출하자 얼마 전 시위 투쟁에 나섰던 서울 시내의 노동자, 청년 학생, 상인 그리고 가정주부들에 이르기까지 각계각층 민중이 무장 항쟁에 합류했다. 7월에 일어났던 항쟁이 서울시민들이 중심이 되고 여기에 군인들이 참가한 반일투쟁이었다면, 8월 1일에 다시 일어난 항쟁은 군인들이 중심이 되고 여기에 시민들이 참가한 반일투쟁이었다. 성문 밖으로 진출한 항쟁 군인들은 각지로 흩어져 반일의병대를 조직하고 반일무장투쟁을 계속 이어갔다. 서울에서 군인들의 무장 항쟁은 전국적으로 군인들의 무장 항쟁의 신호탄이 되어 8월 2일에는 원주진위대 군인들이, 뒤이어 홍천 진위대와 강화도 진위대 군인들이 연이어 무장 항쟁을 일으켰다. 충주, 제천, 여주에 주둔하고 있던 조선군대들도 무장해제를 거부하고 반일의병부대에 합류했다.

전국각지의 반일의병대 조직과 형태

1907년 8월 이후 1909년 말까지 전국각지에서는 전과는 비교가 안 될 정도로 많은 크고 작은 의병대들이 조직되었다. 이 시기

반일의병투쟁이 전국적 범위에서 전민족적인 무장 항쟁으로 발전했기 때문이다. 이 시기 의병부대가 얼마나 많이 조직되었는가 하는 것은 다음 표에서 제시된 바와 같이 1908년 상반기 기준 각 지역 의병장들의 수에서도 알 수 있다.[21]

<1908년 상반기 기준 각 지역 의병장 수>

지역	의병장 수	비고
경기도	71	
충청도	79	
전라도	59	
경상도	104	
강원도	34	
황해도	39	
평안도	8	
함경도	48	연해주, 간도 지방에서 활동한 의병장 6인 포함
계	442	

1907년 8월부터 1909년 말까지의 반일의병투쟁은 이전 시기와는 달리 전국적 범위에서 반일의병대가 조직되어 전개되었다. 19세기 말에도 반일의병투쟁이 넓은 지역에서 치열하게 벌어졌지

....

21. 일본 경찰, 헌병대 등이 작성한 〈폭도편책〉 제29호 참고. 〈폭도편책〉은 1907년부터 1910년까지 일제가 반일의병들을 이른바 '폭도토벌'을 구실로 탄압했던 의병 관련 공식 보고 문건이다.

만 전국적 범위를 포괄하지는 못했다. 19세기 말 당시에는 의병투쟁이 벌어졌던 지역은 85개 지역으로 의병투쟁이 없었던 지역이 더 많았다. 1907년 8월 이후 1909년 말까지에는 전국 주요 도시의 90%에 해당하는 300여개 지역에서 의병투쟁이 벌어졌다. 또한 시, 군의 소재지 등 도시에서는 물론 고산지대의 두메 산골로부터 바닷가 작은 섬에 이르기까지 의병들의 투쟁 장소가 아닌 곳이 없었다. 강원도 인제군 설악산에 있는 오세암의 암자 주변에서 이강년이 지휘한 반일의병대가 이곳으로 침략해 들어온 일본 수비대를 섬멸했는가 하면, 함경남도 삼수, 갑산 지방 특히 후치령에서 홍범도 의병대가 일본군을 연속해서 쳐 물리쳤으며, 심지어 일본의 수산자원 약탈을 막기 위해 섬 지대에서까지 반일의병투쟁을 벌였다. 1907년 8월 이후 벌어진 반일의병투쟁은 전민족적인 투쟁으로 발전했으며 민족 반역자를 제외한 거의 모든 계층이 반일의병투쟁에 참가하거나 적극적으로 지지 성원하였다.

반일의병투쟁은 처음에는 농민들과 포수 그리고 유생들에 의해 시작되었다. 그리고 그 후 투쟁이 발전됨에 따라 의병대에 참가하는 계층별 범위가 점차 확대되어 갔다. 이리하여 1905년 이후에는 광부 및 청년 학생 그리고 교사들까지 의병투쟁에 참여했다. 그리고 1907년 8월 이후에는 폭발적으로 확대되었다. 농민들은 물론 노동자(광부, 목수), 포수, 군인, 교원, 학생, 의사, 유생, 관리(군수, 면장), 수공업자 (모자제조업자), 운수업자, 양조업자, 순검, 헌병보조원, 종교인 (그리스도교인, 동학도) 등 이전 시기에는 찾아볼 수 없었던 다양한 계층의 사람들이 반일의병투쟁에 참가했다. 일제가 남긴 의병장들에 대한 일부 부정확한 직업별 통계자료 [22] 에 의하더라도 의병장의 대다수가 평민을 비롯한 다양한 계층의 사람들이었다는 것을 알 수 있다.

1908년 기준 직업별 의병장 수 비율

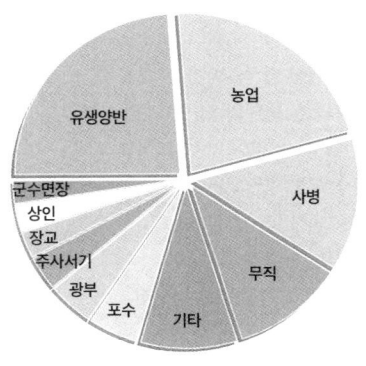

직업	의병장 수	비율(%)
유생양반	63	23.9
농업	58	22.0
사병	35	13.3
무직	29	11.0
기타[23]	25	9.5
포수	13	4.9
광부	12	4.5
주사서기	9	3.4
장교	7	2.7
상인	7	2.7
군수면장	6	2.3
계	264	100

....

22. 〈비도상황월보〉 1908년
23. 기타에는 순검 4명, 점쟁이, 일진회원, 교원, 학생 각각 3명씩, 목수 2명, 동아개진회사, 의사, 술장사, 모자제조업, 기독교도, 동학도, 운송업 각각 1명씩

이 시기 전국각지에서 조직된 주요 반일의병대의 현황은 다음과 같다.

1907년 8월 이후 1909년 조직된 반일의병대

지역	의병대
서울, 경기, 강원, 충청 등 한반도 중부 일대	농민출신 조인환이 지휘한 반일의병대
	시위대 군인출신 지영기가 지휘한 반일의병대
	유생출신 허위, 이은찬, 이인영 등이 지휘한 반일의병대
	포수출신 김수민이 지휘한 반일의병대
	진위대 군인출신 민긍호가 지휘한 반일의병대
경상도, 전라도 등 한반도 남부 일대	농민항쟁자 출신 신돌석이 지휘한 반일의병대
	유생출신 이강년이 지휘한 반일의병대
	유생출신 김동신이 지휘한 반일의병대
	유생출신 기삼연이 지휘한 반일의병대
	유생출신 전수용(전해산)이 지휘한 반일의병대
	머슴출신 안계훈이 지휘한 반일의병대
황해도, 평안도, 함경도 등 한반도 북부 일대	유생출신 류인석이 지휘한 평산반일의병대
	농민출신 채응언이 지휘한 반일의병대
	유생출신 김관수, 차천리가 지휘한 반일의병대
	노동자출신 홍범도가 지휘한 반일의병대
	안중근, 이남기가 지휘한 반일의병대

1907년 8월 이후 반일의병대에는 훨씬 많은 군중이 반일의병투쟁에 참여했을 뿐 아니라, 강제 해산된 군인들이 참가함으로써 조직 형태가 근대적인 군사 편제를 반영한 조직 형태로 바뀌었다. 그 결과 의병대의 전투력이 보다 강화되었다. 이 시기 반일의병대

 북에서 바라본 우리 근대사

의 조직 형태를 홍범도가 조직한 반일의병대를 통해 살펴보면, 의병대의 최말단 조직으로 분대를 두었다. 두 개의 분대를 한 개의 소대로, 2~3개의 소대를 중대로 조직했다. 중대 수는 2개였다. 그리고 의병대 지휘부에는 의병대 내의 감찰과 군사 규율을 취급하고 그 외 만족 반역자인 일진회 회원 등을 체포해 그 죄상을 조사하는 일을 맡는 도검사와 식량 보급을 담당하는 군량도감을 두었다.

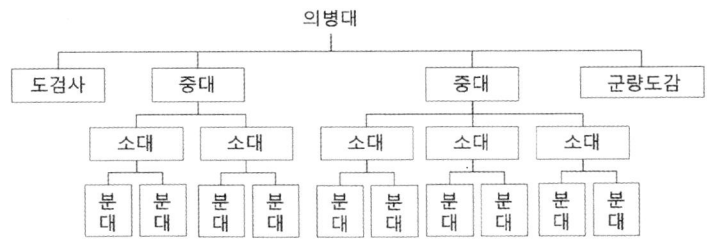

홍범도반일의병대 조직도

이 시기 반일의병대는 무기를 확보하기 위해 적극적인 활동을 전개했다. 사실 이제까지 의병들의 무기는 보잘것없었다. 실례로 의병투쟁이 고조되던 1906년 5월 4일 250여 명의 의병이 경상북도 진보군을 습격했을 때 그들의 무기 상태는 80~90%가 칼이었고 나머지 10~20%는 화승총이었다. 이렇게 의병들의 무기는 화승총, 칼, 창 등의 수준에서 벗어나지 못했었다. 군대 강제해산 당시 군인들이 서울에서는 1천여 정, 원주에서는 1천6백여 정, 강화에서는 600여 정의 총을 가지고 의병대에 참가했지만, 의병 전체가 무장하기에는 턱없이 부족했다. 그래서 의병대에서는 군량도감들과 소모관들이 마을을 돌며 무기를 수집하기도 했고 일제 토벌대를 습격해 적들의 무기를 빼앗아 무장하기도 했다. 이와 같은 활동을 통해 의병대의 무기를 어느 정도는 해결할 수 있었지만 반일 의병투쟁에 참가하는 의병들의 수가 급격히 늘어나는 상황에서는 무기 부족 현상은 더 심해져 갔다.

의병대에서는 부족한 무기를 보충하기 위해 무기를 구입하기도 했다. 당시 총 한 자루 값이 황소 한 마리 값이었는데 의병들에게는 이렇게 비싼 무기를 사들일만한 자금이 없었다. 그래서 의병대는 일제와 친일앞잡이의 재산을 몰수해 그 자금으로 무기를 구매하기도 했다. 그런데 일제가 무기단속법으로 무기의 판매와 운반을 엄격히 금지해버렸기에 일제의 단속과 감시를 피하려고 총을 관속에 넣어 상여로 가장해 운반하기도 했고 총을 미역단 속에 숨겨 운반하기도 했다. 또한 의병들은 부족한 총과 탄알을 자체로 만들거나 수리, 개조해 사용하기도 했다. 일례로 전라도 지방 의병들은 1908년 2월부터 4월 초순까지 화승총 대부분을 뇌관식으로 개조해 사용했다.[24] 홍범도반일의병대는 화승총, 탄알, 화승포를 자체로 만들어 썼다. 그들은 총과 포의 형틀을 만들고 갑산에서 동과 철을 실어다 그것을 녹여 화승총과 탄알, 화승포를 주조했다. 화승포에는 포신이 있고 포신 후면에 화승을 달아 불을 붙이게 되고, 불이 다 타들어 가면 포신 안에 장입한 포탄이 발사되는 것이다. 제작한 포의 구경이 너무 벌어져 포탄의 사거리가 짧은 단점이 있었지만 그래도 가까운 거리의 적들에 대해선 타격할 수 있었다.

전민족적 항거로 발전한 반일의병투쟁

1907년 8월 이후 일제의 차관정치를 반대하고 일제 침략자를 물리치기 위한 반일의병투쟁은 서울, 경기, 강원, 충청 등 한반도 중부 일대에서 먼저 전개되었다. 서울에서 1907년 8월 1일 거세찬 군인들의 무장 항쟁이 일어난 후인 8월 3일 충청북도 청풍에서 민중들이 손에 무장을 들고 청풍읍을 습격해 경무분파소를 파괴하고 무기를 탈취해 의병투쟁에 나섰다. 8월 4일에는 경기도 양근 지방 농민의 대표들인 조인환, 신창현 등이 주도해 의병투쟁을 일으켰고, 다음 날에는 원주에서 진위대 군인출신 민긍호, 김덕제가 의병

----
24. 〈조선폭도토벌지〉 조선주차군사령부, 1913년, 135페이지

대를 조직해 투쟁을 벌이기 시작했다. 이로써 제천, 충주, 죽산, 장호원, 여주, 강릉, 양양, 고성, 통천, 섭곡 등지에서 의병들의 활동이 시작되었다.

이 시기 반일의병투쟁이 확대되고 각계각층 민중들이 대거 참여함에 따라 의병투쟁이 반일적 성격과 함께 반봉건적 성격도 더욱 강화되었다. 반일의병들은 납세 거부, 소작료 납부 거부, 악질 부호들의 재산몰수, 빈민구제, 악질 양반들에 대한 징벌 등의 투쟁 목표를 내걸고 싸움을 벌이기도 했다. 1907년 9월 홍천, 여주 일대에서 활동한 조인환의병대는 「논밭 곡식을 거두어들인 것은 절반은 소작인이 가지고 나머지 절반은 한 알이라도 지주에게 바치지 말고 의병대의 군량으로 바치라. 만약 이를 어긴 자는 엄벌에 처한다.」는 것을 각 면, 각 동에 포고했다.

이 시기 반일의병대들은 전국 도처에서 일본군의 토벌 공세에 맞서 맹렬한 투쟁을 벌였다.

1907년 8월 중순 원주에서 의병대는 서울을 강점하고 있던 일본군 47연대 3대대장 시모바야시 소좌가 이끄는 토벌대의 공격 성과적으로 물리치고 전투 성과를 경기도로 확대해 장호원 일대에서 서울 주둔 51연대 소속 아다찌 중좌가 이끄는 토벌대의 공격에 큰 타격을 주었다. 같은 시기 충주에서는 의병대가 충주를 점령하

378 북에서 바라본 우리 근대사

고 있던 토벌대를 포위 공격해 심대한 타격을 주었다. 당시 의병들에 의해 처단된 일본 토벌대들의 시체를 가득 싣고 양근강을 따라 서울로 내려가는 배가 4~5척이나 되었다고 하니 일본 토벌대들이 반일의병대에 의해 얼마나 큰 타격을 입었는지 짐작할 수 있다.

　의병투쟁이 확대 고조되는 가운데 서울을 포위 공격하기 위한 의병대들의 연합작전이 벌어졌다. 의병장 이인영의 호소에 따라 서울진공작전을 수행하기 위해 1907년 12월 말 경기도 양주에 각지의 의병 1만여 명이 집결했다. 여기서 이인영을 13도의병 총대장으로, 허위를 군사장으로 정하고 각지 의병부대의 책임자들로는 관동창의대장 민긍호, 호서창의대장 이강년, 영남창의대장 박정빈, 경기황해창의대장 권의희, 관서창의대장 방인관, 관북창의대장 정봉준 등을 결정했으며, 일제히 서울로 진격해 일제 통감부를 쳐부수고 각종 침략 조약을 취소할 것을 목표로 삼았다. 서울진공작전을 눈앞에 두고 아버지가 사망했다는 부고를 받고 이인영 의병장은 의병지휘권을 군사장 허위에게 인계하고 문경으로 돌아가버렸다. 13도의병총대장이었던 이인영의 이러한 행동은 의병대들의 통일적 지휘를 보장하는 데 좋지 못한 영향을 주었다. 이인영으로부터 지휘권을 넘겨받은 군사장 허위는 우선 300명의 선발대를 인솔해 동대문 밖 30리 지점까지 진출해 주력부대가 도착하기를 기다렸다. 그런데 주력부대가 도착하기 전 일본군의 선제공격으로 허위의 선봉 부대는 장시간의 격전 끝에 후퇴하지 않을 수 없었다. 서울진공작전은 비록 성공하지는 못했으나 의병투쟁은 1908년 들어서면서 더욱 고조되었다. 일제가 극히 축소해 발표한 전투 횟수와 전투 참가 의병 수를 보면 다음과 같다.

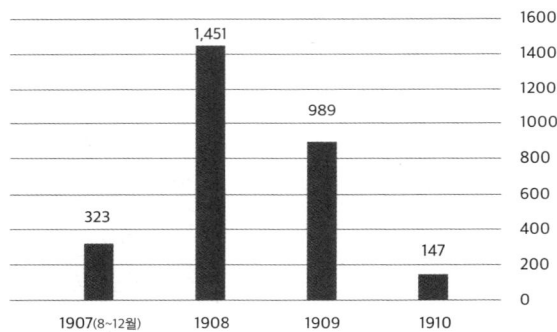

1907년 8월 이후 1910년까지 의병 전투 횟수

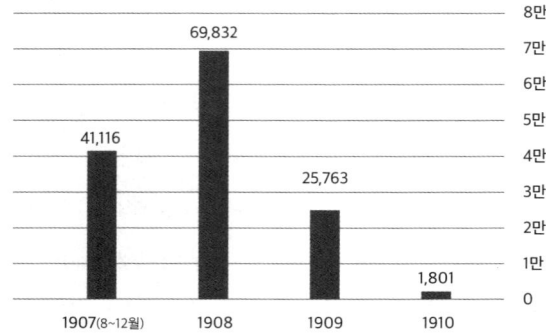

1907년 8월 이후 1910년까지 전투 참가 의병 수

이 도표를 보면 20세기 초 우리나라의 반일의병투쟁이 1907년 8월 이후 1908년에 가장 적극적으로 벌어졌다는 것을 알 수 있다. 1908년 이후 반일의병투쟁은 한반도 북부 산악지대와 동부의 태백산줄기의 요충지들을 활동 거점으로 하여 활발히 전개되었다. 이전 시기부터 경상북도 영해 지방에서 활동하던 신돌석 의병대는 1908년 이후 일월산으로 활동 거점을 옮기고 영월, 울진 지방의 일본 침략 세력에 연속적인 타격을 가했다. 강원도 지방에서 활동하던 이강년 의병대도 1908년 5월 일월산으로 이동해 그곳을 거점을 의성, 포항 등지를 활동무대로 삼았다. 지리산을 거점으로 활동한 김광순 의병대는 함양, 산청, 하동 등지의 일제 침략자를 쳐 물리쳤다. 이학사 의병대는 팔공산을 거점으로 진안, 장수 일대의 일제 침략자들에게 심대한 타격을 가했다. 황해도 평산 의병대는 산악 지대에 의거해 적에 대한 끊임없는 습격소탕전을 벌이는 한편 작은 대오로 적을 기습해 심대한 타격을 주었다. 1910년 3월 3일 계정-금천 사이의 철도를 파괴해 적의 열차를 전복시킨 사실은 그 대표적 사례의 하나다. 1907년 곡산 지방에서 활동하던 채응언 의병대는 1908년 이후 활동 거점을 평안도 지방으로 옮겨 양덕, 성천, 상원, 강동 일대의 일제통치기관을 파괴하고 수많은 일제침략자들을 처단했다.

일찍이 애국문화운동가로 이름을 날린 안중근은 1907년 일제가 고종을 강제 퇴위시키고 조선 군대까지 강제 해산시켜버리자 애국문화계몽운동으로는 국권을 되찾을 수 없다는 것을 절감하고 그해 말부터 의병투쟁에 뛰어들었다. 안중근은 먼저 강원도의 산악지대를 중심으로 의병투쟁을 벌이려 했으나 일제의 탄압이 심해지자 러시아 연해주 지방으로 들어갔다. 안중근은 이범윤 등과 함께 1908년 이범윤을 대장으로 하고 안중근을 참모중장으로 하는 300명 규모의 반일의병대를 조직했다. 1908년 7월 의병대는 일제의 두만강 연안 경비진을 뚫고 도문강을 건너 고읍에 들어갔으며, 10일 새벽 신아산분견대를 기습공격했다. 함경북도 경흥 지방에서 전과를 올린 안중근은 일제의 군사요충지인 회령에 대한 공격을 단행했다. 그러나 적아간 역량상에서의 현저한 차이와 무기의 열세, 작전지휘능력의 부족 등으로 많은 희생을 내고 패하고 말았다. 회령전투 실패 후 안중근은 의병대를 다시 조직해 투쟁을 계속하려 했으나 일제의 압력에 굴복한 러시아 당국의 탄압으로 좌절당하고 말았다.

반일의병투쟁이 고조되자 일제는 1909년 가을부터 토벌지역을 여러 개로 나누고 거기에 토벌군대를 장기적으로 배치했으며 분담된 토벌지역을 반복 공격해 의병들의 거점과 그 주변을 모조리 불태워버리는 등 악랄한 만행을 감행했다. 일제의 이와 같은 의병들에 대한 초토화 작전으로 1910년을 전후해 반일의병투쟁은 점차 약화하여 1910년에는 그 활동 지역이 경상북도 소백산 부근과 황해도의 산악지대로 줄어들었고 나머지 의병들은 산속으로 들어가 제한된 범위에서 투쟁을 벌이지 않으면 안 되었다.

의병대장 홍범도

의병대장 홍범도

함경남북도 지역에서의 반일의병투쟁은 1907년 당시 안산사 일대에서 포수들의 조직인 포연대의 대장[25]으로 있던 홍범도에 의해 벌어졌다.

홍범도는 1905년 이후 일제가

....

25. 포연대 대장이란 포수들이 잡은 짐승을 지방관리들에게 바치는 것을 맡아보는 사람이다. 홍범도는 포연대 대장을 할 때 포수들이 사냥해 잡은 짐승을 관리들에게는 될수록 적게 바치려 활약했다고 한다. 이로 인해 홍범도는 포수들 속에서 신망이 높았고 존경을 받았다고 한다.

통감정치를 실시하면서 조선의 국권을 강탈하자 포수들 속에서 반일 의식을 고취하며 의병투쟁을 준비해나갔다. 일제의 차관정치로 말미암아 함경남도에서는 1907년 9월 3일 북청 진위대를 강제해산하고 연이어 화약과 총포 사용을 금지시킨 후 포수들의 화승총을 회수하기 시작했다. 이에 1907년 11월 초 홍범도는 북청을 중심으로 삼수, 갑산, 혜산진을 연결하는 교통의 요충지인 후치령에 매복했다가 총을 빼앗아가는 일제 침략자를 전멸시키고 의병대를 조직했다. 홍범도가 직접 지휘하는 주력부대는 삼수, 갑산, 전두익 부대는 단천, 송산봉 부대는 장진, 홍사연 부대는 홍원을 기본 활동무대로 하고 있었다. 이 의병부대들은 홍범도 의병대와 연합해 1907년 하순에서 1908년 9월 말 사이에만도 일제 침략자와 37차례의 전투를 벌였다. 홍범도 의병대는 1907년 11월 22일과 23일 일본군과 경찰 그리고 우편물 호송원들을 처단했으며, 25일에는 미야베 중위가 인솔하는 토벌대 선발대를 섬멸했다. 12월 31일 삼수에 주둔한 의병대는 포위 공격해오는 일제 토벌대와 3시간에 걸친 격전을 벌여 마침내 적들을 완전히 몰아내었다. 의병대는 그 후 삼수, 갑산 지방을 오가는 길목인 후치령 일대를 중심으로 활동하면서 일제에 큰 타격을 가했다. 1908년 1월 10일 갑산읍을 공격한 홍범도 의병대는 일제 수비대와 일본순사를 비롯해 친일앞잡이들을 수없이 처단했으며, 일제가 사용하던 건물들을 모조리 불태워 없애버렸다. 또 2월 21일에는 갑산군 세곡 천지평 산골짜기로 진격해오는 토벌대들을 매복전으로 섬멸하는 큰 승리를 거두었다. 그리하여 이곳에서의 일제의 차관통치 질서는 완전히 마비 상태에 빠져버렸다.

홍범도 반일의병대에 의해 연속적으로 타격을 받은 일제는 토벌 역량을 증강하는 한편 '귀순자에게는 직업을 알선해준다', '처벌하지 않는다'는 회유기만책으로 의병 대오를 와해시키려 했다. 일제의 회유기만 선전으로 의병대 안에서는 일부 일제의 편에 넘어가는 현상이 나타나 투쟁에 타격을 입었다. 그러나 홍범도는 의병대오를 다시 수습하고 1908년 5월 4일 그를 귀순시키려고 일제의 북청 수비대 대장 하세가와가 보낸 순사들을 도하리에서 처단하고 반일투쟁을 힘차게 전진시켜나갔다. 홍범도 반일의병대가 1908년 4월 이후 여러 지방에서 벌인 전투들 가운데서 중요한 싸움으로는 북청 덕사귀전투, 어두벽령전투, 언방골전투, 산고개전투, 갑산습격전투(1908년 12월), 부전 따라지전투, 용문동전투, 삼수구읍전투(1909년 8월) 등이었다. 홍범도반일의병대는 이러한 전투들에서 일제침략자와 그 앞잡이들을 닥치는대로 처단했으며 일제의 식민지 통치기관들을 파괴소각했다. 홍범도 반일의병대는 산포수들 중심으로 조직되어 있었기 때문에 사격술이 대단히 높았으며 또한 산을 잘 이용한 것으로 해서 일제 토벌대들을 공포에 몰아넣었다. 당시 이 지방 사람들 속에서는 홍범도 반일의병대의 용감한 투쟁을 높이 찬양하여 다음과 같은 노래까지 유행하게 되었다.

> 홍대장 가는 길에는 일월이 명랑한데
> 왜적군대 가는 길에는 눈과 비가 내린다
> (후렴) 에헹야 에헹야 에헹 에헹 에헹야
> 왜적둔대 막 쓰러진다

함경남도의 거의 전 지역을 활동무대로 삼고 반일의병운동을 확대 발전시켜 일제에게 심대한 타격을 주던 의병장 홍범도는 1910년 가을 보다 강력한 반일투쟁 준비를 위해 의병의 일부 사람들을 이끌고 압록강을 건너갔다.

5절 . 결코 식민지 노예 운명을 용납지 않는 민중

일제의 조선 강점

일본은 1909년경부터 조선을 저들의 완전한 식민지로 하기 위해 명분상 유지해왔던 독립국으로서의 형태마저 없애기 위한 작업에 착수했다. 1909년 3월 일제는 외무성 정무국장이었던 구라치 테쓰기치로 하여금 「조선병합안」을 만들게 하고, 7월 6일 내각에서 「한국병합에 관한 결정」을 채택했다. 또한 일제는 「대한정책 확정에 관한 건」이라는 문건을 작성하는데, 여기에 조선을 '적당한 시기에 병합'하며 조선에서 '일본의 실력 확립'을 위해 많은 군대와 헌병, 경찰 등을 배치할 것이라고 했다. 또한 앞으로 조선에서의 통치는 '실력' 즉 폭력에 의해 이뤄질 것이며 다른 나라가 조선을 차지하려 덤벼들지 못하도록 철저하게 일본화하겠다고 밝혔다. 이것은 일제의 조선에 대한 완전한 식민지화 방안이 기존 폭력기구들을 더욱 늘이며 철저히 무력에 의한 폭압적인 방법으로 강점하고 통치하겠다는 것이었다.

서울로 진입해들어오는 일제침략군

일제는 병합 시기를 앞당기기 위해 친일매국단체인 일진회를 부추겨 합방 청원을 하게 하는 한편 조선 병합에 대한 열강들의 동의를 받기 위한 외교활동을 한층 강화했다. 일제는 1910년 5월 30일 데라우치를 조선 통감으로 임명하고 부족한 경찰 수를 보충한다는 명분으로 1천 명의 헌병을 조선에 더 배치했으며, 6월 16일에는 조선 경찰권을 완전히 장악할 것을 결정했다. 또한 통감이 된 데라우치는 조선 각지에 배치된 일본군을 서울로 끌어들이기 시작했다. 서울로 집결한 일본군은 완전무장 상태에서 각 성문, 왕궁, 통감부, 일본 군사령관 및 조선 정부 대신들의 집들에 대한 경비를 강화했다. 이로써 8월 15일 이후 서울 시내는 일본군에게 완전히 포위되었고 계엄 상태에 들어갔으며, 서울 거리에는 30m 간격으로 일본 헌병대와 수비대가 줄지어 늘어서 있었다. 8월 16일 오전 9시 데라우치는 이완용을 자기 집에 불러 「합병조약문」과 함께 국왕에 대한 대우 및 생활 보장, 친일파 인사들에 대한 명예와 생활 보장, 구한국 관리 처리에 문제에 대해 통보했다. 8월 18일 합병조약이 친일적인 내각회의에서 정식으로 상정되었다. 학부대신 이용직의 반대 의사 표명을 제외하고는 누구도 반대하는 사람이 없었다. 8월 22일 데라우치는 이완용으로 하여금 「합병조약」 체결을 위해 어전회의를 소집하게 했다. 이와 같이하여 일제는 1910년 8월 22일 조선을 완전히 강점하고 말았다. 일제가 조선을 완전히 강점했다는 사실을 알고 그 누구보다도 그것을 지지한 것은 다름 아닌 미국이었다. 미국은 일본의 조선 강점이 "피할 수 없는 당면한 추이였다."라고 했다.[26] 일제는 1910년 8월 22일 합병조약을 날조한 다음 이를 극비에 붙었다가 1주일이 지난 8월 29일에야 비로소 공포했다.

....

26. 〈조선의 보호 및 병합〉 중앙일한협회, 1917년, 472페이지

한일합병조약 원문

일제에 의한 한일합병조약의 날조는 그야말로 국가적 실체로서의 조선을 완전히 없애버리고 일본에 병합했을 뿐 아니라 조선 민족을 식민지 노예로 전락시키고 말았다.

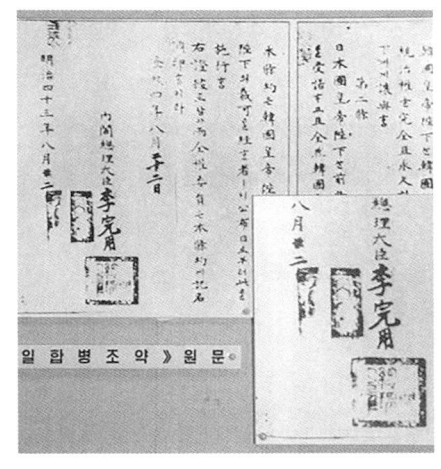

싸우다 죽을지언정 굴종하지 않겠다

1910년 8월 29일 일제가 조선을 강점한 이후에도 반일의병투쟁은 계속되었다. 일제는 조선에 대한 식민지 지배의 안전한 보장을 위해 반일의병대들에 대한 토벌을 더욱 악랄하게 감행했다. 한편 반일의병대는 이미 이전 시기 많은 희생을 내고 해산되었거나 일부 의병장들이 해외로 망명했기 때문에 의병투쟁 역량이 많지 못했다. 하지만 일부 의병부대들은 극히 어려운 환경 속에서도 싸우다 죽을지언정 일제에 굴종하지 않겠다는 결의로 반일의병투쟁을 계속 이어나갔다.

경상북도 일월산지구의 의병들은 일제의 토벌 공세가 악랄하게 감행되는 속에서도 1910년 가을부터 그해 말까지 소규모 의병부대들로 기동전을 펼쳐 일제에 타격을 가했다. 8월 27일에 경상북도 풍산역 지방에서 27명의 의병이, 9월 29일에는 안동에서 10명의 의병이, 11월 14일에는 영해 지방에서 10명의 의병이 일제 토벌대와 전투를 벌였다. 이 지구의 의병대들은 일제의 토벌에 맞서 치열한 투쟁을 벌였으나 큰 손실을 보고 의병장들이 일제에 체포되어 투쟁을 더 계속하지 못했다.

반일의병장 채응언이 지휘한 의병대는 일제가 조선을 합병한 후에도 곡산군 백년산(만년산)을 거점으로 황해도 곡산, 수안, 평안남도 성천, 양덕, 강원도 이천, 함경남도 안변(현재 강원도) 등 넓은 지역에서 투쟁을 계속했다. 의병들은 이 일대의 산발을 타고 수시로 자치를 옮겨가면서 일제의 수비대와 헌병, 경찰기관들을 끊임없이 습격 파괴했으며 일제침략자들과 그 앞잡이들을 처단했다. 채응언 의병대는 백년산을 떠나 강원도 이천에서 활동하고 있던 다른 의병들과 연합해 1910년 9월 이천군 광북에 있던 일제 수비대를 불의에 습격했다. 이 습격 전투에서 의병들은 과감한 육박전을 벌여 적을 수많이 살상하고 적지 않은 무기를 노획했다. 채응언 의병대는 1911년 초 안변군에 진출해 석왕사에 있던 일제 수비대를 습격했으며, 뒤이어 곡산으로 이동하면서 추격하는 토벌대를 타격했다. 4월과 5월 초에는 여러 차례 선암[27] 병참에 대한 습격 전투를 벌여 많은 무기와 탄약, 군복 등을 노획했다. 1913년 6월 3일 또다시 선암역참에 대한 습격 전투를 벌였는데 이때 중원된 토벌대와 접전 끝에 의병장 채응언이 붙잡혀 무참히 희생되었다. 지휘관을 잃은 의병대는 그 후 투쟁을 계속하지 못하고 자취를 감추었다.

농민출신 의병장 김정환이 이끄는 평산 의병대는 평산을 중심으로 해주, 서흥, 금천, 재령 등 여러 지역으로 끊임없이 유동하면서 일제의 헌병기관들을 불의에 습격하거나 적들의 철도, 통신망 등을 파괴하는 활동을 전개했다. 1910년 가을 일제의 토벌작전이 시작되자 김정환 의병대는 장수산으로 들어갔다. 일제 토벌대가 산을 겹겹이 포위하고 산에 올라오기 시작하자 의병대는 일제히 거센 공격을 가해 토벌대에 심대한 타격을 가하고 포위망을 뚫고 나갔다. 1911년 9월 하순부터 11월 초순까지 일제는 황해도 일대에 대한 대규모 토벌을 감행했다. 평산 의병대는 이에 대처하여 의병대오를 소규모 집단으로 나누어 야밤에 불의에 적통치기관과 철

....

27. 오늘의 황해북도 신평군 선암리

도, 전신 등을 습격 파괴하는 전투를 벌여 나갔다. 평산 의병대는 1914년 3월 장수산에서 일제 토벌대와 치열한 전투를 벌였다. 시간이 흐름에 따라 일제의 토벌 역량이 계속 증강되어 의병대에 점점 더 불리해지자 의병들은 적의 포위망을 뚫고 서흥 방향으로 이동했다. 일제는 평양에 있는 수비대 병력까지 끌어오면서 서흥 지방에 머물러있는 의병대에 대한 대규모적인 토벌 작전을 감행했다. 일제 토벌대의 포위망을 뚫을 수 없다는 것을 타산한 의병장 김정환은 굴속에 보관했던 무기와 탄약을 모조리 꺼내 대원들에게 나눠주면서 최후결전을 호소했다. 평산 의병대원들은 비장한 각오로 우세한 일제 토벌대에 맞서 최후의 한 사람까지 용감하게 싸웠다. 이 전투를 계기로 한일합병 후 국내에서의 반일의병투쟁은 막을 내리게 되었다. 홍범도 의병대는 한일합병 후에도 일제와의 싸움을 멈추지 않고 함경도 일대의 일본군과 싸우다가 1913년 7월 국경을 넘어 만주와 연해주 지방을 넘나들면서 새로운 투쟁 준비를 이어나갔다.

반일의병투쟁, 무엇을 남겼나?

반일의병투쟁은 국권을 빼앗고 민족의 자주권을 짓밟으려는 일본과 친일 앞잡이를 반대해 조선 민중이 스스로 손에 무장을 들고 싸운 정의의 무장항쟁이었다. 반일의병투쟁이 지금 우리게 주는 역사적 의미는 매우 지대하다. 반일의병투쟁은 1895년부터 시작해 1914년경까지 특히 일제의 조선 강점을 전후한 시기에 매우 어려운 환경과 조건에서 벌어졌다. 일본은 한반도 전역을 그들의 군대와 수비대, 헌병, 경찰 등 폭압 무력으로 온통 뒤덮었다. 게다가 친일 앞잡이를 헌병 보조원으로 이용했고, 친일 앞잡이 단체를 만들어냈으며, 무고한 조선 사람들을 탄압하기 위한 여러 가지 악법을 조작했다. 그뿐 아니라 조선 사람들의 투쟁 기세를 꺾기 위해 가장 악랄한 방법으로 탄압하고 학살했다. 일제의 식민지 노예의 쇠사슬에 묶여 살 것을 거부한 조산 사람들은 일제의 무력을 동원한 위협과 야만적인 토벌 만행에 맞서 전국 곳곳에서 피어린 싸움을 벌였다. 전국각지에서 반일의병투쟁이 벌어지지 않은 곳이란 거의 없었다. 그리고 1908년 한해만 해도 의병 7만 명이 떨쳐나섰으며 1천400여 회의 격전을 벌였다. 이처럼 일제의 야만적인 토벌 작전이 감행되는 환경에서도 의병투쟁을 끊임없이 이어갔다는 것은 조선 민중이 자기 한 개인의 목숨보다도 나라와 민족이 더 귀중하며 나라와 민족의 자주권을 지키기 위해서는 어떤 희생도 두려워하지 않고 싸우는 민족적 자존감이 강한 사람들이라는 것을 말해준다.

그럼 일본은 반일의병투쟁으로 어떤 타격을 입었을까? 반일의병대들의 투쟁에 의해 일본의 수비대와 헌병대, 경찰대 등은 큰 손실을 보았다고 평가할 수 있다. 이는 일본의 한 역사가가 「훈련받은 근대적 군대인 일본군이 왜 정규 군대도 아닌 의병과 싸워서 고립되었는가? 그것은 의병이 조선 민중 속에서 나온 민병이기 때문이다.」라고 고백한 데서 찾아볼 수 있다. 또한 일제의 조선에서의 쌀 약탈 수량의 감소가 실증해 주고 있다. 일제는 조선의 농민들이 생산한 쌀을 1907년 75만 6천 석을 약탈해갔다. 일제가 1907년 8월 이후 차관정치를 실시하면서 더 많은 양의 쌀을 약탈하려고 했음에도 1908년, 1909년에 그보다 약 10만 석이 줄어든 64만 석씩밖에 약탈하지 못했다. 이것은 각지의 의병들이 일제의 농산물 약탈을 반대해 투쟁했기 때문이었다. 그리고 의병들은 지방에서 일제의 차관정치를 집행하던 기관인 군청을 파괴 소각하고 군수들을 수없이 처단했다. 이 때문에 지방에서 악랄하게 감행하려던 일제의 차관정치가 실제로 실행 불가능한 형편에 이르렀다. 이처럼 의병들의 활동으로 일제가 조선 강점 야망을 달성하기 위해 실시하던 차관정치는 사실상 마비 상태에 빠져버렸다.

다음으로 반일의병투쟁에서 찾아야 할 문제점이나 교훈은 없을까? 전국각지에서 벌어진 의병투쟁이 완강하게 전개되었음에도 국권 회복의 목적을 실현하지 못하고 좌절하게 된 것에는 몇 가지 짚어야 할 지점이 있다. 먼저 전국 의병을 단일하게 지휘할 만한 의병장이 없었기 때문에 단일한 군사지휘체계가 없이 자연발생적이고 분산적으로 진행되었다. 그 결과 뚜렷한 투쟁강령과 전략 전술적 방책도 없이 분산적으로 투쟁하지 않을 수 없었다. 또한 의병장들의 파벌싸움도 문제였다. 유생 출신 의병장 중에는 의병 지휘권을 장악하려고 한 지역에서 다른 의병대를 조직하는 사례도 있었으며, 의병대를 조직할 때 지방주의와 문벌주의가 많았다. 유인석이 평산 반일의병대를 조직할 때 그 제자 중심으로 의병대를 조직한 것이 그 한가지 예이다. 남도지방의 반일의병대도 최익현의 영향을 받은 사람들로 서로 지방별로, 세력단위 별로 의병대를 조직했다. 특히 유생들의 봉건유교사상은 반일의병투쟁의 발전을 가로막았다. 국왕 회유문을 내려보내 반일의병투쟁을 해산시키는 경우가 왕왕 발생한 것이 단적인 예이다. 끝으로 군사적 열세를 극복하지 못했다. 반일의병들은 조선 정부로부터 아무런 지원도 받지 못했다. 뿐만아니라 조선 정부는 일제와 공모 결탁해 의병들을 탄압하는 데 혈안이 되어있었다. 게다가 군사 무기에서도 일제와는 대비도 되지 않을 정도로 매우 낙후한 상태였다. 이런 고립무원하고 무기에서도 열세인 상황에서 전략전술적으로라도 일제를 압도할 수 있어야 했으나 반일의병들은 이런 점에서도 준비되어 있지 못했다.

제6장

정치계몽운동단체의
출현과 활동

김 지 호

남북역사문화교류협회 문예위원장

1972년 울산 출생. 노동자 문화단체 활동을 하다 민주노총에서 문화국장, 문화미디어실장을 역임했다. 이후 공연제작 프로듀싱을 하던 중 박근혜 퇴진 광화문 촛불집회에서 기획감독을 맡아 활동했다. 현재는 극단 '경험과상상' 공동대표로 문화행사 기획한다.

제6장 정치계몽운동 단체의 출현과 활동

1절. 독립협회의 조직과 활동

　1850년대에 오경석, 류홍기, 박규수 등에 의해 싹트기 시작한 개화사상은 70~80년대에 이르러 김옥균에 의해 더욱 발전되어 갔으며, 하나의 사상조류로서 체계를 이루게 되었다. 개화사상의 기본특징은 반봉건부르주아 개혁 사상과 반외세 애국 사상이 밀접히 결합하여 있다는 점이었다. 개화사상은 시대발전의 요구에 맞게 나라의 정치를 변혁하고 근대화된 국가권력을 토대로 사회경제 분야에서의 봉건적 낙후성을 극복해 자본주의적 발전을 촉진하자고 주장한 사상이었다. 개화사상은 이처럼 애국적이며 진보적 내용으로 하여 우리나라에서의 부르주아 민족주의 운동을 힘차게 추동해 나갈 수 있게 되었다. 애국 문화 운동은 애국적이며 진보적인 개화사상과 같은 부르주아 계몽사상의 추동으로 발생할 수 있었다.

우리나라 애국 문화 운동은 김옥균을 비롯한 개화파들에 의해 1870년에서부터 시작되었다. 그들은 근대적 계몽 서적의 집필 보급을 통해 애국 계몽운동을 시작했으며, 박문국을 설치하고 최초의 신문 한성순보를 발행하면서 대중적 운동으로 발전해 나갔다. 갑신정변이 실패로 돌아간 이후 정부안의 일부 혁신 관료들이 나라의 봉건적 낙후성을 청산하고 근대화된 국가를 세우기 위해 애국적 활동을 계속 벌여 나갔다. 사회개조와 대중계몽에서 신문의 힘을 잘 알고 있던 혁신 관료들은 폐간되었던 한성순보를 다시 간행하기 위해 적극적으로 노력했다. 특히 김윤식이 이에 특별한 관심을 보였다.

김윤식은 한성순보 발간으로 신문에 대한 사회적 관심이 급속히 높아진 것을 이용해 근대적인 신문을 다시 발행하기 위해 적극적으로 노력했다. 그는 국왕을 설득해 1885년 3월 박문국을 다시 설치하되 그것을 광인사로 옮겨 신문을 다시 발간하도록 승낙을 받아냈다. 우여곡절 끝에 1885년 12월 21일 한성주보로 제호가 바뀌어 한성순보가 다시 발간되기 시작했다. 『한성주보』는 『한성순보』보다 발전된 형태의 신문이었다. 『한성주보』는 10일에 한번 발간하던 순보와 달리 일주일에 한번씩 발행되었다. 이것은 사람들에게 새로운 지식과 국내외 형편을 더욱 신속히 전달함으로써 신문의 기능과 역할을 한층 높였다는 것을 말한다. 『한성주보』는 또한 순 한문체의 순보와는 달리 국한문체 기사를 기본으로 하면서 국문체 기사와 한문체 기사를 섞어 실었다. 그러므로 주보는 주로 관리들과 지식인들을 대상으로 한 순보에 비해 광범한 대중 속에 독자 대상을 넓혀나갈 수 있었다. 주보의 편집자들은 대중계몽에서 절박하고 중요한 문제들을 담은 기사들을 많이 실어 신문의 대중계몽 선전자 역할을 한층 높였다. 또 국제정세와 선진국들의 정치, 경제, 군사, 문화 등 각 방면에 걸친 폭넓은 기사들을 게재함으로써 대중의 눈을 틔워주고 그들이 나라의 근대화를 위한 사업에 적극적으로 떨쳐 나서도록 했다. 하지만 『한성주보』는 1888년 수구파들에 의해 박문국이 폐지됨으로써 그 자취를 감추고 말았다. 하지만 이 신문은 개화사상, 부르주아 계몽사상을 적극적으로 보급 전파해 많은 사람에게 커다란 계몽적 영향을 주었다. 이러한 노력으로 개화운동을 지지하는 세력이 한층 확대되었으며, 개화운동은 시대의 큰 조류로 성장하였다. 이러한 성장 끝에 독립협회가 발족되었다.

1. 『독립협회』의 조직

1870~80년대에 개화파에 의하여 시작된 애국 문화 운동은 1890년대 후반기 이후 점차 새로운 발전의 길에 들어섰다. 국내의 보수적인 봉건 지배층과 그와 결탁한 외래 침략자의 훼방으로 1882년 갑신정변이 실패하였고, 1894년 갑오개혁이 중단되었다. 그러나 나라의 근대적 발전과 독립을 고수하기 위한 애국적 지식인의 활동은 끊임없이 계속되었다.

상층 개혁 운동인 갑신정변과 갑오개혁이 실패한 후 개화를 바라는 지식인들은 한가지 교훈을 얻었다. 그것은 근대화와 독립을 지키기 위한 투쟁에 광범한 대중을 참여시켜야 승산이 있다는 것이었다. 1890년대 후반기부터 개화파 지식인들은 이러한 교훈을 바탕으로 언론활동, 국학운동을 비롯한 여러 형태와 방법으로 대중에 대한 문화계몽 활동을 적극적으로 벌여 나가기 시작하였다. 이때부터 애국 문화 운동은 하나의 독자적인 지위를 가지는 사회적 운동으로 되었으며, 점차 발전의 길로 들어서게 되었다. 이러한 발전의 길에 들어서게 된 것과 근대적 정치 계몽운동 단체의 출현은 동전의 양면처럼 서로 분리해서 생각할 수 없다.

근대적 정치 계몽운동 단체로서 대표적인 것은 『독립협회』였다. 독립협회는 1896년 7월 2일 서울에서 개화파 지식인들에 의해 결성되었는데, 우리나라 첫 근대적 정치 계몽운동 단체였다. 독립협회 출현의 산파 역할을 한 주인공은 서울주재 각국 외교단의 사교 구락부였던 정동구락부에 출입하던 애국적 지식인들이었다. 당시 서울에 주재하고 있던 서구 열강의 대표부는 주로 정동에 집결되어 있었다. 정동구락부는 각국 외교관의 사교 구락부를 표방하였으나 실은 조선에서 세력권 쟁탈을 위한 음모의 소굴이었다. 춘생문 사건과 아관파천을 만든 미국 공사관과 러시아 공사관도 여기에 있었다. 서구 열강은 수시로 자기 공사관에 조선 정부의 관리들과 개별적인 인물을 초청하여 자기 나라의 영향 확대를 위해 음으로 양으로 활동하였다.

이상재, 남궁억, 정교 등 관리 출신의 애국적 지식인들은 이를 이용하여 서구 열강들의 자본주의 건설의 경험을 받아들여 근대화를 실현할 목적 아래 정동구락부로 자주 출입하였다. 한편 이완용, 이범진, 이윤용 등 친러, 친미적인 사대주의자들은 큰 나라를 등에 업고 권력을 차지할 야심 밑에 이곳에 드나들었다. 애국적 지식인들은 1896년 2월 11일 아관파천으로 자주권이 심각하게 유린당하자 민중 속에 독립 애국정신을 적극적으로 고취해, 그들을 근대화와 민족적 자주권을 지키기 위한 투쟁으로 불러일으키려 하였다. 이를 위해 그들은 독립문, 독립공원, 독립관 등 독립상징물을 건설하여 대중계몽 사업에 이용할 것을 발기하였다. 이들의 제의는 그 애국적 성격으로 인하여 각계각층 사람들의 적극적인 지지를 받았다. 정동구락부에 드나들던 이완용 등 사대주의자들도 자신의 정체를 숨기고 애국자로 자처하기 위하여 독립상징물 건설을 지지해 나섰다. 이러한 분위기 속에서 1896년 6월 7일 이상재, 남궁억, 안경수 등 14명의 전 현직 관리들은 서울에서 독립상징물 건설 주관할 단체를 만들기 위한 발기 모임을 하고 단체의 이름을 독립협회로 정했다. 1896년 7월 2일 정부의 고위 관리와 지식인 30여 명이 참가한 가운데 독립협회를 정식으로 결성하였다. 창립 당시 협회 위원들의 구성을 보면 회장 겸 회계장 안경수, 위원장 이완용, 위원 김가진, 김종한, 민상호, 이채연, 권재형, 현흥택, 이상재, 이근호, 간사원 송헌빈, 남궁억, 심의석, 정현철, 팽한주, 오세창, 현제복, 이계필, 박승조, 홍우관 이었다.

　독립협회는 발족 초기에 전 현직 관리로 구성되어 있었고 독립상징물 건설을 기본 목표로 하는 상황이라 처음부터 민간 정치계몽 단체로서의 성격이 분명하지는 않았다. 이 단체의 발기 취지를 보면 나라의 독립을 상징하는 독립문, 독립관, 독립공원을 새로 건립함으로써 민중 속에 독립에 대한 사상을 깊이 심어주기 위하여 독립협회를 조직한다는 것이 밝혀져 있다. 독립협회는 새로 제정한 '독립협회 규칙'에서도 독립문과 독립공원 건설을 맡는 것을 단체의 기본 목표로 규정하였다. 창립 초기 독립협회는 관료층으로 조직되어 있었으며 여기에는 관리 출신의 지식인들과 앞에서는 애국을 표방하고 뒤에서는 외래 침략자들의 앞잡이로 활동하던 이완용과 같은 정치배들이 망라되어 있었다. 이에 대해 훗날 독립협회에 관계하였던 한 사람은 "처음 발생한 독립협회는 민중 기관이라고 보기에는 부족하고 당시 조정에 출입하는 관직자 중에서 독립협회의 간부 아닌 자 없으리만큼 관료적으로 망라되었다."라고 회상하였다.

독립협회 상층 구성의 이러한 복잡함으로 인하여 협회는 발족 초기에 대체로 두 가지 정치적 경향성이 나타나게 되었다. 보수주의적인 관료파 회원들은 조선의 완전 독립을 상징하는 독립문과 독립관, 독립공원의 건설 사무를 맡아보는 것을 협회 활동의 총적인 내용으로 내세웠다. 이와는 달리 혁신파 회원들은 광범한 민중을 독립의 애국정신과 근대적 의식으로 계몽 각성시키고 그들을 근대적 발전과 독립을 공고히 하기 위한 투쟁으로 이끌어 나가는 정치계몽 활동을 협회 사업의 기본으로 내세웠다. 조직 초기 독립협회는 혁신파 상층의 주동적인 활동으로 급속히 정치 계몽운동 단체로서의 면모를 뚜렷이 나타내기 시작했다.

2. 독립상징물의 건설

현재의 독립문　　　　영은문

독립협회는 창립 후 무엇보다 민중 속에 독립 애국정신을 심어주기 위한 독립상징물 건설사업에 큰 힘을 넣었다. 협회는 우선 독립상징물 건설자금 모집활동에 집중했다. 독립상징물 건설은 국가적 사업이 아니어서 각계각층 민중의 애국적 열정을 발휘시켜야 성공할 수 있었다. 협회는 『독립신문』, 『대조선 독립협회 회보』와 같은 신문, 잡지를 통하여 민중들에게 독립상징물 건설의 중요성을 홍보하고, 건설자금 모금에 참여해줄 것을 호소하였다. 또한 협회는 자금을 마련하기 위하여 협회 규칙에 기부금을 내는 사람을 회원으로 인정한다는 조항을 넣었다.

열강의 침략을 반대하고 나라의 자주권이 실현되기를 열렬히 바라던 민중들은 협회의 호소에 적극적으로 호응하였으며, 앞다퉈 수많은 돈을 기부하였다. 한편 왕실에서도 독립상징물 건설이 왕권 강화에 도움을 줄 것으로 생각하여 왕태자의 명의로 1,000원을 기증하였다. 그리하여 1897년 8월 26일 현재 7,000여 명으로부터 5,897원에 달하는 자금이 모금되었다.

독립협회는 민중들의 적극적인 지지와 성원 속에 자금문제가 해결되자 독립상징물 건설에 본격적으로 착수하였다. 독립상징물 건설에서 기본은 「모화사대」외교의 유물을 없애버리고 그 자리에 독립을 상징하는 건축물을 세우는 것이었다. 중국에 대한 사대주의 행위를 일삼던 조선 지배층은 1407년 8월 서울 돈의문 밖 서북 지역에 명나라 사신들을 위한 숙소인 모화루를 화려하게 짓고 1412년에 그 이름을 모화관으로 고쳤다. 1537년에는 모화관 앞에 있던 명나라 황제의 조서를 받는 문인 홍살문이 초라하다고 하여 다시 개축하고 영조문으로 명명했다. 그 후 1539년 명나라 사신으로 왔던 설정총이 문의 명칭이 조서만을 받아들이는 뜻만을 담고 있는 것은 적당치 않다고 하자 그의 요구에 순응하여 문의 이름을 다시 영은문으로 고쳤다. 이처럼 모화관과 영은문은 조선 지배층의 중국에 대한 치욕스러운 사대 외교의 상징이었다. 조선 지배층의 이러한 사대 행위는 수백 년 동안 조선사람의 민족자주의식 발전을 가로막았으며 특히 외래 침략자들이 우리나라를 차지하려고 했던 근대 시기에 많은 나쁜 영향을 끼쳤다. 이로부터 지식인들은 사람들의 머리에 남아있던 사대주의 사상을 뿌리 뽑고 독립 애국 정신을 심어주기 위한 방도의 하나를 사대 외교 유물을 없애는 데서 찾고 독립상징물 건설을 협회의 최대 당면과제로 내세웠다.

　1896년 11월 21일 5~6,000명이 참가한 가운데 독립문 건설의 착공식이 성황리에 진행되었다. 독립문 건설은 착공 첫날부터 각계각층 민중의 지지와 성원 속에 빠른 속도로 진척되어 1897년 11월에 완공되었다. 독립문은 높이가 14.28m, 너비 11.48m로서 화강암을 재료로 축조되었다. 독립문 건설과 함께 독립관, 독립공원 건설도 힘있게 추진되었다. 독립관 건설은 모화관을 개조하는 방법으로 진행되었으며 1897년 5월에 공사가 끝났다. 독립관은 완공된 후 협회의 사무실로, 대중집회장으로 이용되었다. 독립공원은 독립관과 독립문 주변에 나무를 심어 공원을 조성하여 건설되었다.

　독립협회에 의한 독립상징물 건설은 사대주의적 지배층에 의하여 오랜 기간 심어진 모화 사대사상을 배격하고 독립과 민족적 존엄을 지키려는 우리 민중의 애국적 지향을 그대로 반영하였다. 그러므로 그것은 민중 속에 독립 애국정신을 고취하는 데 크게 이바지하였다.

3 토론회와 언론 활동

독립협회는 애국적인 언론 활동을 통한 대중계몽 사업에도 큰 힘을 넣었다. 독립협회의 주체들은 자기의 목적을 달성하기 위한 기본 방도는 언론을 통한 대중계몽이라고 생각하고, 언론 활동에 커다란 관심을 기울였다. 독립협회가 언론 활동에 커다란 의의를 부여한 이유에 대해 호암 문일평은 다음과 같이 썼다.

『갑신개혁당이 폭력에 의하여 정치적 개혁을 꾀하였음에 반하여 독립협회는 언론에 의하여 정치개혁을 꾀하였으니 비록 완급의 차는 있을 망정 부패한 정치를 개혁하여 가지고 독립을 굳건히 하려는 운동에 있어서는 마찬가지이다.』(『호암전집』1권, 조광사, 1940년, 280p)

독립협회가 언론을 통한 대중계몽 활동을 활발히 벌이기 시작한 것은 1897년 8월 초부터였다. 1897년 5월 23일 독립관 현판식을 진행한 후 독립협회는 매주 일요일 오후 3시에 독립관에 모여 회원들의 견문과 학문에 도움이 되는 주제로 하는 강론 개최를 결정하였다. 이것은 협회를 대중계몽 단체로 발전시킬 것을 강력하게 주장한 혁신파 회원들의 적극적인 노력에 의한 것이었다. 그러나 협회의 지도적 지위를 차지하고 있던 이완용을 비롯한 보수파 회원들은 협회가 더 발전하는 것을 바라지 않았으며 매주 일요일

마다 진행되는 강연, 토론 모임을 잡담이나 하면서 시간을 보내는 휴식 마당으로, 독립협회를 일종의 사교 단체로 만들어버렸다. 이에 격분한 이상재, 남궁억 등은 1897년 8월 초에 협회의 성격을 대중계몽 단체로 변화시킬 것을 강력히 주장하며 자신의 요구를 끝내 관철하였다. 그리하여 이때부터 독립협회는 대중계몽 단체로서의 성격을 뚜렷이 하고 발전할 수 있었으며 언론 활동도 근대화와 민족적 자주권 고수에 초점을 두고 활발히 전개될 수 있었다.

언론 활동에서 중요한 활동의 하나는 토론회를 통한 대중계몽 활동이었다. 1897년 8월 8일 독립협회는 정기적인 모임인 통상회에서 회원의 토론회를 조직할 것을 결의하고 토론회 규칙을 작성할 규칙 기초위원을 선출하였다. 기초위원에 의해 규칙이 작성되자 8월 15일 협회에서는 그것을 통과시켜 매주 일요일 오후 3시에 독립관에 모여 토론회를 개최하기로 하였는데, 이때 결정된 규칙은 다음과 같다.

『1. 논쟁이 될 수 있고 회원과 방청인의 지식에 도움이 되는 주제를 1주일 전에 선정한다. 즉 상대적인 개념이 들어있는 연제를 정해 놓는다.
2. 연사 4명을 1주일 전에 선정하여 주제의 결정을 찬성하는 우편과 반대하는 좌편으로 나누어 각기 자기편이 옳다는 주장을 하게 한다.
3. 토론회 당일 회원들은 토론자로서 토론에 참여하여 자기가 공명하는

편을 지지하는 발언을 할 수 있다.
4. 회원 이외 방청인의 참관을 적극적으로 권장한다.
5. 토론 후의 승부는 참석한 회원과 방청인의 다수 의견에 따라 결정한다.』

　토론회에서는 초기에는 주로 「조선의 급선무는 인민의 교육」(1897.8.29), 「도로를 수정하는 것이 위생에 제일 방책」(1897.9.5.), 「나라를 부강케 하는 데는 상무가 제일」(1897.9.12) 등 교육, 문화, 경제, 위생, 국방 등 사회의 여러 분야의 문제를 폭넓게 취급하였다. 모든 분야를 다루었던 토론회의 주제는 1898년 2월부터 독립협회가 정치단체로서 성격을 분명히 함에 따라 「의회원을 설립하는 것이 정치상에 제일 긴요함」(1898.4.3)과 같은 정치문제로 바뀌었다.

　독립협회의 성격 발전에 대하여 부정적 역할을 했던 윤치호는 "임원들이 1주일에 한번 씩 회합하여 담배나 피우고 잡담이나 나누면서 여가를 즐겼던 곳으로 출발한 협회는 토론회가 조직된 1897년 후반기 새로운 모습이 나타났다. 토론회는 주가 거듭될수록 인기가 높아지고 영향력이 증대되었다. 지난 봄부터는 정치에 관심을 돌려 고급 관료의 부패와 부정에 대해 싸웠다."라고 실토하였다. 여기서 지난 봄이란 1898년 2월을 말하는 것이며 이때 독립협회는 나라의 형편을 바로잡을 것을 요구하는 첫 상소 투쟁을 벌였다. 독립협회가 조직한 토론회에는 회원과 청년 학생을 비롯한 광범한 군중이 참가하여 늘 초만원을 이루었다. 협회 안의 혁신세력은 민중의 선진적이며 애국적인 지향과 요구를 반영하여 토론회를 부패무능하고 보수적인 지배층을 규탄하며 근대적 발전을 강하게 촉구하는 방향으로 이끌어 나갔다. 토론회가 정치적 문제를 다루자 독립협회 안에서는 보수세력과 혁신세력 간의 대립이 표면화되고 분열이 격화되기 시작했다. 그리하여 혁신세력의 반봉건적, 반정부적 진출에 불만을 품은 보수적인 관료파 회원들은 협회에서 떨어져 나갔고, 토론회는 더욱 진취적으로 되었다.

당시에 이러한 실태에 대해 독립협회에 관계하였던 한 사람은 훗날 "… 그때 몇 개 소장파는 … 외국의 힘을 의뢰치 말고 완전히 독립 자주의 정신으로 국정을 개선하자는 주장이 좀 과격하게 되었다.… 이 과격한 언론이 공론에 그치지 않고 실제 정치에 간섭하는 불온한 태도를 배태하게 되자 모임에 자연히 급진, 완화 양파가 생겨나고 경연(강하고 약하다는 뜻-인용자) 양파가 수유지별(물과 기름의 구별이라는 뜻- 인용자)로 따로 서게 되었다.… 공론, 한담으로 만족하던 관료파는 일제히 탈퇴하고 소장 신진파만 남아서 실제적으로 진행하게 되었다."라고 말하였다. 독립협회의 주최 아래 진행된 토론회는 청년 학생을 비롯한 많은 군중을 독립 애국정신과 근대적 의식으로 계몽 각성시키고 그들을 근대화 실현으로 이끄는 데 적지 않은 이바지하였다.

　독립협회는 토론회뿐 아니라 신문, 잡지를 통한 대중계몽 사업에도 큰 힘을 쏟았다. 협회의 대중계몽 활동에서 중요한 위치를 차지한 것은 『독립신문』을 통한 계몽사업이었다. 독립신문은 민중 속에 독립사상과 민족자주의식, 자본주의적 자유 민권 사상을 고취하며 탐관오리의 반민족적, 반민중적 비행을 폭로 비판하는데 예봉을 돌렸다. 신문은 또한 조혼을 비롯한 낡고 부패한 봉건적인 생활풍습을 반대하며 자본주의적 도덕과 풍습을 소개 선전하는 데 큰 힘을 쏟았다. 독립협회는 독립신문과 함께 기관 잡지로서 『대조선 독립협회 회보』를 발행하여 민중 속에 독립정신과 근대적 지식을 심어주기에 힘썼다.
독립협회의 이러한 활동은 서울의 청년 학생을 비롯한 적지 않은 사람들을 독립정신과 근대적 지식으로 계몽하는데 일정한 이바지하였다.

독립신문 초판

그러나 언론 활동을 통한 독립협회의 대중계몽 사업에서는 결함도 나타났다. 독립협회의 애국계몽 활동은 그 지도자들의 계급적, 세계관적 제한성으로 인하여 자본주의적 한계를 벗어날 수 없었으며 자본주의 제도에 대한 조건 없는 동경과 환상을 고취함으로써 대중의 계급적 각성을 가로막았다. 독립협회의 애국계몽 활동에서 생긴 가장 큰 결함은 미국에 대한 환상을 적지 않게 심은 것이었다. 협회의 언론 활동에서는 미국을 근대국가의 본보기로 내세웠으며 미국인 선교사에 의하여 홍수처럼 밀려드는 기독교를 예찬하였다. 그리하여 민중 속에 숭미 사대주의 사상을 적지 않게 퍼뜨렸다. 독립협회의 대중계몽 활동에서 생긴 이러한 결함은 주로 협회의 활동과 독립신문의 발행에 적지 않은 영향력을 행사하고 있던 미국 국적의 서재필 등의 활동에 기인한 것이었다.

독립협회의 대중계몽 사업에서는 이러한 부족점이 있기는 하였으나 지식인과 청년학생을 비롯한 적지 않은 사람들 속에 독립 애국정신과 자본주의적 자유 민권 사상을 고취하며 그들을 근대 지식으로 계몽하는 데서 커다란 역할을 하였다. 협회에 대한 민중의 지지가 급속히 높아갔으며 협회의 지회와 회원수는 급속히 늘어났다. 1898년 10월까지 독립협회는 평양, 대구, 공주, 강계, 북청, 목포, 선천, 의주 등 8개 지방에 지회를 설치하였다. 또한 1898년에 이르러 독립협회 회원수는 4,000여명에 이르렀다고 전해지고 있다.

4. 자주권을 지키기 위한 반외세 투쟁

독립협회가 조직되고 활동하던 시기 우리나라는 외래 침략 세력의 책동으로 인하여 제국주의의 식민지로 될 위기에 처하게 되었다. 당시 대조선 침략에 앞장섰던 세력은 제정 러시아였다. 1896년 2월 아관파천을 만들어 왕을 장악한 러시아는 조선에 대한 독점적 지배권을 확립하기 위하여 책동하였다. 러시아는 조선에 대한 침략의 유리한 조건을 마련할 목적 아래 여러 구실을 붙여 고종을 러시아 공사관에 1년 남짓 잡아둔 상태에서 고종에게 러시아의 영향을 주입시키려고 각방으로 책동하였다. 조선을 군사적으로, 경제적으로 예속시키기 위하여 1896년 10월 13명의 장교, 하사관을 군사교관으로 들여보내어 조선 군대의 훈련과 편성을 담당하게 하였으며 1897년 11월 러시아 재정성 관리 알렉세예프를 조선 정부의 재정고문으로 박아넣었다. 이와 함께 러시아는 친러 관리로 구성된 조선 정부를 강박하여 여러 가지 경제적 이권을 장악하였다.

러시아의 적극적인 진출은 그동안 조선강점을 책동하던 일본 침략자들을 크게 자극하였다. 민비 살해사건 이후 조선 민중의 엄청난 반발과 고종의 아관파천 등으로 조선에서의 세력권 우세를 러시아에 잠시 빼앗겨버린 일본은 그 원인을 군사적 열세에서 찾고 러시아와의 전쟁 준비에 열을 올렸다. 일본은 1896~7년 기간에 청일전쟁 시기에 투자한 군비의 거의 3~5배에 달하는 막대한 자금을 군사 예산에 쏟아부었다. 그들은 전쟁 준비에 몰두하면서도 조선에서 이미 장악한 자신들의 이권을 고수하기 위한 러시아와의 협상에도 본격적으로 달려들었다. 그리하여 1896년 6월 모스크바에서는 조선에서의 러시아와 일본 사이의 세력권 분할을 규정한 「야마가다-노바노프 협정」이 체결되었다. 이 협약의 침략적 본질에 대해 당시 러시아 정계의 핵심적 인물이었던 재정 대신 위떼는 다음과 같이 실토하였다.

『나는 이 협약을 일대 성공이라고 생각하고 있다. … 러시아는 이 협약에 의해 조선에 군사고문을 두고 역시 수백 명의 군대를 둘 수 있게 되었다. 그리고 종래 파견하였던 재정고문과 합하여 러시아는 조선의 군사, 재정에 관하여 거의 지배적인 권력을 장악하였던 것이다. …

이 협약은 러시아도, 일본도 조선에 대하여 평등의 입장에 있다는 것을 전제로 하였다. … 상공업의 방면에서는 일본이 많은 편의를 얻었던 것은 물론이다. 차관 기타의 금전관계에서는 일본에 허락되지 않은 것은 러시아에도 허락되지 않는다는 대단히 평등한 입장을 취했다. … 특필하여야 할 것은 이 협약이 ... 조선에 대한 일러 양국의 세력 범위를 설정하였다는 것이다.』

일본 침략자들은 이 협약에 기초하여 자신의 이권을 그대로 유지하면서 조선을 러시아의 영향력에서 벗어나게 해보려고 필사적으로 발악하였다. 조선에 대한 독점적 지배권을 노린 러시아의 책동은 일본 뿐 아니라 다른 서구 열강의 경계심을 유발하였다. 미국, 영국, 프랑스, 독일을 비롯한 서구열강은 장차 조선에서의 거의 모든 경제적 이권을 러시아에 빼앗길 것을 우려하면서 경쟁적으로 이권 쟁탈에 달라붙기 시작하였다. 당시에 조성된 이러한 엄중한 정세는 제국주의자들의 침략적 야망을 깨뜨리고 매국적 봉건지배층를 반대하는 투쟁을 강화함으로써 독립과 자주권을 지켜내고 근대적 발전을 촉진시킬 것을 절박하게 요구하였다.

독립협회는 이러한 긴박한 요구를 반영하여 반외세 투쟁을 벌였다. 독립협회는 우선 러시아의 침략 책동을 저지하기 위한 투쟁을 힘있게 벌였다. 이 투쟁은 처음에 국토를 지키기 위한 것으로부터 시작되었다. 1898년 2월 러시아는 조선 정부에 압력을 가하여 부산 절영도를 조차라는 명목 아래 빼앗고 그곳에 러시아 태평양 함대에 공급할 석탄 저장고를 꾸리려고 하였다. 당시 친러 관리였던 외부대신 서리 민종묵은 러시아의 요구에 순순히 응하여 의정부의 토의도 거치지 않은 채 그것을 제멋대로 승인하는 망동을 저질렀다. 이 소식을 접한 독립협회는 1898년 2월 27일 독립관에서 회의를 열고 러시아의 절영도 조차 요구를 강하게 규탄하였으며, 다음 날인 2월 28일 민종묵에게 항의 편지를 보냈다. 독립협회의 완강한 반대에 부딪힌 민종묵은 의정부에서도 사업상 절차를 어긴 자기에 대한 규탄의 목소리를 높이자 하는 수 없이 3월 2일 사직하였다. 그러나 러시아 공사 스페이에르는 김홍륙과 같은 친러파를 부추겨 고종을 위협한 다음 민종묵을 다시 제자리에 앉히고 절영도 문제를 해결해보려고 하였다. 그 결과 러시아의 압력에 굴복한 고종은 3월 3일 다시 민종묵을 외부대신으로 임명하고 절영도 조차를 허락해주려고 하였다. 또한 조선 정부는 이보다 앞서 3월 1일에 서울에 한러은행 지점을 개설하는 것을 승인함으로써 러시아가 나라의 재정권을 더욱 강력하게 장악하도록 하였다. 러시아의 압력과 그에 굴종하는 봉건 지배층의 비굴한 처사는 독립협회 회원들의 격분을 일으켰다. 이로부터 이상재, 정교를 비롯한 독립협회 지도 인물들은 국토를 지키기 위한 투쟁을 나라의 재정권과 군사권을 다시 찾기 위한 투쟁과 밀접히 결합시켜 나갔다. 당시 독립협회는 이 어려운 목적을 달성하기 위한 근본 방도를 광범한 대중을 반침략 애국사상으로 계몽각성시키고 그들의 힘을 최대한 일으키는 데서 찾고 그 실현을 위해 적극 투쟁하였다.

협회는 먼저 민중을 계몽각성시키기 위하여 독립신문에 러시

 북에서 바라본 우리 근대사

아의 침략 책동과 그 위험성에 대한 글을 많이 게재하도록 하였으며 부패 타락한 봉건 정부에 대한 압력의 도수를 한층 높였다. 1898년 3월 3일 협회는 특별회의를 열고 조선 정부가 1885년 절영도에 일본의 해군 석탄 창고를 설치하도록 승인한 것을 구실로 러시아가 같은 요구를 해온 것이니 이를 저지시키기 위해서는 일본의 석탄 창고를 우선 철수시켜야 한다고 의견일치를 보았다. 그리고 3월 6일에 독립관에서 다시 회의를 열고 이상재, 이건호, 정교, 홍긍섭, 박승조, 윤기진, 박세빈, 이병목 등을 기초위원으로 임명하여 일본의 석탄창고 철거 문제, 1898년 3월 1일에 개설한 한러은행 폐쇄 문제, 고종을 강박하여 민종묵을 다시 외부대신으로 임명하도록 한 자들을 법으로 다스리는 문제 등을 논한 글을 쓰게 하고, 다음날에 그것을 각각 외부, 탁지부, 의정부에 보냈다.

독립과 자주권을 지키기 위한 독립협회의 이러한 활동은 각계각층 광범한 민중의 적극적인 지지를 받았으며 그들을 크게 각성시켰다. 러시아 공사 스페이에르는 협회의 적극적인 활동으로 조선에서 반러 기세가 급속히 높아지자 3월 7일 본국 정부와 협의한 끝에 조선 정부에 군사고문과 재정 고문의 철수 여부에 대한 대답을 24시간 이내에 줄 것을 요구했다. 이에 대해 고종은 각 부 대신과 협의했으나 명백한 결론을 내리지 못하고 시간만 질질 끌었다. 지배층이 러시아와 눈치 싸움만 하자 독립협회는 광범한 대중을 동원해 그들의 단합된 힘으로 러시아의 침략 책동을 저지하고 자주독립을 굳건히 하기로 결의했다. 1898년 3월 10일 서울 종로에서는 독립협회의 주최 밑에 1만여 명의 시민이 참가한 만민공동회가 열렸다. 이 대규모 군중 집회에서 연설한 현공렴, 홍명후, 조한우 등 여러 사람은 러시아의 침략 책동을 규탄하고 군사와 재정부문에서 자주권을 행사할 것에 대하여 열변을 토했다. 연설은 그 애국적 성격과 민중의 절실한 요구를 반영한 것으로 참가자의 열렬한 박수갈채를 받았다. 만민공동회에서는 정부에 러시아인 군사고문과 재정 고문을 본국으로 쫓아버릴 것을 요구하는 결의를 만장일치로 채택했다. 만민공동회는 러시아 침략세력과 그에 아부하던 친러파에게 심대한 타격을 준 반면에 광범한 대중을 반침략 애국사상을 계몽 각성시키는 데 크게 이바지했다.

러시아공사관, 1900년

민중의 적극적인 진출 앞에 겁을 먹은 조선 정부는 1898년 3월 11일 러시아 공사관에 군사교관과 재정 고문의 철수를 요구하는 회신을 보냈으며 또한 3월 19일 러시아의 재정 고문과 군사교관을 정식 해고했다. 뒤이어 조선 정부는 한러은행도 폐쇄했으며 러시아는 절영도 조차 요구를 철회했다. 이와 함께 일본도 절영도에 있던 석탄 창고를 철수시켰다. 독립협회의 격렬한 투쟁에 의해 러시아는 조선에서 거의 모든 이권을 상실하게 되었으며 독립과 자주권이 한층 더 보장될 수 있었다.

독립협회는 다음으로 다른 서구 열강의 침략 책동을 반대하는 투쟁도 과감히 벌였다. 1898년 5월 초 프랑스 공사 플랑시는 조선 정부에 평양에 있는 탄광 한 개와 다른 곳에 있는 두 개의 광산을 자신들의 경의철도회사에 넘겨달라고 요구했다. 이에 대해 독립협회는 5월 23일 남궁억 등이 작성한 건의문을 외부에 보냈다. 건의문에서 그들은 "대체로 금, 은, 동, 철, 연, 석탄 등 각 광산은 곧 우리나라의 땅 위에 있는 것으로서 우리나라 민중이 채취하여 스스로 부강책을 기해야 한다."라면서 정부에게 프랑스의 요구 거절을 강력히 주장했다. 그 결과 조선 정부는 독립협회의 의견을 따라 프랑스의 광산 이권 요구를 거절했다.

독립협회는 독일과 미국의 침략 책동을 반대하는 투쟁에도 공격의 예봉을 돌렸다. 1898년 6월 29일 독일 영사 클리인은 조선 정부가 독일과 1897년 4월에 체결한 강원도 금성 당현금광의 채굴권을 제 때에 허가하지 않는 것에 대해 불만을 표시하면서 영사관을 찾아온 조선 정부의 외부대신 서리 유기환의 가슴을 주먹으로 치고 그가 가져온 외부 문서를 마당에 던지는 짓을 거리낌 없이 감행했다. 이 사건은 우리나라의 주권에 대한 유린행위로서 제국주의 열강의 오만함을 만천하에 드러낸 도저히 용납할 수 없는 것이었다. 독립협회는 7월 1일과 2일에 종로에서 만민공동회를 열고 독일 영사의 주권 침해 행위를 신랄히 규탄했다. 7월 4일 정부에 항의문을 보내어 만국공법에 어긋나게 행동한 클리인을 강하게 징계해 손상된 국가의 체모를 바로잡을 것을 요구했다. 우리 민중의 치솟는 분노 앞에 겁을 먹은 클린은 그 후 외부대신 서리를 찾아가 정식 사죄했으며 공식 사죄문을 의정부에 제출했다. 그러나 조선의 봉건 지배층은 민중의 반침략 투쟁 기세를 등에 업고 나라의 이권을 지킬 대신 클리인의 사죄를 받자마자 당현 금광의 채굴권을 독일 회사인 세창양행에 허가하는 매국적 행위를 감행했다.

독일 침략자들에게 큰 타격을 안긴 독립협회는 이해 9월에 고종을 장악하기 위해 미국 침략자들이 끌어들인 이른바 궁정수비대를 내쫓기 위한 투쟁도 힘있게 벌였다. 1895년 10월 11일 미국이 왕궁을 습격하여 국왕을 사로잡으려고 한 춘생문 사건이 실패로 돌아간 뒤에도 미국은 고종을 장악하여 조선에서의 세력권 우세를 차지할 야망을 버리지 않고 있었다. 1898년 8월 미국인 법부 고문관 그레이트 하우스는 조선 왕실을 장악할 야심 아래 궁정 호위가 불안정하다는 구실을 대면서 외국에서 고용병을 끌어와야 한다고 고종을 설득했다. 그의 계략에 넘어간 고종은 곧 그와 시종원 시종 장봉환을 상해에 파견하여 외국인 고용병을 모집하게 했다. 그레이트 하우스는 장봉환과 함께 1년 계약으로 고용한 외국인 30명(영국인 9명, 미국인 9명, 러시아인 2명, 프랑스인 5명, 독일인 5명으로 구성됨)을 데리고 9월 15일 서울에 도착했다. 미국의 조선 침략의 길잡이 역할을 하던 그레이트 하우스가 거느린 외국인 고용부대가 왕실 호위를 담당하게 됨으로써 조선 왕실은 위험한 상태에 놓이게 되었으며 나라의 존엄과 위신은 크게 떨어졌다.

이 엄중한 사실을 알게 된 독립협회는 즉시 외국인 고용부대로 구성된 궁정수비대를 내쫓기 위한 투쟁을 힘있게 전개했다. 9월 17일 독립협회는 특별회의를 열고 "외국인으로 황궁을 보호하는 것은 곧 전국의 수치다."라고 강력히 규탄한 다음 궁내부, 외부, 군부, 경무청에 대표를 파견하여 외국인 고용 병의 즉시 철수를 요구하게 했다. 또 9월 18일과 19일 외부 문 앞에서 대규모 군중 집회를 열고 고용부대의 철수를 다시 요구했다. 협회의 완강한 투쟁에 놀란 지배층은 고용부대를 9월 24일에 철수시키지 않으면 안 되었다. 그리하여 조선 왕실을 장악하려던 미국의 책동은 수포로 돌아갔다.

자주권과 독립을 지키기 위해 독립협회가 1898년에 벌인 반외세 투쟁은 조선을 정치, 경제, 군사적으로 예속시키려고 날뛰던 서구 침략자들에게 큰 타격을 주었다. 광범한 대중은 독립협회의 지도 밑에 조직되었던 만민공동회와 여러 군중 집회에 직접 참가하여 투쟁하는 과정을 통해 반침략 애국 사상으로 크게 계몽 각성되었다.

5. 민권보장을 위한 반봉건 투쟁

독립협회는 외래 침략자를 반대하는 투쟁을 통해 광범한 대중을 반침략 애국주의 사상으로 계몽 각성시키는 한편 외세와 결탁해 근대적 발전을 가로막는 보수적인 봉건 지배층을 반대하는 민권보장 투쟁에 대중을 불러일으켜 투쟁 속에서 그들을 반봉건적 사상의식과 근대적 정치의식으로 계몽 각성시키는 데도 깊은 관심을 돌렸다.

당시 독립협회가 민권보장 투쟁에 큰 의의를 부여한 까닭은 무엇인가? 그것이 자주권을 확고히 유지하고 자주독립을 지키며, 근대적 발전을 이룩하기 위한 기본 열쇠로 된다고 봤기 때문이다. 민권운동자들의 견해는 다음과 같았다.

『나라의 중요 구성요소는 국민이다. 따라서 나라가 자주독립하여 부강하려면 국민 각 개인이 자주독립하여 부강하여야 하며, 이를 위해서는 무엇보다도 국민에게 권리를 주고 그 권리를 확대 발전시켜 나가야 한다. 그리고 민권을 불가침의 법률로써 확고히 보장하고 발전시켜야 국가의 중요 구성요소인 국민 개개인이 정치, 경제, 사회적으로 부강하게 되고, 그들을 부강하게 만들어야 국가도 부강하게 되며 그렇게 된 이후에야 나라의 자주권도 보장될 수 있다.』

이와 같은 민권 보장을 위한 투쟁은 낡은 봉건제도를 타파하기 위한 투쟁과 결합될 수밖에 없었고, 그런 까닭으로 처음부터 반봉건적 성격을 띠고 진행되었다.

독립협회는 우선 인신적 자유와 재산권의 자유를 보장하기 위한 투쟁을 힘있게 벌였다. 이에 관한 투쟁의 대표적 사례는 고종 독살 미수 사건처리에 관한 것이었다. 1898년 9월 11일 이전 러시아 공사관 통역 김홍륙이 하수인을 시켜 고종의 커피 주전자에 아편을 넣어 그를 독살하려 한 엄중한 사건이 일어났다. 김홍륙은 원래 천민 출신으로서 오랫동안 러시아의 블라디보스톡에서 품팔이를 하면서 러시아어를 배웠다. 그후 그는 친러파인 이범진에 의해 러시아어 통역관으로 채용되었으며 아관파천 후에는 고종의 신임을 얻어 높은 벼슬자리까지 오르게 되었다. 김홍륙은 러시아를 등에 업고 온갖 악행을 저지르다가 나라와 민족을 배반한 죄로 1898년 8월 25일 종신 징역형을 언도 받고 흑산도로 유배를 가게 되었다. 이에 앙심을 품은 그는 고종을 독살할 음모를 꾸몄다. 그는 유배지에 가기에 앞서 다량의 아편을 한 패인 궁내부 소속 관청인 전선사 (왕의 음식을 만들고 궁중의 잔치를 맡아보는 관청) 주사 공홍식에게 넘겨주었다. 공홍식은 9월 11일 그 아편을 왕궁 주방에서 일하던 김종화에게 다시 넘겨주어 왕을 독살하게 하였다. 그리고 이 일이 성공하면 1,000원의 돈을 줄 것을 약속하였다. 김종화는 몰래 보현당에 들어가 국왕에게 줄 커피 주전자에 아편을 넣었다. 그러나 다행으로 왕은 이 커피를 조금밖에 마시지 않은 탓에 별일이 없었지만, 태자 (순종)와 내시, 궁녀 10여명은 심한 중독상태에 빠졌다. 이 사건은 개인의 이익을 위해서라면 그 어떤 짓도 서슴지 않고 감행하는 썩어빠진 봉건관료들의 행위를 적나라하게 드러낸 것으로써 사회의 커다란 물의를 일으켰다. 독립협회는 9월 12일과 13일에 종로에서 군중집회를 열고 사건 진상의 철저한 규명을 요구하였다.

그런데 지배층은 재판도 없이 김홍륙을 종신 유배형에 처하였으며 경무청에서는 죄인에게 악형을 가하고 부녀자에게 악독한 고문을 했다. 이와 관련하여 독립협회는 비록 김홍륙이라 할지라도 법률에 의해서 처벌되어야 하며 죄인에 대한 고문도 허용할 수 없다고 주장하였다. 그리고 죄인들에 대한 공개재판을 요구하였다. 한편 9월 23일에 열린 중추원 회의에서 서상우 등은 법률을 개정하여 노륙법과 연좌법을 되살릴 것을 주장했으며 여기에 법부대신 겸 중추원 의장 신기선 이하 34명의 의관이 동조하여 정부에 이 두 법을 다시 살릴 것을 요청하였다. 노륙법과 연좌법은 갑오개혁 때 근대화를 지향하던 혁신 관료들에 의해 폐지된 악법이었다. 장기간 인신적 자유를 심각하게 침해했던 이 악법을 되살리려 하는 것은 결국 낡은 봉건제도를 그대로 유지하면서 근대적 발전을 가로막겠다고 하는 것과 같은 것이었다.

독립협회는 9월 25일 통상회를 열고 죄인에 대한 악독한 고문과 노륙법, 연좌법을 다시 되살리려고 하는 것은 인간의 생명과 재산의 자유권을 침해하는 것이며 법률을 개악하는 것이라고 규탄한 다음 이에 대한 반대 운동을 전개하기로 결정하였다. 협회는 9월 26일에 항의문을 보내 악법 부활에 찬성한 의관과 의장의 사임을 강력히 요구하였다. 이에 대해 중추원 의장 신기선은 갑오개혁 이후 역적에 대한 사형은 교수형 뿐이므로 이것만으로는 난적들을 막을 수 없기 때문에 노륙법이 다시 필요하다고 설명하고, 대신들의 진퇴는 민회(독립협회)에서 결정할 바가 못된다고 주장했다. 그리하여 악법 부활 문제는 낡은 봉건제도를 유지하려는 보수세력과 근대화를 위한 민권 보장을 요구하는 혁신 세력 사이에 정면 충돌로 나아갔다. 10월 1일, 독립협회는 중추원 문 앞에서 군중대회를 열고 신기선의 사직과 악법 폐지를 다시 요구하였으며 다음 날에는 죄인을 혹독하게 취급한 죄명을 걸어 신기선과 법부협관 이인우를 고등재판소에 고발했다. 그리고 10월 3일에 남궁억 등을 총대위원(대표)으로 의정부에 파견하여 신기선과 이인우의 파면을 왕에게 전달할 것을 요청했다.

민권보장을 위한 독립협회의 활동은 오랫동안 봉건적 압박과 예속 밑에서 인간의 초보적인 자유와 권리마저 박탈당하고 살아오던 광범한 민중을 반봉건 사상의식으로 크게 계몽 각성시켰다. 한편 보수적인 봉건 유생들은 지배층과 한 편이 되어 집단적으로 상소를 하여 악법부활을 지지하고 독립협회의 투쟁을 시비해 나섰다. 보수세력의 책동에 대처하여 독립협회는 황국중앙총상회와 함께 10월 7일 서울 인화문 앞에서 대규모 군중집회를 열었다. 1만여명의 시민이 참가한 군중집회에서는 왕에게 상소를 하여 신기선과 이인우를 파면시키며 악법 부활을 막을 것을 요청했다. 그러나 고종은 민중들의 민권 보장 투쟁을 외면하고 보수적인 관리들을 감싸고 있었다.

　이런 상황에서 독립협회는 민권보장 투쟁을 성과적으로 진행하려면 현 정부의 보수적인 관리들을 모두 축출하는 외에는 다른 방법이 없다는 것을 깨닫고 궁내부 대신 이재순, 군부 대신 심상훈, 탁지부 대신 민영기, 의정부 의정 심순택, 의정부 참정 윤용선, 신기선, 이인우 등 7명의 정부 고관들 즉, 7흉을 파면시키기 위해 적극적으로 투쟁하였다. 독립협회는 10월 7일에 이어 8~12일까지 연일 인화문 앞에서 군중집회를 열고 나라를 도탄에 빠뜨린 7명의 대신들을 신랄히 규탄한 다음 그들을 즉각 파면시킬 것을 왕에게 요구하였다. 이 투쟁은 근대화를 바라며 부패한 봉건 지배층에게 분노를 품고 있던 광범한 민중의 적극적인 지지 속에 진행되었다. 민권보장을 위한 반봉건 투쟁이 자기의 비참한 처지를 개선하는 일과 연관되어 있다는 것을 자각한 수많은 시민은 인화문 앞을 뜨지 않고 철야 투쟁을 벌였으며 많은 사람이 협회 앞으로 600여 원의 의연금을 보냈다.

　이 시기 우리 민중이 얼마나 크게 계몽 각성해 있었는가 하는 것에 대해 정교는 『대한계년사』에서 「독립협회에서 또 의논하기를 낮에는 회원들이 (인화문으로) 모두 나오고 밤에는 사무원 50명을 정하여 그 속에서 임시회장을 한 명 선발하고 밤을 새우면서 냄비를 걸고 밥을 지어 먹기로 하였다. 사람들이 이 소속을 듣고 앞을 다투어 의금(의연금)을 바쳤다. 과천 나무장사꾼 방윤길은 나무판 돈 1원을, 군밤장사군 아이(12살)는 백동화 2전을 내는 등 서울 안팎의 민중들과 외읍 사람들이 바친 돈은 그 숫자가 600여 원에 이르렀다.」라고 썼다. 또 10월 10일부터 서울 시내의 각전 상인들은 협회의 투쟁을 지지하여 무기한 철시투쟁을 전개했다. 독립협회의 지도 아래 완강히 진행된 반봉건 투쟁으로 궁지에 몰린 고종은 하는 수 없이 7명의 대신을 모두 파면시켜 버림으로써 노륙법과 연좌법을 되살리려고 책동하던 보수세력은 심대한 타격을 받고 물러서게 되었고, 독립협회는 민권보장을 위한 투쟁에서 하나의 큰 승리를 거두게 되었다.

독립협회는 한편, 언론과 집회의 자유를 보장하기 위한 투쟁을 힘차게 벌였다. 민권보장을 위한 독립협회의 반봉건 투쟁으로 통치기반이 흔들리게 되자 봉건 지배층은 이 단체의 활동을 가로막으려 했다. 1898년 10월 20일 고종은 독립협회의 토론은 정치문제 이외의 것에만 한정하며 집회는 독립관에서만 하고 다른 곳에서는 절대로 할 수 없다는 조직을 내렸다. 이것은 협회의 활동을 원천봉쇄하려는 것이었다. 이에 대해 독립협회는 10월 22일, 회의를 열고 언론의 자유는 양보할 수 없는 민권이며, 정치문제 토론은 정부의 부정부패 때문에 필요하다는 것을 강조하고 언론과 집회의 자유로운 보장을 왕에게 요구하기로 결정했다. 이날 협회 회원들은 탄압을 무릅쓰고 협회 사무소에서 집회를 연 다음 경무청으로 몰려가 항의 표시로 자기들을 잡아 가두라고 요구했다. 그러나 경무청에서는 회원들의 기운에 눌려 감히 그들을 체포하지 못했다. 독립협회는 정부가 자기들의 요구를 들어줄 때까지 경무청 앞에서 철야농성으로 상소투쟁을 벌이기로 했다. 이에 당황한 고종은 경무관을 보내 협회가 집회를 연 것은 자기가 내린 지시를 해당 관청에서 제 때에 알려 주지 않은 탓이지 협회 회원들의 죄는 아니라고 회유하면서 그들을 돌려보내려고 했다.

그러나 협회는 고종의 술책에 넘어가지 않고 자기들이 경무청 앞에 모인 것은 민중들을 도탄에서 구원하며 열강들의 침략을 막기 위한 것이므로 정치의 이득과 손실을 논하는 것은 부득이한 것이며 삼천리 강토가 위태로운 이때에 일신의 사사로움만을 생각할 수 없다는 것을 명백히 왕에게 전하게 했다. 독립협회는 10월 23일에도 왕에게 상소를 올려 독립협회의 언론 활동을 탄압하도록 사촉한 썩어빠진 관료들을 규탄한 다음 나라의 정사와 법을 문란시키는 관리가 있으면 탄핵하고 성토하는 것은 백성의 권리라는 것을 밝히고 언론, 집회의 자유를 승인해 주도록 강력히 요구하였다. 경무청 앞에서의 상소투쟁은 10월 24일과 25일에도 계속되었다. 그리하여 독립협회의 계속되는 압력에 굴복한 고종은 10월 25

일, 모호하기는 하나 언론과 집회의 자유를 보장할 것에 대한 지시를 내릴 수밖에 없었다.

독립협회는 다음으로 민간 정치단체의 정치참가를 위한 투쟁을 벌였다. 인신적 자유와 재산권의 자유를 비롯한 민권보장 투쟁을 줄기차게 벌여 나가던 독립협회는 이 투쟁의 높은 목표인 민간 정치단체의 정치참가 문제를 제기하고 그를 실현하기 위한 투쟁을 과감히 벌였다. 협회가 제기한 정치참가 문제에서 기본은 중추원을 근대적인 대의제 기관으로 발전시켜 그를 통해 민중의 의사를 국가 정책 규정에 반영하자는 것이었다. 1898년 10월 15일 독립협회는 남궁억 등 5명의 총대 위원을 선출하여 정부에 중추원의 사업을 개편하기 위한 다음과 같은 요구조건을 제기하였다.

제1조. 법률에서 정한 이외에 함부로 더해진 온갖 잡세는 모두 폐지할 것.
제2조. 중추원을 개편하며 그 관제를 정부 관리와 독립협회 회원 가운데서 공평정직한 사람을 선정하여 함께 정치를 협의하도록 만들 것.
- 의관의 반수는 정부에서 추천하며 반수는 독립협회의 투표로 추천하여 상주한 후 칙령으로 임명할 것.
- 의장은 정부가 추천하는 사람 중에서 하고 부의장은 회원 가운데서 추천하는 사람이 하되 의관들이 투표 선정할 것.
- 장정은 외국 의원규칙을 본받아 해당 원에서 기안하여 정부 의논을 거

친 후 임금의 결재를 받아 시행할 것.

　　이 요구 조건은 중추원의 의관석의 다수를 차지함으로써 나라의 정치제도를 근대적으로 개편하려는 독립협회의 의도가 담겨져 있었다. 독립협회의 투쟁으로 1898년 10월 초에 보수적인 관리들인 7흉이 제거된 다음 고종은 민중들의 압력에 못 이겨 정부를 혁신관료로 꾸렸다. 당시 근대화를 지향하던 의정서리 박정양, 군부대신 민영환 등 혁신 관료는 협회가 제기에 긍정의 뜻을 표시하고 그것을 자세히 검토할 의향을 표명했다. 그러나 이것은 낡은 정치제도를 어떻게든 고수하려던 보수세력의 반발을 크게 불러일으켰다. 보수적인 지배층은 어용단체인 황국협회를 사촉하여 10월 16일, 박정양의 집 앞에서 그가 독립협회 만을 상대한다는 구실을 걸고 그의 사임을 요구하는 시위를 벌이게 했다. 결국 박정양은 10월 19일, 의정 서리직을 내놓지 않으면 안 되었다. 한편 고종은 혁신 관료들이 협회성원들의 중추원 개편 투쟁에 편승하는 것을 가로막으려고 7흉의 하나로 규탄받았던 윤용선을 의정부 의정으로 임명했다. 보수세력의 책동에 대처하여 독립협회는 10월 21일, 윤용선의 집 앞에서 시위집회를 열고 그의 사임을 요구했으며 10월 22일에도 중추원 개편을 요구하며 투쟁을 벌였다. 독립협회의 완강한 투쟁에 봉건 지배층은 하는 수 없이 중추원 개편과 관련한 문제를 놓고 협회와 협상할 수밖에 없었다.

고종은 10월 23일, 의정부 찬정 박정양을 의정부 참정으로 승급시켰으며, 의관 한규설을 중추원 의장으로, 독립협회 회장을 중추원 부의장으로 각각 임명하여 중추원 개편 문제를 토의하게 하였다. 이날 열린 협상에서 정부 대표는 독립협회 대표에게 중추원을 단지 왕의 자문기관으로만 만들 것을 노린 개정안을 제시했다. 이것은 왕의 전제권을 약화시키지 않으려는 보수세력의 입장을 반영한 것이었다. 독립협회는 정부가 제시한 개정안을 단호히 거부하고 10월 24일에 이상재, 정교, 이건호 등이 작성한 중추원 관제 개정안을 정부에 제출했다.

이 개정안에서는 중추원의 기능을 법령, 칙령 초안은 물론 의정부가 왕의 비준에 제기하는 모든 문제, 민중들이 제기하는 문제까지도 모두 토의 결정하는 것으로 규정함으로써 정부에서 토론하는 모든 일에 참가하려는 요구를 제기했다. 협회가 내놓은 개정안에 대해 혁신관료들은 대체로 찬성의 뜻을 표시했다. 그러나 보수세력은 협회가 제기한 개정안에서 제2조의 '의관 50명은 주임, 반수는 독립협회 회원으로 투표 선거한다.'라는 조항에 제동을 걸고 중추원을 보수세력이 다수를 차지하는 기관으로 만들려고 책동했다. 그들은 황국협회도 독립협회와 같은 민회이므로 독립협회가 차지하게 되어있는 의관 25석 중에서 절반은 황국협회에 주어야 한다고 주장했다. 황국협회는 봉건 지배층이 독립협회에 대항하기 위해 1898년 7월 7일에 만들어낸 어용단체로서 보부상들로 조직된 폭력단체였다. 결과, 협상은 결렬되었고 독립협회는 보수파가 다수를 차지하는 중추원에는 참여할 수 없다고 발표했다.

독립협회는 의회제도를 도입하는 문제와 내정개혁 문제가 보수적인 지배층에 의해 좀처럼 진척되지 못하자 정부 대표들도 참가하는 군중 집회를 열어 자기들의 요구조건을 관철시키기로 했다. 협회는 10월 27일, 정부대신과 각계각층 민중들, 각 사회단체들에 청첩(초청장)을 보내 만민공동회를 열 것을 제기하였다. 10월 29일, 서울 종로에서는 1만여 명의 각계각층 군중이 참가한 가운데 만민공동회가 성대히 열렸다. 만민공동회에서는 독립협회가 미리 작성한 의안 6조(헌의 6조)를 채택해 정부에 제기하였다. 의안 6조에서는 외세를 배격하고, 정부의 매국적 책동을 저지시키며, 국가의 재정적 기초를 튼튼히 다지고, 근대적 재판법을 실행하며, 국왕의 관리 임명권을 제한하고, 사회정치 생활에서 근대적인 법률을 실행할 것을 규정하였다. 의안 6조는 당시의 사회 역사적 조건과 독립협회를 비롯한 정치단체 지도자들의 정치사상적, 계급적 한계로 인해 여러 가지 결함을 가지고 있었지만, 외세를 물리치고 나라의 독립을 공고히 하며 민권을 옹호하여 근대화를 이룩하려는 기본 취지와 실천적 요구를 밝힌 것으로서 군중들의 근대적 사상의식을 높이는 데 큰 역할을 했다.

만민공동회 (독립기념관 그림)

민중의 투쟁 기세가 고조되자 이에 당황한 봉건 지배층은 회유와 기만, 탄압의 방법으로 민권운동을 압살하려고 했으나 민중들의 압력에 못 이겨 10월 30일, 고종은 의안 6조를 지지한다는 뜻을 표시했으며, 11월 4일 중추원 관제 개정을 칙령으로 발표했다. 이때 발표한 중추원 관제는 10월 24일 독립협회가 정부에 제출한 관제 개정안과 거의 같은 것이었다. 정부가 중추원 관제 개정을 발표함으로써 민간 정치단체의 정치참가를 위한 독립협회의 투쟁은 일단락 승리를 거두게 되었다.

그러나 이것은 10월 29일 이후에도 계속된 민중들의 반봉건 투쟁을 무마시키기 술책에 지나지 않았다. 독립협회를 눈엣가시처럼 여기던 봉건 지배층은 11월 4일부터 이 단체에 대한 대대적인 탄압소동을 벌인다. 11월 4일 밤, 보수적인 관리인 의정부 찬정 조병식은 군부대신 서리 유기환, 법부협판 이기동 등과 모의한 후 독립협회를 모함하는 익명서를 만들어 광화문 밖과 시내의 여러 곳에 붙이게 했다. 또한 보수파들은 이날 독립협회가 다음 날인 11월 5일 회의를 열고 박정향, 윤치호, 이상재, 정교를 각각 대통령, 부통령, 내부대신, 외부대신으로 선거하고 기타 협회 회원들 가운데서 이름있는 사람들을 각 부의 대신, 협판으로 선출해 국채를 변혁하고 공화정치를 실시하려 한다는 사건을 날조하여 고종에게 알렸다. 전제 왕권을 반대해 나선 독립협회를 탄압할 구실만 찾던 고종은 이것을 듣자 때를 만난듯이 즉시 독립협회 지도 핵심에 대한 체포령을 내렸다. 그 결과 11월 4일 밤부터 11월 5일 사이에 이상재, 남궁억, 정교, 이건호, 방한덕 등 17명의 핵심 인물들이 경무청에 체포되었으며 협회 사무소가 강제 수색당하고 문서들과 도장이 압수당했다. 그뿐 아니라 고종은 11월 5일 조칙을 발표하여 독립협회와 각종 정치단체를 만민공동회를 연 죄로 해산하도록 했으며, 의안 6조에 찬성하여 수표한 박정양, 법부대신 서정순, 의정부 참정 이종건, 농상공부 대신 김명규, 탁지부 대신서리 협판 고영희, 의정부 참찬 권재형 등을 모두 파면시키고 정부를 보수파 인물들로 모두 꾸리게 되었다. 그리고 황국협회의 보부상 패거리들을 내보내 만민공동회 투쟁을 탄압하도록 했다.

봉건통치배들의 기만 배신 행위와 탄압 책동에 격분한 서울의 각계각층 시민들은 11월 5일부터 12월 말까지 거의 매일같이 만민공동회를 열고 17명의 협회 성원의 석방과 의안 6조의 시행, 보수적인 봉건 관리들의 퇴진, 보부상들의 철수, 독립협회의 승인 등을 요구하며 견결히 투쟁했다. 민중들의 세찬 항거에 부딪힌 봉건 지배층은 사태가 험악하게 번져가는 것을 막기 위해 11월 10일 체포된 사람들을 전원 석방하고 11월 26일에는 '국내의 문명 진보에 관한 것을 토론하는 데만 한정시키고 정부의 정책 시행에 대해서는 간섭하는 것을 허용하지 않는다.'는 조건 하에 독립협회를 다시 구성하는 것을 승인했다. 또한 11월 29일에는 형식상 중추원 관제를 실시하면서 중추원 의관석 50석 중에서 33석은 보수파들이 차지하고 나머지 17석만 독립협회와 만민공동회 대표들이 차지하도록 했다.

봉건 지배층은 이런 눈가림식 조치들로 일단 만민공동회 투쟁 참가자들을 일정하게 진정시킨 후 이 투쟁을 보다 악랄한 방법으로 진압할 음모를 계속 꾸몄다. 이때 우리나라에서의 근대화 과정을 달갑게 여기지 않고 있던 서구 열강들과 일본 침략자들은 조선 정부에 만민공동회 투쟁을 강력하게 진압할 것을 요구했다. 한편 독립협회는 정부의 탄압책동과 내부 분열로 인하여 11월 말부터 급속히 쇠퇴의 길을 걷기 시작했다. 협회의 상층을 차지하고 있던 윤치호를 비롯한 일부 간부들은 지배층의 탄압에 맞서나갈 생각은 하지 않고 공포에 질려 동요하고 적극적으로 나서지 못했으며, 심지어 그들과 결탁해 만민공동회 투쟁을 약화시키려고 했다. 그리하여 12월에 들어서면서 만민공동회 투쟁도 점차 약화되어 갔다. 외래 침략세력의 지지에서 힘을 얻은 봉건 지배층은 12월 22일 군대를 동원하여 덕수궁 근처의 정동에 대포를 설치하고 만민공동회의 집회 장소와 각 부, 고등재판소 앞에 수많은 군대를 배치했다. 그리고 23일에는 제2대대와 보부상들을 동원해 고등재판소 앞에서 시위투쟁을 벌이던 만민공동회 투쟁 참가자들을 총검과 몽둥이로 야수적으로 폭력 탄압하고 강제해산 시켰으며, 24일에는 서울 시내를 삼엄한 계엄 상태로 만들고 만민공동회 참가자들을 닥치는 대로 체포했다. 정부는 12월 25일, 만민공동회와 독립협회의 죄목을 11개 조항이나 만들어 그를 해산한다는 국왕의 명령을 발표했으며, 이어 경무청 포고문을 발표하여 시민이 회에 참가하거나 방청하는 것을 금지하고 이것을 어겼을 때는 엄벌에 처할 것이라고 시민들을 위협했다. 그리하여 독립협회는 만민공동회 투쟁의 좌절과 함께 강제해산 당했으며 근대화를 지향한 민권보장 투쟁도 실패로 끝나고 말았다.

독립협회의 지도 아래 벌어진 대중적인 민권운동은 비록 실패했지만 그것이 대중계몽에서 한 역할은 매우 컸다. 광범한 민중은 만민공동회, 관민공동회 등에 참가해 투쟁하는 과정에 제국주의자들의 침략적 본성과 봉건지배층의 매국 배족적이며 반민중적인 본성을 더 잘 알게 되었으며 계급적으로, 민족적으로 더욱 계몽 각성되었다. 이 과정에서 부르주아적 자유와 평등, 민주주의에 대한 사상을 일정하게 접하며 반봉건 사상의식으로 크게 각성될 수 있었다. 그리하여 이 민권운동은 그 후 애국 문화 운동을 더 대중적인 기반 위에서 확대 발전시킬 수 있는 전망을 열어놓았다.

제2절. 협성회의 조직과 활동

배제학당

협성회는 1896년 11월 30일 서울의 배재학당 안에서 조직된 애국 계몽운동 단체였다. 협성회는 주로 배재학당 학생들과 교원들, 서울의 선진적인 시민들, 혁신 관료를 망라하고 있었으며 여기서 주도적 역할을 한 것은 주시경, 윤창렬 등 애국적인 청년학생이었다. 협성회는 조직된 첫 시기부터 서울 시내의 청년 학생과 민중을 애국적인 사상과 근대적인 사상의식, 지식으로 계몽 각성시키기 위해 적극적으로 활동했다.

협성회의 대중계몽 활동에서 중요한 것은 우선 토론회를 통한 계몽 활동이었다. 이 단체는 매주 토요일 배재학당과 시민이 많이 오가는 길가에서 정기적인 토론회를 열었다. 토론회는 서방식 의회원 규칙을 본 딴 방법으로 진행되었으며 토론 문제가 일단 제시되면 우의편(찬성)과 좌의편(반대)으로 나눠진 두 편이 서로 자기의 주장을 열심히 토로했다. 협성회의 토론회는 정치, 경제, 문화 등 사회의 각 방면의 문제들을 폭넓게 다루었다.

협성회가 1897년 한 해 동안 진행한 토론회의 주요 토론 제목은 다음과 같다.

- 국문과 한문을 섞어 씀
- 학원(학생)들은 양복을 입는 것

- 아내와 자매와 딸을 각종 학문으로 교육하는 것
- 여성들이 내외하지 않는 것
- 나라 안의 도로를 수리하는 것
- 노비를 속량하는 것
- 우리나라에 철교를 놓는 것
- 회원들은 20살 안에 혼인하지 않는 것
- 우리나라에서 말(斗)과 자(尺)를 똑같이 하는 것
- 국민이 20살이 된 자는 일제히 병정으로 택하는 것
- 서울과 인천 사이에 철교는 놓는데 있어 규칙을 배우게 할 것
- 각 처에 공원을 설립하여 민중을 건강히 오래 살 게 할 것
- 목욕탕을 설치하여 몸을 깨끗하게 하는 것
- 사농공상 학교를 세워 민중을 교육하는 것
- 산소를 풍수설로 구하지 말고 집집마다 마땅한 곳을 사서 쓰는 것
- 무슨 물건이건 에누리 말고 매매하는 것
- 국내 시장에 출입하는 외국 사람에게 지세를 많이 받는 것
- 우리나라에도 상하의원을 설립함이 정치 상에 급무임
- 군대의 구령하는 말은 본국말로 쓰는 것
- 의관제도를 복구하는 것
- 각 부에 있는 고문관들의 기한이 지나면 외국 사람들을 쓰지 않는 것
- 하는 일 없이 놀고 먹는 사람들에게 제조소를 창설하여 주는 것
- 정부에서 인재를 택하는 과거

- 개항을 많이 함이 나라에 유익함
- 신문국을 각 처에 설치하여 민중의 이목을 넓히는 것

위의 제목이 잘 보여주듯이 협성회의 토론회에서 다룬 문제는 거의 다 나라의 근대적 발전과 독립의 공고화에 관련된 문제들이었다. 토론회에서는 특히 나라의 정치, 경제 제도의 근대화 문제가 많이 상정되었다. 여기서는 근대적인 의회제도의 수립 문제, 갑오개혁 때 규정된 바 있는 의관 제도를 복구하는 문제, 민족경제를 근대적으로 발전시키는 데서 중요한 철도, 도로를 비롯한 교통망의 개선, 도량형기의 단일화 등 많은 문제가 논의되었다. 토론회에서는 또한 사회정치 생활의 근대화 문제도 적지 않게 다루어졌다. 여기서는 우선 낡은 봉건적 인습과 유제를 하루빨리 청산하는 문제가 중요하였다. 조혼폐습의 청산, 미신적인 풍수설의 극복 등이 그러한 문제들이었다. 토론회에서는 다음으로 낡은 생활양식을 없애고 근대적인 생활양식을 확립하는 문제, 교육을 장려하는 문제도 다루어졌다. 나라의 근대적 발전과 독립을 공고히 할 것을 주제로 한 협성회의 토론회는 그 애국적 성격으로 인하여 수많은 사람의 지지와 기대 속에서 성황리에 진행되었으며 이에 따라 협성회의 회원 수도 빨리 늘어났다. 협성회가 발족한 지 1년이 되는 1897년 12월 회원 수는 200여 명이었는데, 얼마 지나지 않은 1898년 초에는 약 300명으로 늘어났다. 당시 협성회 토론회가 얼마나 인

기가 높고 사람들을 크게 계몽 각성시켰는가 하는 것은 1897년 6월 16일 황해도 장연군 송천에서 살던 서상륜과 김윤오가 자기 고장에 배재학당의 협성회와 똑같은 장연 협성회를 조직하겠다고 협성회에 제기한 사실을 통해서도 잘 알 수 있다. 협성회는 토론회를 통해 광범한 민중을 근대적으로 계몽각성시키는 데 이바지함으로써 그들을 외래침략자들의 침략 책동을 반대하고 민권을 보장하기 위한 투쟁으로 불러일으킬 수 있었다.

협성회보

협성회는 다음으로 기관지를 통한 대중 계몽활동도 벌였다. 협성회는 대중 계몽활동을 보다 활발히 전개할 목적 하에 1898년 1월 1일 기관지인 '협성회 회보'를 창간하였다. 협성회 회보는 발행 취지에서 『우리가 지금 배울 학문이 넉넉해서 전국 동포를 가르치자 하는 것이 아니라 우리는 오늘날 … 학교에서 몇 해씩 공부를 하는 고로 혹 깨달아 아는 것이 더러 있는 지라, 우리 배운대로 유익한 말이 있으면 전국 동포에게 같이

444 북에서 바라본 우리 근대사

알게 하고 또한 우리의 적은 정성으로 전국 동포를 권면하여 서로 친목하고 일심으로 나라를 위하고 집안을 보호해 가자는 주의라』라고 하며 대중을 계몽 각성시켜 나라의 독립을 공고히 해나가는 데 이바지하는 것을 자기의 기본목적으로 밝혔다. 협성회 회보는 명목으로는 '학생회보'로 되어있었으나 실제로는 사회신문이나 다름이 없었다. 이 신문은 독립신문과 같은 구성체계를 갖고 있었으며 문체도 순 국문으로 쓰였다. 협성회 회보는 회원만이 아니라 일반 시민들에게도 배포되었다. 협성회 회보는 처음에 교육 문제와 관련된 기사들을 많이 실었으나 나중에는 봉건 지배층을 신랄히 비판하는 방향으로 나아갔다. 신문은 봉건 지배층의 탄압대상으로 되어 1898년 4월 2일에 발행한 제14호를 마지막으로 내고 폐간되었다.

협성회 회원들은 협성회 회보가 폐간된 다음 지배층의 압력을 물리치면서 새로운 신문을 발행할 준비를 했다. 1898년 4월 9일 협성회는 우리나라 최초의 일간신문인 매일신문을 발행했다. 매일신문도 협성회 회보와 마찬가지로 순 국문으로 쓰였다. 매일신문은 4면으로 간행되었는데 1면은 논설, 2면은 관보와 잡보, 3면은 외국 통신과 잡고, 4면은 광고를 실었다. 이 신문의 주된 기사 내용은 부패 관리를 규탄하며 근대적인 사상의식으로 민중들을 계몽 각성시키는 것이었다. 대중을 계몽 각성시키는 데서 일정하게 기여한 매일신문은 독립협회 사건과 관련해 신문 관계자들이 체포되고 경영난까지 겹쳐, 1899년 4월 4일 폐간되었다.

협성회는 독립협회의 강제해산과 운명을 같이 했으나 토론회와 신문을 통한 대중계몽사업에서 일정한 공헌을 했다. 그러나 협성회는 지도층의 계급적, 사상적 제한성으로 인하여 활동에서 결함을 드러냈다. 협성회의 토론회와 신문을 통한 대중계몽 활동에서 드러난 가장 큰 결함은 민중들 속에 친미 사대주의를 심은 것이다. 특히 미국식 문명의 수입과 기독교에 대한 예찬, 그것을 국교화하는 주장 등은 조선에 대한 미국 침략 세력의 종교 문화적 침략을 미화해주는 부정적인 작용을 했다. 이것은 협성회의 지도층에 자리했던 양홍묵, 이승만과 이 단체의 활동에 영향력을 행사하고 있던 서재필과 같은 숭미 사대주의자들에 의한 것이었다. 협성회의 대중계몽 활동에서 드러나 다른 하나의 큰 약점은 제국주의 침략에 대한 우리 민중의 각성을 촉구하는 데로 지향해 진행되지 못한 것이다. 1894년의 청일전쟁을 계기로 조선에 대한 제국주의 특히 일본 침략자들의 책동은 전례없이 강화되었다. 조성된 이러한 정세는 반외세 투쟁 정신으로 민중들을 계몽 각성시킬 것을 제기하고 있었다. 그럼에도 불구하고 협성회의 대중계몽사업에서는 이러한 시대적 요구를 외면하였다. 협성회의 대중계몽 활동에서는 당시 인구의 다수를 차지하고 있던 농민의 사회정치적 처지 개선에 대한 문제가 도외시 된 약점도 드러났다. 이러한 결함이 있음에도 불구하고 협성회는 민중들을 근대적인 사상과 지식으로 계몽 각성시키고 그들을 근대화를 위한 투쟁으로 고무하는데 기여했다.

제3절 . 공진회의 조직과 활동

19세기 말에 이어 20세기 초에 들어와서도 근대화를 실현하고 민족적 독립을 지키기 위한 애국적 지식인들의 투쟁은 계속 벌어졌다. 20세기 초에 우리나라는 일제의 노골화되는 강점정책으로 완전한 식민지로 전락할 엄중한 위기에 처했다. 1904년 러일전쟁을 도발하고 조선에 대한 독점적 지배권을 확립한 일제는 우리나라를 통째로 집어삼키려고 했다. 일제는 1904년 2월과 8월에 침략적인 『한일의정서』와 『한일협정서』를 강압적으로 체결함으로써 조선의 내정에 대한 직접적인 지배권을 확립하였다. 부패한 봉건 지배층과 친일파들은 자신의 부귀영화만을 추구하면서 일제에 아부 굴종하는 매국 행위를 서슴지 않고 감행했다. 그리하여 나라의 식민지화 위기는 더욱 첨예하게 되었고 민중들은 더욱 도탄에 빠지게 되었다. 이런 시기에 우리 민중들은 독립을 지키고 민족을 구원하기 위하여 일제 침략자와 그 앞잡이를 반대하는 각종 형태의 투쟁을 줄기차게 벌였다. 민중들의 반침략 반봉건 투쟁에서 고무적 영향을 받은 애국적 지식인들은 일제의 침략으로부터 나라의 독립을 지키기 위한 투쟁의 한 영역으로서 근대화를 위한 계몽 활동을 벌였다. 1904년 12월 6일 서울에서는 이준을 비롯한 애국적 지식인들에 의하여 공진회가 조직되었다. 공진회는 애국적 상인들에 의해 조직되었던 진명회를 정치계몽단체로 개편하는 방식으로 창립되었다.

진명회는 1904년 11월 하순에 보부상들의 상인단체인 상민회 내의 양심적인 인물들이 중심이 되어 조직한 단체였다. 진명회는 단순히 상업을 목적으로 한 단체가 아니라 독립을 지키며 사회적 진보를 이룩할 것을 목적으로 한 단체였다. 1904년 11월 26일 서울 종로에서 발족식을 연 진명회는 참가자들 앞에서 밝힌 창립 취지에서 과거 보부상들이 정부의 사촉에 따라 독립협회의 애국적인 활동을 야만적으로 탄압한 것에 대해 깊이 사죄한 다음, 백성들을 적대시하고 나라를 그릇되게 하는 현 정부와 절대로 타협하지 않고 독립을 고수하기 위해 투쟁할 것을 밝혔다. 그러나 진명회는 애국적 성격에도 불구하고 투쟁 방향이 뚜렷하지 않고 보부상들에 대한 당시 사회 일반의 평가가 나쁜 것으로 인하여 광범한 대중의 지지를 받지 못했다. 이러한 상황에서 진명회 회장 나유석을 비롯한 지도 인물들은 당시 사회활동가로 이름 높던 이준 등 애국적 지식인들과 만나 출로를 모색했다. 이 과정에 그들은 진명회를 단지 상인들의 조직으로서가 아니라 애국적 지식인들과 각계각층의 민중들을 망라한 정치계몽단체로 발전시키는 것에 대해 의견을 모으고 이 단체의 명칭을 공진회로 개칭하기로 했다. 공진회란 이름은 상하가 다 같이 문명으로 나아간다는 뜻에서 붙인 것이었다.

공진회는 나라의 정치체제를 근대적인 입헌 정치체제로 개편함으로써 독립을 고수하고 근대적인 발전을 이룩하는 것을 자기의 투쟁강령으로 세웠다. 그것은 공진회의 3개 대강에 잘 반영되어 있다. 이해 12월 12일에 열린 공진회 대회에서 회장으로 선출된 이준은 12월 17일 정부에 제출한 청원서에서 단체의 투쟁강령이라고 할 수 있는 다음과 같은 3개의 대강을 밝혔다.

1. 황실 위권(위세와 권한)이 법에 정해진 이내에 있는 것을 존중할 것
2. 정부 명령이 법률규칙 이내에 인연한 것을 복종할 것
3. 인민 의권(의무와 권리)이 고유한 법에 한정한 이내에 얻을 수 있는 것은 자유할 것

공진회의 대강에는 황실은 법이 정한 이내에서 통치권을 가지고 정부는 법률에 철저히 기초해 정치를 실시하며, 민중의 의무와

권리는 법률로 보장되어야 한다는 입헌정치사상이 반영되어 있었다. 당시 국가제도를 근대적으로 개편하기 위한 애국적 지식인들의 주장은 '일본 고문관의 채용', '재정정리', '일본 차관의 도입', '관리의 도태' 등 일제가 강요하는 예속적인 내정간섭을 물리칠 것을 요구하는 반 침략적 입장을 표현한 것이었으며 왕이나 몇몇 친일대신에 의해 국가 주권이 농락되는 봉건적 정치체제를 시급히 개혁해 의회제 민주주의를 보장하며, 독립과 진보를 지향하는 국민의 의사를 국가 정책 수립에 반영하려는 부르주아적 요구를 대변하였다.

공진회는 먼저 입헌 정치를 요구하는 연설회를 통해 대중계몽 활동을 벌였다. 공진회의 주최로 서울 종로에서 열린 연설회에서 이준 등 애국적 지식인들은 일제의 침략 책동으로 조성된 나라의 심각한 위기상태를 민중들에게 알려준 다음, 독립을 지키자면 우선 국가 제도의 근대화를 실현해야 한다고 주장했다. 이들의 연설은 수많은 사람을 반일애국 사상과 근대적인 사상의식으로 각성시켰다.

공진회는 다음으로 부패하고 타락한 봉건 통치배들과 친일매국노들을 반대하는 투쟁을 통해 대중 계몽활동을 전개했다. 1904년 12월 7일 공진회는 정부에 편지를 보내 시정 개선을 강력히 요구했으며, 12월 14일에는 허황된 점술로 왕의 신임을 얻고 높은 벼슬자리에 오른 강동태, 성광호, 김대진, 장환기, 최병주, 정환덕, 장두환, 조세환, 강회림, 이인순, 이재인, 안영중, 이정훈, 최병규, 한진문, 이필화 등 16명의 탐관오리와 무당인 배계향, 수련 등을 나라와 민중에게 막대한 해를 끼친 죄로 처단할 것을 정부에 요구했다. 그러나 고종은 공진회의 정당한 제기를 외면하고 부패한 관리들을 계속 감싸고 돌았다. 이에 대처하여 공진회는 광범한 대중을 불러일으켜 실력투쟁으로 그자들을 축출하기로 했다. 1904년 12월 24일 새벽 공진회는 점술 덕택으로 높은 벼슬자리에 올라 온갖 못된 짓을 하던 전 법부대신 이유인, 내부 참서관 구본순을 노상에서 체포해 공진회 사무실에 가둬 놓았다. 그리고 이날 종로에서 군중 집회를 열고 그들의 반민중적, 반민족적 죄상을 낱낱이 폭로한 다음 이 자들을 평리원에 보내 재판하게 했다. 또한 공진회는 평리원 검사를 군중 집회장에 불러놓고 이유인, 구본순을 이유 없이 용서할 때에는 가만두지 않겠다고 위협한 다음 그로부터 공진회의 요구대로 하겠다는 맹약을 받아냈다. 공진회의 이러한 투쟁은 나라와 민족의 운명은 안중에 없이 부패 타락한 봉건 지배층에게 큰 타격을 주었으며, 민중들을 반봉건 투쟁으로 적극 고무했다.

공진회는 또한 친일매국노를 반대하는 투쟁도 힘차게 벌였다. 당시 공진회는 친일단체인 일진회와 친일매국노를 반대하고 일제의 침략으로부터 나라의 독립을 지키는 것을 중요한 투쟁과제로 내세웠다. 공진회의 이런 성격에 대해 일제 침략자들은 『세인은 공진회를 가리켜 참정 신기선, 내부대신 이용태가 조종하는 일진회 박멸의 단체이며 표면으로는 정부에 반항하는 태도를 보이나 사실은 … 배일계의 계책이라고 관찰하였다.』라고 했다. 1904년 12월 25일 공진회는 경무청 앞에서 군중 집회를 열고 일진회의 조종자들인 참정대신 신기선, 내부대신 이용태와 법부대신 김가진, 군부대신 이윤용, 참찬 허천 등 정부 요직에 있던 친일매국 역적들에게 사임할 것을 요구하면서 그들의 죄행을 신랄히 규탄했다. 이와 함께 공진회는 체포된 이준, 나유석, 윤효정 등 공진회 지도 인사들을 당장 석방할 것을 요구하며 시위투쟁을 벌였다.

공진회의 격렬한 반봉건, 반침략 투쟁에 봉건 지배층은 일제와 야합하여 기마 헌병대와 순사들을 내세워 시위군중을 강제로 해산시켰다. 일제의 탄압에 격분한 공진회 성원들과 군중들은 12월 26일에 다시 종로에서 집회를 열고 일제와 그 앞잡이들의 죄상을 폭로하는 연설을 한 다음 평리원 문 앞까지 시위행진을 했다. 그리고 그곳에서 다시 집회를 열고 체포된 사람들에 대한 공개재판을 진행할 것을 요구하면서 완강히 싸웠다. 그러나 이날의 시위투쟁도 일제의 탄압으로 진압되고 말았다. 조선 민중의 높아가는 반일 기세에 극도로 당황한 일제는 반일 애국적인 정치 운동의 확대발전을 가로막기 위해 각방으로 책동했다. 1904년 12월 26일 밤 일제의 조선 주둔군 사령관 하세가와 요시미치는 고종을 만나 질서유지를 위해 각종의 정치단체들을 철저히 단속 통제할 것을 강요했으며, 12월 29일에는 일본공사 하야시 곤스케가 고종을 또 만나 조선의 경찰을 가지고서는 서울의 질서를 유지할 수 없으므로 일본이 그 임무를 해야 한다고 했다.

부패하고 무능한 봉건 통치배들은 일제의 계속되는 압력에 굴복해 조선의 치안권을 일제에게 넘겨주는 매국적 행위를 감행했다. 1905년 1월 초에 하세가와 요시미치는 조선의 치안에 관한 경찰업무는 조선의 경찰기관을 대신해 일제의 헌병대가 맡는다는 것을 선포하고 1월 5일에는 정치적 결사와 집회에 대한 탄압 조치를 규제한 헌병대 고시를 발표하였다. 또한 1월 8일 조선 주둔 일제 헌병 대장은 집회 및 결사 단속에 관한 7개 조로 된 항목을 정하고 이를 어겼을 때는 군률에 따라 처리한다는 내용의 공시문을 각 처에 붙이게 했다. 그리하여 우리 민중은 일제의 군정 통치 밑에서 정치 활동의 자유를 완전히 빼앗기게 되었다.

공진회는 일제의 노골적인 탄압 책동으로 1905년 2월 2일에 강제로 해산당하였다. 공진회는 비록 짧은 기간 존속했으나 적극적인 투쟁으로 부패하고 무능한 봉건지배층과 친일 매국노에게 심대한 타격을 주었다. 또 수 많은 서울 시민들은 공진회가 주도한 시위 투쟁에 참가하여 싸우는 과정을 통해 친일 매국노들의 추악한 정체와 일제의 야수성에 대해 똑똑히 알게 되었으며, 민족적, 계급적 각성을 더욱 높일 수 있었다.

제4절 . 헌정연구회의 조직과 활동

헌정연구회는 1905년 5월 24일에 공진회를 계승하여 조직된 정치계몽단체였다. 근대적인 국가 제도를 수립하고 일제의 침략으로부터 독립을 지키기 위해 투쟁하던 이준, 윤효정, 양한묵 등 이전 공진회 지도 인사들은 일제의 정치운동 탄압에 굴하지 않고 1905년 5월 중순에 새로운 정치계몽단체를 만들기 위한 발기 모임을 가진 데 이어 헌정연구회를 정식으로 조직했다. 이 단체의 회장은 이준이었다. 헌정연구회는 주로 애국적인 지식인들을 망라하고 있었으며 지도 인사의 대부분은 공진회의 간부직을 지낸 사람들이었다. 헌정연구회는 공진회를 계승한 단체였으므로 이 단체도 입헌 군주제의 실시를 투쟁목표로 하고 있었다.

헌정연구회의 강령은 다음과 같다.

454 북에서 바라본 **우리 근대사**

1. 제왕위권은 국왕이 직접 제정한 헌법에 실려있는 것만을 존중하도록 할 것
2. 내각직권은 관제장정에 실려있는 것만을 책임지워 분담시키도록 할 것
3. 국민의권은 법률의 범위 안에서 얻은 것만을 자유롭게 할 것

　헌정연구회의 이 강령에는 왕실의 권리와 내각의 직권, 국민의 의무와 권리를 모두 헌법에 규제하고 그 범위 내에서만 시행되어야 한다는 부르주아적 입헌 정치의 요구가 반영되어 있었다. 헌정연구회는 이러한 활동 목적을 강령 뿐만 아니라 취지서와 8개 항목으로 된 세목 등에도 구체적으로 반영하였다. 헌정연구회는 취지서에서「지금 세계의 대세가 입헌정치로 나가고 있는데 그것을 취하면 나라가 발전할 것이요 취하지 못하면 쇠퇴할 것」이라고 지적하였으며, 입헌정치를 실시하려면 국민이 우선 그것을 잘 알아야 한다고 강조하였다. 또한 국민이 정치를 모르면 군주가 입헌정치를 하려고 해도 결코 할 수 없다고 하면서 그렇기 때문에 헌정의 내용을 연구하는 것이 입헌정치를 실시하기 위한 선결 조건이라고 했다.

　헌정연구회는 세목에서 입헌 정치를 실시하자면 조세 징수 방법을 연구하며, 교육의 확장을 연구하고, 농업, 상업, 공업, 광업의 발달과 회계 통계 방법, 법률을 연구하며, 호적 및 인구의 조

사, 병역의 의무, 의회 준비에 관한 제반 방침을 연구해야 한다고 강조했다.

그러나 헌정연구회의 창립 취지서와 강령에는 당시 우리나라의 내정에 간섭하며 근대화 과정을 가로막아 나서던 일제 침략자들의 책동을 저지시키기 위한 것과 같은 당면한 초미의 문제들이 반영되어 있지 못한 결함이 있었다. 이것은 이 단체 지도인사의 정치적, 계급적 제한성을 그대로 반영한 것이었다.

헌정연구회는 처음부터 일제의 노골적인 간섭과 방해 속에서 설립 목적을 위한 활동을 힘겹게 진행하였다. 1905년 7월 3일에 헌정연구회는 1차 통상회의(정기총회)를 열고 단체의 활동 방향에 대해 토의했는데 이날 회의는 이른바 시찰 보호의 명목으로 5~6명의 일제 헌병의 철저한 감시 속에서 진행되었다. 헌정연구회는 이처럼 어려운 조건에서도 강령과 취지를 대중 속에 전파하기 위해 노력했다. 군중 강연과 모임을 조직하고 강령과 취지의 내용을 대중 속에서 해설하였으며 황성신문을 비롯한 여러 출판물을 통해 자신들이 연구한 입헌정치 사상을 널리 선전했다. 헌정연구회에서는 1905년 7월에 연구하여 완성한 『헌정요의』라는 소책자를 7월 15일~8월 3일까지 황성신문에 모두 10회에 걸쳐 연재했다. 『헌정요의』에는 주로 국가의 본의, 국가와 황실의 분별, 국가와 정부의 관계, 군주와 정부의 권한, 국민의 의무 등이 저술되어 있었다.

『헌정요의』의 목적은 〈국가 및 황실의 분별〉이란 제목의 글만 봐도 잘 알 수 있다. 이 글에서는 무엇보다 먼저 세상 사람들이 국가와 황실을 같은 개념으로 파악하는 그릇된 생각을 바로 잡아주기 위해 이 양자의 상호관계를 밝히고 있다. 글에서는『세상 사람들이 국가와 황실의 분별을 알지 못하므로 국가를 모두 군주 한 몸으로 보니 이는 전제 악풍에 침염하여 그 잘못된 생각과 오해를 깨지 못하기 때문인 것이다. 저 군주는 국가의 통치자라고 말함은 옳은 것이로되 국가의 사유자라 말함은 옳지 않은 것이니, 비유하건대 지방에 관장을 두고 그 지방을 통치함이요 그 지방을 사유함은 아닌 것처럼 국가가 군주를 세우는 것은 국가를 통치함이요 그 국가를 사유함은 아닌 것이다.』라고 쓰고 이런 사실을 알지 못하는 까닭은 사람들이 국가의 본래의 의미 즉, 국가의 본의를 잘 모르는데 있다고 했다. 그러면서『군주로써 국가라 할진대 인생 자연한 이치에 거스르니 천하에 이런 이치가 어찌 있으리오 사람은 생명이 비록 많아도 팔, 구십년에 불과하고 국가는 그 생명의 장구함이 천만년에 뻗치나니 저 황실의 흥망으로써 국가의 흥망이라 말함은 국가의 본의에 밝지 못한 까닭이라.』라고 썼다. 또 국가가 망한다는 것은 무엇을 의미하는 것인가에 대해 다음과 같이 썼다. '국가가 망하는 것은 … 그 국토가 분열하여 다른 나라의 군현이 되고 그 국민이 나누어 부속되어 다른 나라의 신첩이 되는 것을 말하는 것이다.'라고 밝혔다. 그러면서 그 나라의 토지 및 국민이 다른 나라의 관할 하에 들어가지 않고 다만 황실이 교체되고 정치체제가 변경되는 것은 국가가 망하는 것이 아니라고 역설했다. 헌정요의에 쓰인 국가 및 황실의 분별에는 국가를 황실의 사유물로 간주하던 봉건적인 전제군주제에 대한 애국문화 운동가들의 비판적 견해와 헌정의 실현과 입헌 정치체제의 수립에 대한 그들의 강력한 지향이 반영되어 있다. 헌정연구회는 1905년 6월에 다른 나라 학자가 쓴 『헌정쇄담』도 황성신문에 연재해 입헌정치체제에 대해 널리 소개 선전했다.

헌정연구회는 우리나라에 대한 일제의 침략 책동과 친일파들의 매국적인 책동을 분쇄하기 위한 투쟁을 봉건제도를 혁신하기 위한 투쟁과 결합하여 진행했다. 1905년 11월 일제는 조선 강점 책동을 합리화할 목적으로 일진회 대표 이용구를 시켜 일본의 보호를 요구하며 외교권을 일본에 맡길 것을 주장하는 선언서를 발표하게 했다. 헌정연구회는 이를 접하자 즉시 임시평의회를 열고 일진회의 선언서를 배격하기로 하고, 그들의 침략적이며 매국적인 본질을 여러 출판물을 통해 폭로했다. 그리하여 광범한 대중에게 일제의 앞잡이 집단으로서의 일진회의 정체를 똑똑히 깨닫게 했다. 헌정연구회의 이러한 활동은 대중을 근대적인 정치의식으로 계몽함에 있어서나 애국 사상으로 각성시킴에 있어서 많은 역할을 했다.

그러나 헌정연구회는 자체의 제한성도 많이 나타났다. 헌정연구회는 상층 조직만을 두고 지회와 같은 산하조직을 갖지 못하였으며, 따라서 대중 속에 자기 조직을 확대할 수 없었다. 또 국가의 정치제도를 근대화하기 위한 활동도 대중적으로 벌이지 못했다. 이 시기 애국적 지식인들 속에서 벌어진 국가제도의 근대화를 위한 활동은 진보적인 성격에도 불구하고 그들의 사상적 나약과 활동방법의 제약으로 인해 소기의 목적을 달성하지 못했다. 특히 조선 민중의 애국적, 진보적 운동에 대한 일제의 노골적인 간섭과 탄압으로 인하여 헌정연구회는 자기의 존재를 오래 유지할 수도 없었다. 입헌군주제를 세우기 위한 정치계몽 활동을 벌여오던 헌정연구회는 일제에 의해 끝내 비법화되었으며 1906년 대한자강회로 다시 발족하게 되었다.

제5절 . 신민회의 조직과 활동

19세기 70~80년대 개화파에 의해 발생 발전해 왔던 애국문화운동은 1905년 일제에 의해 『을사5조약』이 날조되고, 국권이 상실됨에 따라 전국적 판도에서 급속히 확대 발전되면서 절정을 이루었다. 이 시기의 애국 문화 운동은 이전 시기와는 다른 특징을 갖고 있다.

첫째 무엇보다도 반일 애국적 성격이 두드러졌다. 그 이전 시기에는 나라의 근대적 발전을 저애하는 봉건적 제 요소를 극복하고, 정치, 경제, 군사, 문화 등 사회의 근대화를 이룩하려는 진보적 성격이 전면에 나섰다면, 1905년 이후에는 빼앗긴 국권을 회복하고 나라의 독립과 부강발전을 실현하려는 반일 애국적 성격이 전면에 등장했다.

둘째 이 시기의 애국 문화운동은 군중적 지반과 지역적 범위, 운동의 포괄 내용의 범위에서 지난시기와 다른 특성을 가졌다. 이전 시기의 애국 문화 운동은 주로 서울을 중심으로 하고 일부 주요 도시에서 지식인, 시민을 지반으로 하여 전개되었으며, 또 언론 출판 활동을 통한 대중계몽이 기본이었다면, 이 시기에는 국내 방방곡곡은 물론 해외동포들이 살고 있는 거의 모든 지역에서, 각계각층 광범한 대중으로 대상으로 전개되었다. 또한 반일민족교육운동, 반일애국 언론출판 활동을 비롯한 보다 다종다양한 형태로 전개되었다.

셋째, 이 시기의 애국 문화 운동은 주도세력과 운동 형태에서도 이전 시기와는 다른 특징이 있다. 초기운동에서는 주로 관리 출신 개화한 지식인들이 운동의 주도세력을 이루었으며, 합법적 운동으로만 벌어졌다. 그러나 이 시기에 이르러서는 전직 관리 출신의 부르주아 지식인과 함께 민간출신 애국적 부르주아 지식인의 주도하에 운동이 벌어졌고 합법적 운동 형태에 비합법적 운동 형태가 배합되면서 조직 전개되었다. 이 시기의 애국 문화 운동은 또한 지도이념에서도 종전보다 더욱 구체화되고 체계화된 부르주아 민족주의 사상에 기초해 진행되었다.

애국 문화 운동이 전국적 판도에서 급속히 발전하던 1905년 이후 시기에 신채호, 박은식, 장지연 등 애국계몽사상가들은 이 운동의 사상적 기초를 이루는 자강론(일면 자강주의)과 민족주의를 새롭게 확립했다. 자강론과 민족주의는 개화파 계열의 애국적 지식인들에 의해 싹트기 시작했다. 하지만 이론적 체계를 갖추면서 과학적으로 정의되고, 애국문화운동의 사상이론적 기초로 뚜렷이 부각된 것은 1905년도 이후 시기이다.

이때 확립된 자강론은 서로 밀접히 연관되어 있는 두 가지 본질적 내용을 담고 있다. 하나는 강도 일제에 빼앗긴 국권을 회복하고 나라의 근대적 발전을 이룩하기 위해서는 2천만 동포의 머릿속에 『조선 정신』(당시에는 대한정신이라고 불렀다.), 『국혼』(나라의 넋), 『민족혼』을 주입해 정신적 자강을 실현하는 것이며 다른 하나는 민족교육과 산업을 발전시켜 『자강의 실력』을 키우고 다른 민족과 경쟁할 수 있는 힘, 즉 『외경력』을 길러내야 한다는 것이다. 이러한 자강론은 진화론적 인식에 기초하여 정립되었다.

이 시기 애국 문화 운동가들이 제기한 『조선 정신』, 『국혼』에 관한 정신의 밑바닥에는 민족주의 사상이 깔려 있었다. 애국 문화 운동가들이 제기한 민족주의는 외세를 물리치고 민족적 독립과 번영을 이룩하는 것을 통한 민족부르주아지의 계급적 지배 실현을 지향하는 민족주의로서 반제 애국적 요소를 내포하고 있었다. 이러한 반제 애국적 요소는 다른 민족에 대한 침략과 약탈을 합리화하는데 복무하는 제국주의 나라의 부르주아 민족주의와는 달랐다. 당시 애국계몽사상가들에 의해 제기된 민족주의 내용은 『대한매일신보』1909년 5월 28일자에 실린 신채호의 논설 『제국주의와 민족주의』에 뚜렷이 밝혀져 있다. 그는 제국주의를 「영토와 국권을 확장하는 주의」라고 규정하고 현실에서 제국주의가 날로 강성해지고, 세계가 제국주의 나라들의 활극의 마당으로 되어버렸다고 진단했다. 그리고 이러한 현실에서 우리와 같은 약소민족이 나라와 민족을 보전하는 방법은 민족주의를 크게 분발시키는 것이라고 봤다. 이와 관련해 그는 다음과 같이 썼다.

『그런즉 이 제국주의를 저항하는 방법은 무엇인가? 가로되 민족주의(다른 민족의 간섭을 받아들이지 않는 주의)를 분발하는 것이니라, 이 민족주의는 실로 민족 보전의 둘도 없는 법문이며 …민족을 보전코저 하는 자, 이 민족주의를 버리고 무엇을 마땅히 취하겠는가?』

신채호는 여기에서 민족주의는 제국주의와 대립되는 개념으로 놓았으며, 「다른 민족의 간섭을 받아들이지 않는 주의」라고 정의하였다. 여기에서 애국계몽사상가들에 의해서 확립된 민족주의는 민족의 독립사상, 민족국가의 자결주의에 관한 사상을 담은 것이었다고 볼 수 있다.

우리나라가 일제의 식민지로 전락되고, 민족 수난의 시기에 애국계몽사상가들에 의해 확립된 자강론과 민족주의는 그 후 애국 문화 운동의 이론적 기초가 되었다. 교육의 발달과 산업의 진흥을 비롯해 애국 문화 운동가들이 벌인 모든 정치 및 문화 계몽 활동의 밑바닥에는 그들 자신에 의해 확립된 자강론과 민족주의가 깔려 있었다.

이 시기에 다양한 반일애국 정치계몽단체들이 조직되어 활발히 활동했다. 그 대표적인 조직은 〈대한자강회〉, 〈대한협회〉, 〈신민회〉가 있었다. 〈대한자강회〉는 1906년 3월 31일 서울에서 장지연, 윤호정, 심의성 등 애국 문화 운동가들에 의해 발기, 조직되었다. 이 단체는 러일전쟁 시기에 조직되었던 헌정연구회가 새롭게 다시 발족된 단체로서 국권 회복을 근본 목적으로 내세우고 그것을 실현하기 위한 방도로 교육과 산업의 진흥, 인민에 대한 애국 정신 고취를 내세웠다. 즉 이 단체는 국권을 회복하기 위한 정신적 자강과 물질적 자강을 실현하기 위하여 자강주의를 사상적 기초로 한 정치 계몽 운동단체였다.

〈대한협회〉는 1907년 일제에 의해 정미7조약이 날조된 후, 1907년 11월 10일 장지연, 윤호정 등 애국적 지식인들의 발기로 서울에서 조직되었다. 이 단체는 일제에 의해 강제 해산당한 〈대한자강회〉를 계승한 단체였다. 대한협회는 조직 후 장지연 등 애국적 지식인들의 주도 밑에 국권 회복을 위한 활동을 펼쳐 나갔다. 이를 위해 『대한협회보』, 『대한민보』 등의 기관 잡지와 신문을 발행했다.

그리고 이 시기에 대표적인 애국계몽운동 단체로서 〈신민회〉가 있다. 1907년 무렵, 조선 민중의 모든 반일 투쟁에 대한 일제의 탄압이 날로 확대되는 상황에서 비밀정치단체를 조직하려는 흐름이 나타났는데, 그게 바로 신민회다. 신민회는 1907년 4월, 양기탁, 안창호, 이동휘 등 애국적 지식인에 의해 비합법적 정치계몽단체로 출발했다.

1. 신민회의 조직

신민회는 취지서에서 조직의 목적을 『우리 한의 부패한 사상과 습관을 혁신하여 국민을 유신케 하며 쇠퇴한 교육과 산업을 개량하여 산업을 유신케 하며 유신한 국민이 통일 연합하여 유신한 자유 문명국을 성립케 함』이라고 밝혔다.

보는 바와 같이 비밀지하단체인 신민회의 설립목적은 민중들을 계몽 각성시키고 민족교육과 산업을 발전시켜 '정신적 자강'과 '자강의 실력'을 키움으로써 일제에게 빼앗긴 국권을 되찾고 이 땅 위에 '자유문명국'을 세우려는 것에 있었다. 여기에서 '자유문명국'이란 근대적인 공화제에 기초한 자본주의 국가를 의미하는 것이었다. 이에 대해 당시 일제는 신민회의 목적은 『한국으로 하여금

··· 공화정체의 독립국으로 함에 목적이 있다』고 밝혔다. 이것은 이들의 정치적 지향을 그대로 반영한 것이었다.

신민회는 자신들의 이러한 투쟁목적을 달성하기 위해 다음과 같은 방도를 제시했다.

1. 각 곳에 권유원을 파견하여 권유문을 전파하며 민중의 정신을 각성케 할 것
2. 신문, 잡지 및 서적을 간행하여 민중의 지식을 계발케 할 것
3. 깨끗한 학교를 건설하여 인재를 양성할 것
4. 각처 학교의 교육방침을 지도할 것
5. 실업가에 권고하여 영업방침을 지도할 것
6. 본회에 합자로 실업장을 설치하여 실업계의 모범을 만들 것
7. 본회는 해내, 해외를 막론하고 애국의 정성이 있는 동포로서 일체 단합할 것
8. 회원이 산재한 각 구역에 연합기관을 나눠 설치하여 교통상 편리하게 하는데 오로지 힘쓸 것
9. 실력을 확장하여 국체를 완전케 할 것

위의 자료에서 보는 바와 같이 신민회의 목적 실현의 방도는 첫째로, 우리나라에 전해 내려오는 부패한 사상과 습관을 혁신하고 민중들을 문명하게 하기 위해 강연 및 해설사업의 진행, 신문, 잡지, 도서 등의 출판물 발행을 통해 민중들의 정신을 각성시키고

지식을 계발하는 것이었다. 그들은 이렇게 할 때 우리 민중이 '유신한 국민' 즉 '신민'으로 될 수 있다고 보았다. 단체 이름을 신민회라고 한 것도 이와 관련된 것이었다. 둘째로, 사업을 혁신하기 위해 훌륭한 학교들을 설립하고 교육 방법을 개선하여 쓸모있는 인재를 양성하며, 실업가들이 영업 방법을 개선하도록 지도하고 민족산업 건설의 시범 단위를 만들어 다른 실업가들을 이끌어 주는 것이었다. 그들은 이렇게 하면 국권 회복의 필수적 조건으로 간주한 물질적 실력, 다시 말해 자강의 능력을 능히 키울 수 있다고 생각했다. 셋째로, 새로운 '자유 문명국'을 세우기 위해 자강의 실력을 확장하고 국내외의 모든 애국 동포들을 단합시키는 것이었다. 신민회가 내세운 이 단체의 목적 실현 방법은 다른 단체의 자강 실현 방도와 유사한 점이 많지만, 공화제 수립 방도 같은 것은 전혀 새로운 것이라고 할 수 있다.

2. 신민회의 활동

신민회는 조직 이후 대한매일신보사 안에 단체본부를 설치하고 자신의 목적 실현을 위한 대중계몽 활동을 적극적으로 벌여 나갔다. 신민회의 대중계몽 활동은 다른 정치계몽 운동단체들보다 반일 애국적 성격이 훨씬 더 강했다. 신민회는 당시 애국 문화 운동에서 중추적 역할을 담당하고 있던 애국적 지식인들이 중심이 되어 조직되었으며 그들에 의해 사업이 추진되었기 때문이다. 이 단체의 골간을 이룬 지식인들은 반일애국정신이 강해 당시 일제 침략자들이 「배일급선봉」으로 지목하면서 「특등 요시찰인」으로 간주해오던 인물들이었다. 신민회의 지도 성원들은 〈대한자강회〉〈대한협회〉를 비롯한 다른 단체들과는 달리, 거의 모든 성원이 조선 정부에서 관리직을 지내지 않은 민간 출신이었고, 또한 30대 안팎의 청년이었다. 신민회는 지도부 뿐만 아니라 일반 회원들도 비교적 반일애국정신이 강한 사람들로 구성되었다. 이 단체에서는 비밀지하단체였기 때문에 엄선주의적 원칙에 따라 반일애국정신이 비교적 강하다고 보는 사람들만 회원으로 받아들였다. 이와 같은 구성상 특성으로 인해 신민회의 대중계몽 활동은 처음부터 강한 반일애국적 성격을 가졌다.

신민회는 서울에 본부를 두고 회장이 회의 전반 사업을 관할하게 했다. 회장 밑에는 부회장, 총감독, 의사원, 재무원, 집행원, 감찰원 등을 두었다. 본회 산하에는 각 도별로 1개의 감독부를 두고 그 책임자를 도 총감이라고 했다. 감독부 밑에는 총감소가 있었으며 총감소는 5개 군에 한 개씩 설치되었다. 총감소 산하에는 군별로 사감소가 설치되었다. 그리고 감독부, 총감소, 사감소 밑에는 강강 평의원을 두었다.

당시 신민회의 회장으로는 대한매일신보의 총무로 있던 양기탁이 선출되었으며, 총감으로는 이 단체의 골간을 이룬 사람들이 선출되었다.

서울 총감 – 전덕기
평안북도 총감 – 이승훈
함경도 총감 – 이동휘
강원도 총감 – 주진수
평안남도 총감 – 안태국
황해도 총감 – 김구
경상도 총감 – 최익

신민회는 조직된 후 무엇보다 반일 애국적인 언론, 출판 및 교육 활동을 적극 전개해 우리 민중과 청소년 속에 반일애국 사상과 강렬한 민족의식을 고취하는 것에 큰 힘을 쏟았다.

이 시기 신민회는 다른 정치계몽단체들보다 애국계몽사업을 활발하게 벌일 수 있는 유리한 조건을 갖고 있었다. 그것은 이 단체 지도 성원의 사회적 직무를 보면 잘 알 수 있다.

양기탁 - 대한매일신보 총무

박은식 - 서북학회월보 주필

이갑 - 서북학회 총무

안창호 - 평양 대성학교 교장

이동휘 - 강화 보창학교 교장, 서북학회 지도 성원

이승훈 - 정주 오산학교 교장

김구 - 안악 양산학교 교장

이종호 - 보성전문학교 교장

전덕기 - 서울 장동교회 목사

안태국 - 태극서관 책임자

신민회는 당시 대중계몽에서 특별히 중요한 지위를 갖고 있던 애국 문화운동의 대변지들과 청소년 학생들에 대한 반일애국 교육을 대표할 수 있는 지위에 있던 이름난 사립학교들을 통해 자기의 목적실현을 위한 활동을 적극 벌여나갈 수 있었다.

신민회의 대중계몽 활동에서 우선적으로 중요한 사업은 반일애국적 언론 활동이었다. 신민회는 회장 양기탁이 총무로 있으면서 신문 편집 활동을 실질적으로 장악하고 있던 대한매일신보를 기관신문으로 흡수하고 반일애국 언론 활동을 적극 벌려 나갔다. 대한매일신보에서의 유리한 편집조건을 최대한으로 이용해 일제의 침략정책과 친일매국노들의 죄행을 민족적 울분을 담아 신랄하게 폭로하면서 광범위한 민중들 속에 일제 침략자들과 친일사대 매국노들에 대한 증오를 불러일으켰다.

대성학교

신민회는 일제의 앞잡이가 되어 매국배족적 활동을 하던 이완용, 송병준을 비롯한 친일파들의 죄행을 규탄하는 언론 활동도 적극 전개했다. 특히 일진회의 죄상을 체계적으로 폭로규탄하는 데 힘을 쏟았다. 대한매일신보 1909년 4월 6일자에 실린 기사『가히 사람이라 할 수 있는가』라는 글에서는 일진회가 제 부모 즉, 동족을 해치고 다른 나라 사람들의 숭배에만 골몰한다고 하면서 일진회 사람들은 비록 어른이지만 아이들보다도 못하다고 했다. 일진회의 죄상을 밝히면서 '남의 집의 개, 돼지들이 제 집안에 기어들면 서로 내쫓기를 하건만은 너의 심장 어떻길래 제집을 통채로 남에게 양여하려고 발광하느냐. 네가 비록 사람 모양이나 저 개, 돼지만도 못하다.'라면서 귀신들마저 노할 일이라고 규탄했다.

신민회는 한편, 신문, 잡지를 통해 을지문덕, 이순신을 비롯한 애국 명장들의 기록과 의병장과 의병들의 애국적 투쟁을 체계적으로 실어 민중들 속에 애국정신을 키웠으며 그들을 국권회복을 위한 반일애국 운동으로 추동하였다. 신민회는 신문, 잡지를 통해 민중들 속에 반일애국정신을 고취하기 위한 계몽 활동과 함께 근대적 의식으로 계몽 각성시키기 위한 활동도 적극적으로 전개했다. 신민회의 대중계몽 활동의 하나로 사립학교 교육을 통하여 청소년들과 민중들에게 반일애국정신을 키워나갔다. 당시 대표적인 학회였던 서북학회 사업을 직접 지도하면서 사립학교 교육이 국권 회복과 근대적 발전에 실질적으로 이바지할 수 있는 애국 교육이 될 수 있도록 이끌었다. 신민회는 회원들이 직접 학교를 운영하는 평양 대성학교, 정주 오산학교, 안악 양산학교, 강화 보창학교를 비롯한 여러 학교를 반일애국 교육의 시범 단위로 구성하고 전반적인 사립학교 교육에 긍정적 영향을 미치도록 했다.

신민회는 사립학교 교육에서 국권 회복 운동에 맞게 애국정신을 키우는 것에 주력하면서 한편으로는 상무 교육에도 힘을 쏟았다. 신민회는 또한 1909년 7월에 태극서관을 설립하고 이를 통해 대중계몽에 필요한 책들을 출판 보급하는 것에도 많은 노력을 기울였다. 신민회는 이와 같이 출판물과 학교 및 서관을 주요 공간으로 활용해서 광범한 민중들과 청소년 학생들 속에서 반일애국 사상을 키우고 국권 회복 운동으로 추동하는 한편 민족산업을 발전시켜 '자강의 실력'을 키우는 것에도 힘을 쏟았다. 지도 성원들은 민중들에게 '물질적 자강'의 실현이 국권 회복을 위한 자강 실현의 2대 구성 부분이라는 것을 널리 해설 선전하는 한편 민족산업 발전의 시범 단위를 만들기 위해 애썼다. 1909년 2월 평양 마산 자기 회사의 설립은 그 대표적 실례의 하나이다. 평양 마산 자기 회사는 신민회 지도 성원 중 한 사람인 이승훈이 주도하여 몇몇 사람들과 함께 자본을 모아 만든 회사이다. 신민회는 마산 자기 회사가 세워지자 대한매일신보 등을 통해 그의 모범을 따라 자산가들의 단합으로 민족산업을 일으킬 것을 호소했다.

신민회의 활동에서 중요한 것 중 또 하나는 우리 민중의 반일애국 운동을 적극 조장하기 위해 대중계몽 활동을 벌인 것이다. 국채보상운동에 대한 신민회의 선전 선동을 통한 대중계몽 활동은 그 대표적 예의 하나이다. 1907년 2월 국권 회복을 목적으로 일어난 국채보상운동은 그 반일애국적 성격으로 인해 급속히 확대 발전했다. 양기탁을 비롯한 신민회의 지도 인사들은 대한매일신보에 국채보상운동의 애국적 성격을 널리 해설 선전하는 한편 신문 3면에 의연금을 낸 사람의 이름과 액수를 발표하고 한 달에 한 번씩 의연금 총액을 발표했다. 신민회의 이러한 활동은 나라와 민족을 사랑하는 모든 조선 사람들의 애국심을 크게 고취했으며 그들을 반일 애국운동으로 추동하는 데 기여했다.

그러나 신민회의 활동에서는 그 지도 성원들의 계급적, 세계관적 제한성이 드러나는 결함도 많이 나타났다. 신민회의 조직과 활동에서 드러난 결함 중 하나는 당시 사회의 기본 군중을 이루었던 농민을 비롯한 노동대중들 속에서 자신의 조직을 늘려나가지 못했으며 대중적 지반 위에서 활동을 벌여 나가지 못한 것이었다. 신민회는 또한 반일의병투쟁의 애국적 성격을 파악하고 지지를 표명하면서도 조직적으로 손잡는 적극적인 자세를 취하지는 못했다. 신민회 활동에서는 일부 배타적이며 지방주의적 편향도 나타났으며 단체 안의 단합을 제대로 실현하지 못하기도 했다. 주로 서북지방의 애국적 지식인들을 망라해 조직된 신민회 지도층은 민중들의 요구에 편승해 민족적 애국 역량의 단합을 많이 외치기는 했으나 지방주의적 편견을 극복하지 못했고 서북지방 중심의 사고방식에서 벗어나지 못했다.

신민회는 단체 내부에서 견해의 통일도 제대로 실현하지 못했다. 신민회 안에는 이갑, 이동휘를 비롯한 급진파 세력과 안창호를 비롯한 온건파 세력들이 견해의 차이를 나타내 단체 활동의 통일을 저해했다. 신민회 내부의 이러한 분파적 경향은 일제의 강제 합병 직전에 더욱더 표면화되었다. 1910년 4월 일제의 탄압을 피해 중국으로 건너간 안창호, 신채호, 이종호 등 신민회 상층은 청도에서 회의를 열고 이후 단체의 운동 방향에 대해 토의했다. 이동휘를 비롯한 급진파 세력은 해외 동포를 동원해 무력 항쟁을 전개하자고 주장한데 반해, 안창호 등 온건파 세력들이 반대하여, 분열을 조장하는 결과만을 초래했다.

신민회는 이와 같은 결함을 가지고 있었으나 민중들을 국권 회복을 위한 투쟁으로 이끄는 데 이바지했다. 신민회는 그 후 1911년 일제가 조작한 데라우치 총독 암살미수 사건으로 해산되고 말았다.